공부하는힘

공부하는 힘

초판 1쇄 발행 2013년 8월 9일 **초판 43쇄 발행** 2024년 8월 21일

지은이 황농문
펴낸이 최순영

출판2 본부장 박태근
W&G 팀장 류혜정
디자인 이세호

펴낸곳 ㈜위즈덤하우스 **출판등록** 2000년 5월 23일 제13-1071호
주소 서울특별시 마포구 양화로 19 합정오피스빌딩 17층
전화 02) 2179-5600 **홈페이지** www.wisdomhouse.co.kr

ⓒ 황농문, 2013

ISBN 978-89-6086-614-0   13320

* 이 책의 전부 또는 일부 내용을 재사용하려면 반드시 사전에 저작권자와 ㈜위즈덤하우스의 동의를 받아야 합니다.
* 인쇄·제작 및 유통상의 파본 도서는 구입하신 서점에서 바꿔드립니다.
* 책값은 뒤표지에 있습니다.

공부하는 힘

몰입 전문가 황농문 교수가 전하는
궁극의 학습법

황농문 지음

위즈덤하우스

> 서문

스스로 생각하는 힘을 키우는 몰입학습법

다빈치, 모차르트, 아인슈타인, 스티브 잡스처럼 세상을 바꾼 천재들은 평범한 사람들에겐 늘 부러움의 대상이 되어 왔다. 피나는 노력 없이도 신이 그들에게 선사한 '지적 재능'으로 인류 역사에 빛나는 업적을 남길 수 있었을 거라는 생각 때문이다. 그러나 과연 후천적인 노력이 아니라 타고난 재능 때문에 가능했던 것일까? 재능을 연구하는 전문가들에 따르면 그들은 자신의 한계에 머무르지 않고 혼신의 노력을 기울여 두뇌를 100% 활용하는 재능을 지닌 사람들이었다.

그들이 천재라는 평가를 받을 수 있었던 건 타고난 지적 재능 때문이 아니라 '올바른 방식'으로 오랫동안 노력해서 얻은 결과물이라는 것이다. 그렇다면 재능을 발달시키기 위한 올바른 방식의 노력이란 무엇일까? 전문가들은 '재능을 발달시키기 위한 올바른 방식의 노력'

을 '신중하게 계획된 연습deliberate practice'이라는 용어로 표현한다. 신중하게 계획된 연습이란 자신이 쉽게 할 수 있는 수준에 머무르지 않고 자신의 한계에 도전하는 일을 집중적으로 반복하는 것을 말한다.

역기 들기를 예로 들어보자. 내가 들 수 있는 한계가 60kg인데 늘 10~20kg만을 들면 평생을 해도 60kg 이상은 들기 어렵다. 반면 온 힘을 기울여 내 한계인 60kg에 도전하기를 반복하면 머지않아 65kg, 또 머지않아 70kg을 들 수 있고 결국은 100kg 이상도 들게 된다. 직장에서도 마찬가지다. 회사에서 중요한 프로젝트를 맡게 되었을 때 예상하지 못한 문제들이 생기는 경우가 많다. 그럴 때마다 쉽게 포기하거나 상사에게 의존하지 말고 온 힘을 기울여 해결책을 생각하다 보면 좋은 아이디어가 떠오르게 된다. 자신의 한계를 극복하게 됨으로써 능력이 확장되는 것이다. 결국 '한계를 향한 도전'이 내 능력을 가장 빠르게 성장시킨다는 것을 알 수 있다.

그런데 문제는 한계를 향한 도전이 부담스럽다는 것이다. 시도하기 힘들고 이를 지속하기는 더욱 힘들다. 여기에서 몰입이 중요한 역할을 한다. 몰입은 자신이 할 수 있는 궁극의 절대적인 최선이면서 동시에 긍정적 감정을 수반하기 때문에 한계를 향한 도전을 즐기게 만든다. 학교나 직장에서 몰입하기가 쉽지 않지만 주어진 상황에 맞추어 몰입할 수 있는 방법을 찾아 시도하다 보면 체계적으로 몰입도를 올릴 수 있다. 몰입도가 올라감에 따라 자신의 지적 능력을 더 크게 발휘할 수 있으며, 일과 공부에 대한 재미도 느낄 수 있을 것이다. 직장인들의 경우 업무 스트레스가 계속 쌓이다 보면 일의 능률이 떨어지고 의욕도 상실하게 된다. 그러다 보면 성과를 낼 수 없게 되고 상사에게 인정받지 못하는 상황이 되어 슬럼프에 빠지게 되는 것이다. 이때 그러한 악순환을 끊고, 일을 하면서도 스트레스 받지 않고 게임처럼 재미있게 하면서 보람까지 느낄 수 있는 방법이 바로 몰입이다.

몰입의 상태에서 일과 공부에 대해 긍정적 감정을 갖게 되는 이유는 우리 뇌에서 쾌감물질인 도파민의 분비를 촉진하기 때문이다. 따라서 도전에 대한 거부감을 줄여주거나 오히려 의욕을 불러일으켜 이를 지속할 수 있게 한다. 대표적인 예가 바로 스포츠나 온라인 게임을 하는 경우인데, 이때는 자연스럽게 한계에 도전하고 몰입하게 된다.

한계를 향해 도전하는 또 다른 예로는 미지의 문제를 접하게 되는 경우다. 예를 들어 손가락을 사용하여 덧셈을 하는 아이에게 "여덟 개에 네 개를 더하면 얼마가 될까?" 하고 물으면 처음에는 막막해한다. 손가락이 열 개밖에 없기 때문이다. 그러나 아이가 이 문제에 도전하여 포기하지 않고 계속 생각하다 보면 기적과 같은 영감이 떠오른다. 자신의 발가락을 사용하든 부모의 손가락을 빌리든 결국 답을 맞힌다. 그리고 아이는 희열을 느끼고 자신을 자랑스러워한다. 아이는 자신이 배운 단순한 지식을 활용한 것이 아니라 스스로 생각하여 문제해결을 한 것이다. 이처럼 미지의 문제를 풀기 위해 온갖 생각을 동원하여 해결하는 습관을 갖게 되면 자신의 두뇌가 최대로 가동되고 최대의 능력을 발휘하게 된다. 풀 수 없을 것 같은 문제를 풀기 위해 끊임없이 생각하는 능력이 결국 '공부하는 힘'의 원천이 되는 것이다.

그런데 답이 보이지 않는 문제의 해결과 같이 지적인 한계에 대한 도전만이 아니라 충분히 할 수 있는 노력의 한계에 도전해야 하는 경우도 많다. 단지 주어진 목표를 향해 최선을 다해야 할 때도 몰입이 중요한 역할을 한다. 좋은 예가 학생들이 중간고사를 치르기 위해 공부하거나 직장인들이 승진 시험이나 자격증을 따기 위해 공부할 때다. 최선을 다해 온전히 공부에 몰입하였다면 기량이 올라가 공부하는 내용이 머리에 쏙쏙 들어올 뿐 아니라 몰입의 즐거움도 경험한다. 그러면 공부하는 과정 자체에서 긍정적 보상을 받고 지극히 만족하게 된다. 몰입해서 공부한 사람들은 대체로 다음과 같이 이야기한다.

"결과가 어떻게 나올지 모르겠지만 최선을 다했다는 것만은 분명하다. 이보다 더 열심히 할 수는 없었다. 한 치의 후회도 없다!"

최선을 다하면 이처럼 결과에 상관없이 만족감을 느낄 수 있고, 결과 또한 십중팔구 만족스럽게 나온다. 그러면 보상은 더욱 커질 수밖에 없다.

이와 같이 자신의 한계에 도전하여 각고의 노력 끝에 성공을 거둘 때 혹은 일정 기간 몰입하여 완벽한 삶을 살았다는 생각이 들 때 우리는 보람, 희열, 환희의 감정을 느끼게 된다. 이러한 경험을 반복하게 만드는 것이 이 책에서 추구하는 몰입학습이다. 우리가 살아가면서 만나게 되는 크고 작은 도전에 몰입을 실천함으로써 경쟁력을 키우고 행복과 자아실현 모두를 성취할 수 있을 것이다. 몰입학습은 특히 시험이나 입시와 같이 피할 수 없는 도전을 삶에서 가장 유익한 경험이 되도록 안내한다. 몰입학습을 통해 아이들은 최선의 삶을 사는 법,

행복해지는 법, 자아실현을 구현하는 법을 배우고 결국 인생의 완성도를 높일 수 있다.

이 책에서 소개하는 몰입은 자신이 할 수 있는 최선의 상태를 구현하게 하고 이를 부작용 없이 장기간 지속시킬 수 있는 방법론이다. 아무리 방법이 좋아도 이를 실천하고자 하는 의지나 동기부여가 없으면 아무 소용이 없다. 이 동기부여와 관련된 것이 정신적 성숙이다. 정신적으로 성숙하다는 건 소위 철이 들었다는 의미이다. 철이 든 학생일수록 깨닫고 성장하는 속도가 빠르며 성과도 잘 낸다.

나는 성악설처럼 인간은 악하게 태어난다거나 성선설처럼 인간은 선하게 태어난다는 사상에 동의하지 않는다. 대신 인간은 동물로 태어난다고 믿는다. 육체적 성숙은 나이가 들면서 저절로 이루어지지만 정신적 성숙은 절대 저절로 이루어지지 않는다. 오로지 끊임없는 교육과 노력에 의해서만 보다 성숙한 인간으로 완성되어가는 것이다. 이 책을 통해 수험생뿐만 아니라 치열한 경쟁 속에서 살아가는 직장인들이 어떻게 삶에서 최선을 끌어낼 것인지, 어떻게 정신적으로 좀 더 성숙한 삶을 살아갈 것인지를 제시하고자 한다.

이 책에서는 시험공부에 몰입하는 법, 머리를 발달시키는 몰입학습법뿐 아니라 정신적 성숙의 문제도 다루었다. 또한 학생들을 가르칠 때 질문과 대답을 주고받으면서 학생들의 참여도와 몰입도를 올리는 '몰입기반학습'의 구체적인 적용 방법을 사례와 함께 제시하고 이에 대한 학생들의 반응도 소개하였다. 또한 사람들이 가장 많이 문의했던 "영어를 마스터하는 데 어떻게 몰입을 적용할 수 있나?"에 관해서 나의 생각을 정리하였고, 부록에 몰입식 영어학습법을 실었다. 여기에서 소개한 학습법은 종전의 '몰입 영어'와는 달리 암묵기억의 요소를 중시하여 영어를 모국어처럼 몸에 배게 하는 것을 추구한다.

  이 책의 목표는 머리가 좋아지고 자신 안에 숨어 있는 천재성을 깨우는 삶의 방식과 학습법을 찾는 것이다. 여기에서 소개하는 내용들은 주로 학습과 관련된 것들이지만, 몰입의 구체적인 활용법과 사례들을 통해 몰입 학습의 본질이 무엇인지 깨닫게 된다면 학습 외에 다른 분야에도 폭넓게 활용할 수 있다. 예컨대 한 번에 몇 가지 일을 수행해야 하는 직장인들의 경우, 업무별 우선순위를 정해서 중요한 업무에 몰입도를 올리는 방법, 각종 회의와 잡무 속에서 집중도를 높이는 방법, 주어진 프로젝트나 기획에서 새로운 아이디어를 끌어내는 방법 등을 익힐 수 있을 것이다. 무엇보다 직장인들이 몰입 상태를 통해 스스로 노력하여 자신의 일을 진정으로 좋아하게 되는 경험을 하는 데 이 책이 충실한 안내서가 되길 기대해본다.

차례

서문 - 스스로 생각하는 힘을 키우는 몰입학습법 ··· 004

1. 생존, 행복, 자아실현 그리고 몰입

삶을 뒤흔든 몰입 체험 ··· 014
몰입으로 성공한 공부의 달인들 ··· 023
삶에서 진정 중요한 것 ··· 029

2. 매일매일 공부하는 힘

한계를 돌파하려면 참선하듯 생각하라 ··· 036
뇌를 속이면 공부가 쉬워진다 ··· 040
수험생을 위한 하루 15시간 공부 비법 ··· 057

3. 창의력을 길러주는 '신중하게 계획된 연습'

열심히 '일하기'보다 열심히 '생각하기' ··· 080
미지의 문제를 푸는 능력, 창의력 ··· 086
창의력은 신의 선물이 아닌 노력의 산물 ··· 093
오래 생각하고 그중 나쁜 것을 버려라 ··· 098

부록 — 몰입식 영어 공부　　　　　　　　　　　　　··· 268

천재를 만드는 최고의 공부법

불안감을 자신감으로 바꾸는 '몰입능력'	··· 106
몰입능력, 도전정신, 창의성의 삼각관계	··· 110
천재를 탄생시킨 '도전과 응전'의 법칙	··· 116
무기력도 학습된다	··· 120
낙천성, 실패를 견디는 에너지	··· 125
멈추지 않는 도전 뒤엔 성취 경험이 있다	··· 130
머리가 좋아지는 몰입 훈련	··· 148
한계를 향한 도전	··· 167

4

어떻게 노력할 것인가, 어떻게 살아갈 것인가

어떤 상황에도 노력을 끌어내는 동기부여의 기술	··· 182
철든 사람이 공부도 잘한다	··· 187

5

새로운 인재를 키우는 공부 혁명

지식을 '스스로' 창출하는 두뇌	··· 208
치열한 경쟁의 순기능과 역기능	··· 214
질문하는 공부, 토론하는 공부	··· 223
미래 교육의 답, 몰입기반학습	··· 235

6

생존, 행복, 자아실현 그리고 몰입

전심全心하지 못하는 사람과 무슨 일에나 골몰하지 못하는 사람은
보아도 보지 못하는 사람이며 들어도 듣지 못하는 사람이며
먹어도 맛을 모르는 사람이다.
- 공자

1

삶을 뒤흔든 몰입 체험

두 권의 『몰입』이 출간된 후 많은 독자들이 책에서 소개한 몰입과 유사한 체험을 했다며 사연을 보내왔다. 그들은 자신들의 특별한 경험이 책에 고스란히 묘사된 것을 보고 대단히 놀랐다고 했다. 내게 자신만의 몰입 체험을 들려준 수많은 독자 가운데는 소설 『나의 아름다운 정원』으로 한겨레문학상을 받고 얼마 전 『사랑이 달리다』를 출간한 심윤경 작가도 있다. 심 작가가 내게 보낸 메일에는 그녀만의 몰입 체험이 생생하게 묘사되어 있다.

▶… 저는 올해 소설을 쓰다가 굉장히 색다르고 신기한 체험을 했습니다. 다소 당황스럽기도 하고 신이 나기도 해서 저의 이야기를 친목카페에 올렸더니, 한 친구가 교수님의 책을 읽어보라고 권하더라고요.

첫 페이지에서부터 짜릿한 전율을 느꼈습니다. 새벽 1시에 일어나서 미친 듯이 일하고 있는 나, 그것이 바로 '몰입' 체험이었다는 걸 선생님의 책을 보고 알았습니다. 이전까지는 일중독인가, 조울증인가, 별별 생각을 다 하고 있었습니다.

2011년 6월에서 8월까지 꽉 채운 3개월 동안 몰입 상태로 살았고요. 그 기간 두 권의 장편소설을 끝냈습니다. 지금은 몰입 상태에서 빠져나와서 일상적인 열중 상태로 지내고 있습니다. 열중과 몰입은 너무나 다른 상태라는 걸 잘 알고 있습니다.

2011년 여름, 석 달의 경험은 제 인생에 이정표적인 사건이었습니다. 보통 요즘 출간되는 장편소설의 분량이 원고지 800~1,000매 정도입니다. 제가 일상생활 속에서 느리게 책을 쓸 때면 1,000매 정도의 초고를 6개월에 걸쳐서 쓰곤 했습니다. 초고 완성에만 그 정도 걸리고, 이후 수정작업을 거쳐서 탈고에 이르기까지 1~2개월 더 걸리는 게 보통이었습니다. 하지만 석 달 동안의 몰입 상태에서 저는 2,300매에 달하는 두 권의 장편소설을 수정까지 완벽하게 끝냈습니다. 머릿속에서 미친 듯이 아이디어가 쏟아지고 이야기가 전개되어서 마치 바가지를 들고 폭포수를 받는 기분이었습니다. 보통 초고 단계의 원고는 상당히 거칠어서 오랫동안 공들여서 수정하고 다듬어야 하는데, 몰입해서 쓴 원고는 2~3차 수정을 거친 것만큼 상태가 이미 매끄러운 것도 특징입니다. 거의 손질이 필요 없는 부분이 많았습니다.

그 외 제가 경험했던 몰입의 일반적인 측면들은 다음과 같습니다.

- 시간의 흐름을 완전히 잊음. 한번 시계 보면 1시, 다시 시계 보면 4시,

그사이에 시간이 흘렀다는 걸 인식하지 못함.
- 주변에서 일어나는 일을 모름(제 작업공간은 집의 거실입니다. 옆에서 가족들이 TV를 보는지 자는지 샤워하는지 그냥 모릅니다. 말을 걸어도 엉뚱하게 답한답니다).
- 이전까지 문제없었던 일상생활이 몹시 짜증스럽고 생각에만 집중하고 싶음(일상생활을 등한시한 나머지 두 달 동안 모든 공과금을 연체했고 남편의 급여통장에서 이체를 안 해서 제 통장은 부도 일보 직전이었습니다).
- 정신이 다이아몬드처럼 쨍하게 한없이 투명해지는 기분.
- 끊임없이 아이디어가 쏟아져서 도저히 일을 놓을 수가 없음.
- 한참 집중하고 있는데 피치 못하게 일을 중단하고 사람들을 만나면, 일 생각에서 벗어나지 못해 눈앞에 난수표가 쏟아지듯 화제에 집중하지 못하고 몹시 불안해함.
- 내 몸이 10인분의 일을 해내고 있다는 만족감.
- 뭐라도 해낼 수 있겠다는 도취감.
- 깊이 생각해서 나의 의문점과 생각의 모순점을 정리한 후 자료서적을 읽으면 머리가 바싹 마른 스펀지처럼 지식을 쫙 빨아들이는 느낌.

작가라서 그런지 몰입 체험을 매우 구체적이고 객관적으로 잘 표현하고 있다. 심윤경 작가가 언급한 대로 열중과 몰입은 다른 상태다. 누군가 열중해서 공부하면 주변 사람들은 "열심히 공부하는구나!"라고 할 테지만, 몰입해서 공부하면 "넌 마치 신들린 듯이 공부하는구나!"라고 할 것이다. 이렇게 신명 나게, 신들린 것처럼 하는 것이 바로 몰입이다.

다음은 과학고와 카이스트를 졸업했다는 어느 의과대학생으로부터 온 메일이다.

> ▰┅ 예과 2학년 시험 기간 때, 세포생물학 전공서적 수백 페이지에 달하는 시험공부를 하고 있었는데요, 며칠을 교과서 한 줄 한 줄 읽다가 시험 전날에 밤을 새워서 한꺼번에 벼락치기를 하는 도중 교수님께서 책에서 자세히 설명하신 일들을 경험했습니다. 어찌나 비슷하던지 소름이 돋을 정도더군요. 갑자기 어느 순간부터 어려웠던 책의 내용이 전부 이해가 되고 두꺼운 책이 화살 하나로 다 꿰뚫린 듯한 느낌이 들었습니다. 순간 제 아이큐가 500은 되는 것처럼 모든 것이 쉽게 느껴지고, 숨 쉬는 것 자체로도 행복한 종교적인 감정도 들었습니다.

마지막 문장에 몰입의 핵심적인 특징들이 그대로 표현되어 있다. 몰입 상태에서의 고양된 지적 능력은 "아이큐가 500은 되는 것처럼"으로, 고양된 자신감과 의욕은 "모든 것이 쉽게 느껴지고"로, 몰입 상태의 행복감은 "숨 쉬는 것 자체로도 행복한 종교적 감정도 들었다!"라고 표현하고 있다.

군 복무를 위해 한국에 온 어느 조기 유학생이 다음과 같은 메일을 보낸 적이 있다.

> ▰┅ 먼저 제 소개를 간략히 드리자면, 저는 중학교 때부터 미국에서 유

학하여 고등학교를 졸업하고 군에 입대해 오는 5월 제대를 앞두고 있습니다. 나이는 한국 나이로 22세이고(1991년생) 제대 후 코넬대학 공과대학에 진학 예정입니다.

제가 이렇게 교수님께 메일을 보내는 이유는 교수님께서 쓰신 책을 읽고 너무나 깊은 감동을 받았기 때문입니다. 제가 그 책을 읽고 남다른 감동을 받은 이유는 저 또한 몰입을 진정으로 경험했기 때문입니다. 한번은 대학을 졸업하고 사업을 해야겠다고 마음을 먹고, 잠들기 전 매일 좋은 아이디어 하나씩을 생각해내자고 결심했습니다. 그리고 약 일주일 정도 매일 실천을 했는데, 제 머리에서 나오는 아이디어들이 정말 너무 기발한 아이디어들이라고 생각했고 또 생각하는 것 자체를 즐기게 되었습니다. 그러다 보니 꼭 잠들기 전이 아니더라도 항상 아이디어를 생각하고 있었고 하나의 사업 아이디어에 대해 더 구체적으로 발전시키는 것을 계속했습니다. 그러다 하루는 몰입의 절정을 경험하게 되었는데요, 정말 손정의 회장님께서 말씀하신 것처럼 샘솟듯이 솟아올라 넘치는 아이디어 때문에 가슴이 벅차고 잠을 못 이룬 적도 있습니다.

제가 경험한 몰입은 교수님께서 말씀하시는 100% 강도의 몰입이 아니었음에도 그 후로 한두 달간 행복감이 지속되었습니다. 매사에 항상 감사하는 마음을 가지게 되고 기분 나쁜 일이 하나 없을 정도로 세상이 아름다워 보였습니다.

한번은 한 정보통신 기업에서 몰입에 관한 강연을 한 적이 있었다. 그런데 강연이 끝나자 그 회사의 전무라는 분이 내가 말한 몰입과 비숱한 체험을 했다며 찾아왔다. 나중에 회사 관련자들에게서 들으니 그분은 수많은 베스트셀링 제품을 개발한, 정보 통신 분야의 입지전적인 인물이라고 했다. 몰입능력과 어린 시절 학습방식의 상관관계에 관심이 있던 나는 그분에게 어린 시절의 학습법에 대해 물어봤고, 며칠 뒤 그분에게서 어린 시절의 학습방식과 몰입 체험을 자세히 기록한 메일을 받았다.

▶… 저는 구례 산골에서 부모님의 농사일을 도우며 초등학교와 중학교 시절을 보냈습니다. 고등학교는 순천에서, 대학(기계설계공학 전공)은 서울에서 야간으로 힘들게 마쳤습니다. 어렸을 때 장난감을 구하기 어려웠으므로 장난감을 직접 만들어서 가지고 놀았습니다. 상상이나 공상은 그리 좋아하지 않았던 것 같습니다. 제 학습방식에 특징이 있다면 초중고 시절의 어려운 수학 문제나 대학 시절의 동역학 문제를 답을 찾을 때까지 끝까지 풀었다는 것입니다.

1984년 S사에 입사하여 초기 수습 과정을 마친 후 정보통신 관련 기구설계를 시작하였습니다. 이런 제품들의 주요 메커니즘은 당시 기술 선진국인 미국과 일본의 회사에서 특허가 많이 출원되었으므로 이를 피한 새로운 구조가 필요하였습니다. 첫 사흘 동안은 제도판에 선 하나도 긋지 못하고 고민하면서 '내가 왜 이 일을 하겠다고 머리 터지도록 고민해야 할까, 차라리 단순 직업을 택했다면 더 잘했을 텐데' 하고 한탄도 했습니다. 제가 어릴 때 자주 갔었던 선암사에서 벽을 보고 수행하는 것이 차라리 낫겠다는 생각도 했습니다. 그렇게 사흘간 머리를 싸맸어도 좋은 수가 없어 고민 속에서 잠이 들었는데 갑자기 좋은 방법이 떠올랐습니다. 아침에 일어나보니 기억이 흐릿했지만 출근 뒤 계속 생각했더니 그 아이디어가 다시 생생히 기억났습니다. 그것으로 특허를 출원하고 제품 개발도 성공적으로 완료하여 베스트셀링 제품을 만들었습니다.

이후부터는 잠든 상태에서 떠오른 아이디어를 놓치지 않기 위해 잠자리 옆에 메모지와 펜을 두고 자는 습관을 들였습니다. 어느 때는 아이디어가 너무도 선명해서 저절로 잠이 깨는 일도 있었습니다. 자면서 떠오른 아이디어를 메모지에 간단히 그려 놓은 것을 바탕으로 특허 또는 실용신안으로 출원한 것이 많이 있습니다.

이와 같은 일을 반복하면서 몇몇 회사를 거쳐 2002년까지 많은 제품들을 직접 개발하여 출시하였고, 이후로는 여러 개발팀을 맡고 있습니다. 지금도 간단한 몰입을 통하여 떠오른 아이디어를 다음 날 담당 엔지니어에게 제시하여 제품의 문제점을 해결하고 같이 특허도 출원하고 있습니다. 또한 개발하는 과정에서 발생하는 문제점도 이러한 방법으로 해결하면서 제품 개발을 완료하곤 합니다.

저는 가끔 제 아내와 술을 마시면서 내일 죽어도 후회가 없다고 말합니다. 그 이유는 "그동안 많은 사람이 써서 편하고 마음에 드는 제품을 개발하였고 또 많은 엔지니어들을 가르쳐서 내가 좋아하는 일이 계속되도록 하였으니까!"라고 얘기합니다.

많은 엔지니어들이 어려운 문제에 봉착했을 때 쉽게 포기하지 않고 몰입으로 끝까지 문제를 해결하여 경쟁력이 있는 제품을 개발한다면 자원이 부족한 대한민국이 기술 강국이 될 수 있다고 믿습니다.

위의 사례는 몇 가지 면에서 몰입의 전형적인 특성을 보여준다.

첫째, 외국의 특허를 피해 새로운 구조를 고안할 때 사흘까지 고민했지만 좋은 방안이 떠오르지 않다가 나흘째 잠자는 동안 아이디어가 떠올랐다고 했는데, 이것이야말로 전형적인 몰입의 형태다. 몰입을 하면 기억 인출 능력이 활성화되는 수면 시간에 아이디어가 떠오르고 그것이 저장되지 않아 아침에는 잊어버리지만, 계속 생각하다 보면 다시 떠오르게 된다.

둘째, 어려운 문제를 해결하려 할 때 아무리 생각해도 진전이 전혀 없어 자신감을 잃는 등 부정적인 감정이 생긴다. 이런 몰입의 장벽을 넘는 데 대략 사흘 정도가 소요되는데, 이 역시 위의 사례와 정확하게 일치한다.

셋째, 몰입을 통해 자신의 잠재능력을 펼치고 삶에 대해 절대적 만족을 느끼면 내일 죽어도 여한이 없다는 생각이 든다. 이분도 이와 비슷한 자아실현의 감정을 언급하고 있다.

몰입 체험자들이 말하는 몰입 상태의 공통점은 지적인 능력이 평소와는 비교가 되지 않을 정도로 고양된다는 것과 지극한 행복감을 맛본다는 것이다. 그들은 또 이러한 몰입 체험이 평생 잊지 못할 특별한 경험이라고 말한다. 이는 몰입 체험이 자아실현에 가까운 경험이기 때문이다. 또 다른 공통점은 그들이 명확한 목표를 설정하고 그것을 절실히 지속적으로 추구할 때 몰입을 경험한다는 것이다.

이분이 수많은 박사 연구원들을 거느리고 있어 당연히 선진국 유수의 대학에서 박사 학위를 받았으리라 생각했는데, 서울의 야간 대학을 졸업했다고 해서 상당히 놀랐다. 이 사례처럼 몰입능력은 학벌이나 성적과는 상관이 없다. 그보다는 학습방식과 관련이 있다. 이분이 초중고 시절 풀리지 않는 문제를 답을 찾을 때까지 풀었다는 사실에 주목할 필요가 있다. 어린 시절의 학습방식과 몰입능력의 상관관계에 대해서는 앞으로 차차 다루게 될 것이다.

몰입으로 성공한 공부의 달인들

우리는 성공한 사람들이 몰입하여 성취를 이루었다는 사례들을 많이 듣는다. 홍석우 전 지식경제부 장관이 지난 2012년 5월 서울대에서 강연을 했는데, 그 가운데 몰입과 관련된 내용이 있어 소개한다.

그는 대학 입시에서 세 번이나 낙방하고 네 번째 도전 끝에 대학에 들어갔다. 그가 대학에 입학하자 동갑내기들은 이미 4학년이었다. 하지만 그는 대학에 들어갔다는 사실에 안주하며 입대까지 연기하고 대학생활을 즐겼다. 징병신체검사에서 방위 판정을 받아 1년만 복무를 하면 됐지만, 자유분방한 생활을 늦추고 싶지 않았다.

그런데 2학년이 된 어느 날, 논산훈련소에서 현역 입대 영장이 날아왔다. 대학생 방위가 너무 많다 보니 그사이 국방부령이 변경되어

신체 등급이 한 단계 더 올라갔기 때문이었다.

이렇게 3년간의 군 복무를 하고 복학한 그는 동갑내기들보다 6년 정도 늦게 졸업한다는 사실에 마음이 조급해졌다. 그때 한 친구가 그에게 행정고시를 봐서 공무원이 되라고 권했다. 행정고시는 보통은 몇 번씩 떨어지니까 열심히 공부해 빨리만 합격한다면 늦은 사회 진출을 회복할 수 있지 않느냐는 것이었다.

마침 공직에 관심이 있었던 터라 그 말을 들은 순간부터 그는 행정고시 준비에 매진했다. 모든 것을 잊고 오로지 공부에만 몰입한 결과 5개월 후에 1차, 다시 2개월 후에는 2차에 합격했다. 그러면서 몰입의 힘이 무섭다는 것을 깨닫게 되었다고 한다.

당시 그에게는 행정고시 합격만이 암담한 미래를 바꿀 수 있는 유일한 희망이었다. 그 절실함이 몰입의 장벽을 넘는 구동력을 제공한 것이다. 그러나 이보다 훨씬 더 절실한 상황에 처했다 해도 아무나 몰입을 할 수 있는 것은 아니다. 절실한 상황은 몰입을 하기 위한 필요조건이지 충분조건은 아니라는 뜻이다. 몰입을 하려면 몰입능력, 적절한 몰입 방법, 정신적 성숙, 주변 환경의 뒷받침 등이 있어야만 한다. 그런 면에서 홍석우 전 지식경제부 장관은 이 모든 조건을 두루 갖춘 인물이었다고 할 수 있다.

몰입을 통해 성공한, 또 다른 대표적 인물이 바로 소프트뱅크 그룹의 손정의 회장이다. 그는 2011년 「포브스」가 선정한 일본 1위의 자산가이며 그해 일본을 덮친 쓰나미 난민들을 위해 1,400억을 기부해

화제가 된 인물이다. 손정의 회장이 얼마나 치열하게 몰입을 했는지, 몰입의 장벽을 넘기 위해 어떤 절실함이 있었으며 정신적 성숙은 어떻게 형성되었는지를 이해하려면 다소 장황하더라도 그의 성장 배경을 자세히 알아볼 필요가 있다.

재일교포 3세인 그는 4남 중 차남으로 태어났다. 기찻길 옆 무허가 판잣집에서 남들이 먹다 남은 음식을 얻어 돼지를 키울 만큼 매우 가난한 가정에서 자랐다. 어린 시절부터 '조센징'이라고 괄시를 받던 그는 급기야 한 일본인 아이가 던진 돌에 맞아 다치기까지 했다. 당시 그가 받았던 충격과 마음의 상처는 이루 말할 수 없이 컸고, 이 사건은 그의 삶에 큰 영향을 미쳤다. 이때부터 그는 '손정의'라는 한국 이름 대신 '손 마사요시'라는 일본 이름을 사용하게 되었다.

초등학교를 졸업할 무렵부터는 집안 형편이 조금 나아지는 듯했지만, 아버지가 피를 토하고 쓰러지는 바람에 다시 위기가 찾아왔다. 고등학교에 다니던 한 살 위의 형이 학업을 그만두고 생계 전선에 뛰어들 수밖에 없었다. 이런 암울한 시절에 손정의는 한 선생님에게 소개받은 시바 료타로의 역사소설 『료마가 간다』라는 책을 읽고 운명이 바뀌는 계기를 맞는다.

▣⋯ 료마의 삶에 비춰 보니 나 자신이 더없이 한심하게 느껴진다. 차별이니 인종이니 하는 문제로 고민하는 것 자체가 얼마나 시시한지 깨달았다. 주눅이 들어 쪼그라들 대로 쪼그라든 꼴이라니. 한 번뿐인 인생을 이렇게 대충 흘려보내도 되는 건가! (이나리, 『나는 거대한 꿈을 꿨다: 소프트뱅크

공인 손정의 평전』, 중앙m&b, 2012)

큰 뜻을 품었으면 실천해야 한다. 한 번뿐인 인생, 뭔가 큰일을 하자고 생각한 그는 일본 제1의 사업가가 되기로 굳게 결심한다. 그리고 가족의 어려움을 중장기적으로 해결하고 큰 뜻을 펼칠 기반을 닦기 위해 다니던 명문 고등학교를 중퇴하고 미국 유학을 가기로 한다. 모두가 만류했지만 그는 뜻을 굽히지 않았다. 울면서 매달리는 어머니에게 그는 이렇게 말했다.

▌… "병원 의사 선생님에게 물어보니 아버지는 피를 토하기는 했지만 돌아가실 정도로 위독하지는 않답니다. 앞으로 몇 년을 생각하면 집에 있으면서, 학교에서 공부하고 가족을 돕는 것은 그것대로 중요한 일이에요. 하지만 앞으로 몇십 년을 생각하면 가족을 위해서도, 그리고 가족을 넘어서 저 자신이 무언가 일을 이루기 위한 삶을 살아야 해요. 그러한 삶에 제 인생을 바치고 싶어요."

교장 선생님은 미국에 가서 1~2년 공부하다가 다시 돌아올 수도 있으니 휴학을 하면 어떠냐고 권유하였다. 그러나 그는 고개를 저었다.

▌… "선생님, 저는 약한 남자입니다. 영어도 잘 몰라요. 혼자 가서 어떻게 생활해야 할지도 몰라요. 곤란한 상황이 닥치면 좌절해서 마음이 약해질 것이고, 돌아올 옛 보금자리가 있으면 거기로 돌아올지도 몰라요. 그러

면, 마음이 흔들리게 됩니다. 퇴로를 끊어버리지 않으면 고난과 맞설 수가 없어요. 그러니 휴학시키지 말고 퇴학시켜주세요!"

당시 고등학교 1학년이었던 손정의가 어머니와 교장 선생님에게 한 이야기에 주목할 필요가 있다. 그의 정신적인 성숙도를 잘 말해주기 때문이다. 이 정도로 정신적인 성숙이 되었다면 성장해서 무엇을 해도 성공할 것이다. 손정의의 성공 가능성은 이미 청소년 시절에 결정된 것이나 다름없다. 정신적인 성숙에 대해서는 뒤에서 자세히 다룰 것이다.

그 후 미국에 건너간 그는 검정고시로 대학에 입학해 죽기 살기로 공부했다. 도중에 폐렴에 걸렸었는데 폐렴이 걸린지도 모를 정도로, 한 번도 수업을 빼먹지 않고, 항상 앞줄의 맨 가운데에 앉아 잡아먹을 듯이 선생님을 바라보면서 공부했다. 화장실에 갈 때도 절대로 교과서에서 손을 떼지 않고 읽으면서 갔다. 길을 걸을 때도 교과서를 읽고, 운전할 때도 수업 내용을 녹음테이프로 다시 복습했다. 최소한의 수면 시간 이외는 모두 공부를 한 것이다.

식사할 때도 반드시 왼손으로는 교과서를 보면서 오른손으로는 젓가락이나 포크를 들고 먹었다. '한꺼번에 여유롭게 두 눈으로 접시를 보면서 음식을 먹고 싶다. 그러면 얼마나 맛있을까! 그런 사치스러운 날이 올 수 있을까?'라고 생각할 정도로 공부에 몰입했다.

이렇게 학습에 몰입하던 그는 점차 사업 쪽으로 몰입의 방향을 바꾸어갔다. 대학교 3학년부터 '소중한 5분'을 할애해 매일 한 개씩 발명하기 시작했다. 그 결과 250건의 발명을 했는데, 그 가운데 음성 전자 번역기의 특허를 일본 기업 샤프에 100만 달러에 팔았다. 그는 이렇게 모인 자금으로 사업을 시작했다. 1초도 쉬지 않고 학습에 몰입한 경험 덕분인지 사업에도 끊임없이 몰입하여 정보기술 분야에서 시대를 앞서 가는 사업가가 되었다.

"자나 깨나 생각하면 좋은 아이디어가 떠올라 사업에 성공할 수 있다"라는 그의 말에는 사업에 몰입을 적용할 수 있는 가장 기본적이고 핵심적인 메시지가 담겨 있다. 사람들은 '자나 깨나 생각한다는 것'의 참된 의미를 종종 간과한다. 불과 하루에 몇 시간 생각하고서는 자나 깨나 생각했다고 간주하는 사람들이 많다. 그러나 자나 깨나 생각한다는 것은 잠이 들어 의식이 없는 상태에서도 생각한다는 것이고, 화두선(화두를 두고 정신수양 혹은 참선을 한다는 뜻)에서 말하는 꿈에서도 화두를 놓지 않는다는 '몽중일여夢中一如'이며, 깊은 잠 속에서도 화두를 놓지 않는다는 '숙면일여熟眠一如'의 상태를 의미한다. 이런 상태를 만들려면 깨어 있을 때 1초도 쉬지 않고 생각을 해야 한다.

손정의 회장은 어떻게 이런 지독한 몰입 상태를 계속해서 유지할 수 있었을까? 몰입능력은 개인에 따라 분명 차이가 있다. 하지만 그것은 타고나는 게 아니라 노력으로 충분히 이뤄낼 수 있다. 이 책을 통해 몰입능력을 발달시키는 본격적인 훈련 방법을 익힌다면 누구라도 손정의 회장만큼 몰입할 수 있고, 그 희열을 맛보게 될 것이다.

삶에서 진정 중요한 것

몰입이 우리 삶에서 과연 어떠한 의미가 있는지 생각해볼 필요가 있다. 우리는 삶 대부분을 생존을 위한 활동이나 행복을 추구하는 활동으로 보낸다. 그런데 이 둘을 따로 추구하는 것은 비효율적이다. 좋아하는 일을 하면서 행복을 추구하면 누릴 수 있는 행복의 양은 그것으로 한정되지만, 생존을 위해 반드시 해야 하는 일을 좋아하면서 한다면 행복의 양은 한계가 없이 늘어날 수 있기 때문이다.

해야 할 일을 즐길 수 있는 능력은 삶에서 대단히 중요하다. 이 능력은 하루아침에 얻어지는 게 아니라 오랜 기간에 걸쳐 조금씩 발달하기 때문에 어린 시절부터 교육하는 것이 바람직하다. 이러한 교육을 실천하고 있는 민족이 바로 유대인이다. 그들은 아이들이 배움을 즐길 수 있도록 '배움은 꿀처럼 달다'는 사실을 어린 시절부터 반복

체험시킨다. 동양에서도 이와 비슷한 교육철학을 발견할 수 있는데 일찍이 공자는 "아는 이는 좋아하는 이보다 못하고, 좋아하는 이는 즐기는 이만 못하다"고 하였다.

삶에서 가장 중요한 문제 중의 하나인 생존의 문제가 해결되었다고 해서 누구나 행복을 누릴 수 있는 것은 아니다. 생존과 행복의 문제를 동시에 해결한 사람은 그다지 많지 않다. 정말로 운이 좋아서 생존과 행복의 문제를 동시에 해결했다고 하자. 그러면 삶의 문제는 모두 해결된 것일까? 그렇지 않다. 행복감도 일종의 결핍 욕구여서 행복감이 부족하면 그것을 간절히 추구하지만, 일단 충족되면 삶에서 행복 추구가 차지하는 비중은 줄어든다. 생존이 보장되고 행복감을 느낀다고 해서 삶의 본질적인 문제까지 해결된 것은 아니다. 삶에서 우선순위를 차지하고 있는 생존과 행복의 문제가 해결되면 비로소 '삶에서 진정 중요한 것들'이 보이기 시작한다. 그러면서 평소 잊고 지냈던 '삶의 유한함'이 큰 비중으로 다가온다. 삶은 한시적이어서 우리는 언젠가 반드시 죽게 마련이고, 그래서 한 번뿐인 우리의 삶이 진정 소중하다는 사실을 깨닫는다. 그러면 '이 소중한 삶을 어떻게 살아야 할까?', '어떻게 살아야 삶의 마지막 날 후회하지 않을까?'와 같은 문제가 삶의 중심에 자리하게 된다.

생각이 여기까지 미치면 행복과 고통은 상대적으로 중요하지 않다는 것을 알게 된다. 행복과 고통은 그것을 느끼는 순간에는 강렬해도 시간이 지나면 금세 사라진다. 중요한 것은 이들이 내 삶에서 무엇을 남기느냐, 이로 인해 내 삶이 어떻게 형상화되느냐이다. 한 번뿐인 삶의 기회를 생존과 행복만 추구하다 마치는 것은 너무나 안타까운 일이다. 내 삶에 커다란 의미를 부여하려면 가치 있는 무언가를 성취하고 자신이 가진 능력을 마음껏 펼치는 삶을 살아야 한다. 또 그래야 인생의 마지막 날 자신의 삶을 뒤돌아보아도 한 치의 후회가 없을 것이다. 자신의 숨은 능력을 마음껏 끄집어내어 믿기지 않는 성취를 이루는 것이 바로 자아실현이다.

단순한 즐거움이나 쾌락보다는 보람과 만족감을 수반하는 즐거움이 훨씬 더 강력하다. 혼신의 노력을 다하고 그런 과정에서 숨은 능력이 발휘되고 그 결과가 하나의 작품으로 완성되는 것을 경험하는 것만큼 감격스러운 순간은 없을 것이다. 특히 그 결과가 세상을 좀 더 나은 곳으로 만드는 데 조금이라도 기여를 한다면 더 말할 나위가 없다.

결국 삶의 궁극적 추구는 자아실현의 문제로 귀결된다. 그러나 생존과 행복의 문제를 해결한 후 자아실현을 추구하기에는 인생이 너무 짧고, 경우에 따라서는 아예 기회조차 주어지지 않을 수도 있다. 이 문제를 해결해주는 것이 바로 몰입이다. 몰입은 생존을 위한 삶, 행복을 추구하는 삶, 자아실현의 삶을 동시에 추구할 수 있는 방법이기 때문이다.

이 세 가지를 동시에 추구하기 위해서는 일과 공부라는 행위가 생존과 미래의 행복을 위한 수단이면서 동시에 삶의 목적이 되어야 한다. 한 번뿐인 소중한 삶에서 어느 한순간도 희생되어서는 안 되고 매 순간 삶다운 삶을 살아야 한다. 그렇다면 어떻게 해야 일과 공부라는 행위가 삶의 목적이 될 수 있을까? 행위 자체가 목적이 되기 위해서는 무엇이 필요할까? 스포츠나 온라인 게임을 할 때의 행위는 수단이 아니고 목적이 된다. 그 이유는 그 행위 자체가 즐거움을 주기 때문이다. 이처럼 그 행위가 목적이 되기 위해서는 즐거움이 수반되어야 한다. 행위 자체가 목적이 되면 그에 대한 구동력이 스스로 만들어지기 때문에 별다른 노력 없이 그 행위가 자동적으로 행해지는데 이러한 경우를 '자기목적적autotelic'이라고 한다. 몰입 이론의 창시자 칙센트미하이 교수는 어떠한 행위가 자기목적적인 경우를 '몰입flow'이라고 정의하였다.

진정으로 좋아하는 일이란?

성공한 사람들이 젊은이들에게 흔히 하는 조언 중에 "네가 진정으로 좋아하는 일을 하라!"는 말이 있다. 그러나 많은 사람들이 이 말의 의미를 잘못 이해한다. 내가 몰입해서 연구할 때는 너무 즐거운 나머지 "이렇게 재미있는 것을 하는데 월급까지 받아도 되나?"라고 중얼거렸을 정도였다. 이때 나는 몰입이라는 개념을 몰랐다. 단지 내가 전공한 재료공학이 재미있는 줄 알았다. 그래서 그 당시 유치원생이었던 아이들에게 "너희가 크면 재료공학을 전공해라. 너무너무 재미있다!"라고 이야기했다. 그때 만약 내가 젊은이들에게 한마디 조언을 해달라는 요청을 받았다면 틀림없이 "당신이 진정으로 좋아하는 일을 하세요!"라고 이야기했을 것이다.

사실 나는 대학과 대학원 시절에 전공인 재료공학이 적성에 맞지 않다고 생각해 무척 괴로워했다. 전공 분야는 평생 몸담고 있어야 하는데 평생 이렇게 재미없는 것을 하면서 살아갈 것을 생각하니 한없이 우울하고 막막했다. 그런데 내 두뇌를 풀가동하기 위한 의도적인 노력을 시작하면서 몰입을 경험했고 이때부터 인생이 바뀌기 시작했다. 내가 하는 일들이 정말 즐거워진 것이다. 몰입을 반복해 경험하고 그 개념에 대해 알게 된 이후로 내게 주어진 일에 오랜 기간 몰입하다 보면 어떤 일이건 자연스레 그 일을 좋아하게 된다는 사실을 깨달았다.

요즘 젊은이들에게 "진정으로 좋아하는 일이 무엇이냐?"고 물으면 보통 아직 찾지 못했다고 이야기한다. 간혹 확신에 차서 진정으로 좋아하는 일이 있다고 하는 젊은이들이 있다. 이들은 통상 노래 부르는 것을 진정으로 좋아해서 가수가 되고 싶다거나 온라인 게임을 진정으로 좋아해서 프로게이머 혹은 게임 개발자가 되고 싶다고 이야기한다. 이들이 노래를 좋아하고 온라인 게임을 좋아하는 이유는 노래에 몰입하고 온라인 게임에 몰입해서 그 몰입의 즐거움을 맛보았기 때문이다.

어릴 적부터 TV 화면을 통하여 아이돌 그룹이 노래를 하거나 춤을 추는 것을 자주 보게 되면, 관련 시냅스가 다량 생성되어 이러한 행위에 비교적 쉽게 몰입하게 된다. 온라인 게임도 마찬가지다. 몰입을 하면 다량의 도파민이 분비되기 때문에 평생 이것만 하면서 살면 정말로 행복할 것 같다. 그리고 재미있으므로 정말로 열심히 노력할 수 있을 것 같다. 그러나 이 분야를 좋아하는 젊은이들이 많아서 성공 확률은 지극히 낮다. 소위 극도로 치열한 경쟁을 해야 겨우 살아남을 수 있는 레드오션인 것이다. 그뿐만 아니라 잠시 성공했다가도 그것이 지속되는 경우도 드물다. 마치 복권에 당첨될 확률만큼이나 낮다.

흔히 자신이 진정 좋아하는 일을 해야 행복하다고들 한다. 많은 젊은이들이 이 말을 액면 그대로 받아들여 진정으로 좋아하는 일을 찾아 부나방처럼 헤맨다. 그러나 내가 몰입을 경험하면서 느꼈듯이 '진정으로 좋아하는 일'이란 자신이 스스로 노력해서 만들어가는 것이다. 처음에는 내키지 않던 일이라도 오랜 시간 몰입하다 보면 얼마든지 진정으로 좋아하는 일이 될 수 있다. 물론 선택할 기회가 주어진다면 자신이 더욱 쉽게 좋아하고 잘할 수 있는 일을 선택해야 할 것이다. 그러나 일단 선택을 했으면 그것에 올인해서 진정으로 좋아하는 일로 만드는 것이 현명하다. 결국 후회 없는 삶이란 무엇을 하면서 살아가느냐의 문제라기보다는 어떻게 하면서 살아가느냐의 문제이다.

매일매일
공부하는 힘

당신이 하는 일에 온 정신을 집중하라.
햇빛은 한 초점에 모일 때만 불꽃을 내는 법이다.
- 알렉산더 그레이엄 벨

2

한계를 돌파하려면
참선하듯 생각하라

사자에게 쫓길 때 얼룩말은 몰입을 한다. 이는 위기감에 의한 수동적인 몰입이다. 시험이나 업무 마감에 쫓겨 유도되는 몰입도 마찬가지다. 수동적인 몰입의 구동력은 위기감이나 절실함이다. 그래서 최선은 다하지만 괴롭고 거부감이 든다. 다시는 경험하고 싶지 않은 지긋지긋한 최선인 것이다.

   반면 온라인 게임이나 스포츠 경기를 할 때의 몰입은 능동적이다. 능동적인 몰입은 빠른 피드백에 의해 유도된다. 빠른 피드백이 일정 시간 반복되면 몰입의 장벽을 넘을 수 있는 구동력이 만들어진다. 피드백을 받으면서 조금 더 잘해보려고 안간힘을 쓰는 노력을 지속하면서 몰입도가 올라간다. 수동적 몰입과는 달리 능동적 몰입은 또다시 경험하고 싶은, 즐겁고 끌리는 최선이다. 그래서 거부감 대신 호감을 남긴다.

그러나 수동적 몰입을 유도하는 위기감이나 능동적 몰입을 유도하는 빠른 피드백 없이도 스스로 몰입도를 올릴 수 있다. 참선을 하는 사람들이 화두 하나에 집중할 때가 바로 그런 경우다. 화두는 본질에 대한 의구심을 불러일으키는 물음이다. 이것에 대해 끊임없이 생각하다 보면 몰입도가 올라가서 나중에는 의식 속에 화두와 자신만이 존재하게 되는데, 이 상태를 '삼매三昧'라고 한다. 위기감과 피드백 없이도 몰입도를 100%까지 끌어올릴 수 있다는 것은 참선에서 잘 확립된 사실이다.

나는 학계에서 풀리지 않는 난제를 쉬지 않고 끊임없이 생각한 3일째에 의식 속에 문제와 나만이 존재하는 삼매와 같은 몰입 상태를 경험한다. 풀리지 않는 난제가 화두 역할을 한 것이고 의도적으로 1초도 쉬지 않고 생각을 하면서 나도 모르게 화두선을 한 셈이다.

몰입도를 올리는 가장 빠른 방법은 1초도 쉬지 않고 오로지 풀려고 하는 문제만 생각하는 것이다. 이는 오랜 역사를 갖는 화두선의 수행방식으로도 잘 알려져 있다. 우리나라를 대표하는 불교가 조계종인데, 바로 조계종의 수행방식이 화두선이라고 한다. 따라서 우리는 몰입을 위한 훌륭한 문화유산을 이미 갖고 있는 셈이다.

불교에는 안거安居라는 수행이 있는데, 이는 출가한 승려들이 한곳에 모여 3개월간 일체의 외출을 금하고 수행에만 전념하는 것이다. 하안거는 여름 3개월 동안 수행하는 일, 동안거는 겨울 3개월 동안 수행하는 일을 말한다. 즉, 풀리지 않는 화두 하나만을 가지고 오랫동안 생각한다는 것은 우리 민족에게 전혀 놀라운 일이 아니다. 이는 몰입의 관점에서 보면 엄청난 의미가 있다. 내 경험에 따르면 화두선을 하듯이 3개월 동안 풀리지 않는 문제에 대한 생각의 끈을 놓지 않으면 전공 분야에서 수십 년간 해결되지 못한 난제를 풀어낼 만큼 강력한 지적 위력이 발휘된다.

어떠한 분야에서 특정 문제가 수십 년간 해결되지 않았다는 것은 관련 연구자들이 지적 한계에 봉착했다는 것을 의미한다. 나의 몰입 체험은 이러한 지적 한계를 돌파할 수 있는 방법론을 찾은 것인데, 그 방법론이 바로 화두선의 수행방식과 매우 유사하다.

화두선의 수행방식은 강한 몰입뿐 아니라 약한 몰입을 할 때도 유용하게 활용할 수 있다. 예를 들면 산업체의 생산 공정에서 원인 모를 불량이 발생하거나 새로운 사업 아이디어를 내야 할 때도 참선을 한다는 기분으로 의도적으로 생각의 끈을 놓지 않으면 좋은 아이디어를 얻을 수 있다. 물론 개인적인 취향에 따라 명상이나 기도 혹은 묵상을 한다는 기분으로 해도 좋을 것이다.

화두선에서 몰입도가 올라가는 원리는 '도전과 응전'의 법칙으로 이해할 수 있다. 화두선은 화두라고 하는 풀리지 않는 난제를 앞에 두고 피하거나 주눅 들지 않고 정면으로 승부하면서 1초도 쉬지 않고 도전하는 행위이다. 이 행위가 지속되면 우리 뇌에서는 주어진 도전에 응전하기 위한 일련의 변화가 일어나는데 그것이 바로 몰입도가 올라가는 과정이다. 몰입도가 계속 올라가다 보면 결국 주어진 도전에 대하여 우리가 할 수 있는 최대의 응전 상태에 도달하게 되는데 이

상태가 바로 삼매이고 몰입이다.

  화두를 들고 선수행을 하는 사람들은 생각에 진전이 없어도 조바심을 갖거나 초조해하지 않는다. 느긋한 마음을 갖고 묵묵히 화두만을 생각할 뿐이다. 또한 결과에는 신경을 쓰지 않고 오로지 수행에만 힘쓴다. 미지의 문제에 도전할 때 바로 이러한 방식과 마음가짐이 가장 효과적이다. 내가 말하는 슬로우 싱킹Slow Thinking은 바로 이렇게 생각하는 방식을 말한다.

  한편, 이러한 방식으로 선수행을 지속하면 아무런 생각의 진전이 없더라도 몰입도는 계속 올라가게 된다. 가시적인 성과가 없어 언뜻 생각하면 헛수고를 하는 것 같지만, 우리 뇌가 주어진 도전에 대하여 활발하게 응전하고 있기 때문에 몰입도는 계속 올라간다. 이것이 몰입을 이해하는 데 가장 중요한 사실이다. 노력은 배신하지 않는다. 단지 가시적으로 드러나지 않을 뿐이다. 이 사실을 알아야 내 두뇌를 어떻게 활용할지 알게 된다.

  이런 몰입은 위기감에 의한 수동적인 몰입이나 빠른 피드백에 의한 능동적인 몰입과 다르다. 그래서 나는 이것을 '의도적인 몰입'이라고 부른다. 의도적인 몰입은 높은 몰입도가 필요한 상황에서 다양하게 활용된다. 단기간 온 힘을 다해서 노력해야 할 때 또는 업무나 학습에 몰입해야 할 때 이 의도적인 몰입을 유용하게 활용할 수 있다.

뇌를 속이면
공부가 쉬워진다

학생이라면 누구나 피할 수 없는 도전, 중간고사나 기말고사를 예로 들어보자. 만일 이번 시험에서 반드시 장학금을 받아야 하는 상황이라면 누구라도 처음에는 열심히 노력해 반드시 좋은 성적을 거두리라 굳게 마음을 먹는다. 하지만 시험이 1~2주 앞으로 다가왔는데도 공부가 손에 잘 안 잡힌다. 열심히 해야 하는 줄은 알지만 뜻대로 안 되니까 마음만 심란하다. 그러다 시험이 하루 앞으로 다가오면 위기감이 엄습하면서 자기도 모르게 몰입이 된다. 이때부터 공부가 굉장히 잘되기 시작한다. 내용이 머리에 쏙쏙 들어오고 기억도 잘된다. 그런데 문제는 시간이 턱없이 부족하다는 것이다. '진작 이렇게 공부할 걸' 하면서 아쉬워해도 소용없다. 몰입해 공부한 시간이 적기 때문에 성적은 당연히 잘 안 나온다. 이게 바로 수동적 몰입의 전형적인 예다.

이 예를 몰입의 관점에서 다시 살펴보자. 몰입의 장벽을 넘기 위해 가령 100만큼의 구동력이 필요하다고 가정하면 시험 2주 전에는 구동력이 30, 1주 전에는 60 정도밖에 안 된다. 위기감이 적기 때문이다. 그러나 시험 하루 전에는 위기감 때문에 구동력이 100이 되어 비로소 몰입의 장벽을 넘고 몰입할 수 있다.

시험 1주 전에 의도적인 몰입을 하려면, 부족한 40의 구동력을 의도적인 노력으로 만들어 100의 구동력으로 몰입의 장벽을 넘어야 한다. 시험 2주 전에 몰입하려면 부족한 70의 구동력을 의도적으로 만들어주면 된다. 그래서 몰입의 시점을 앞당기는 것이다. 그러면 몰입 기간이 길어지기 때문에 제대로 공부하게 되고 공부하는 것도 즐길 수 있다. 즐거운 최선을 경험하는 것이다. 심지어 시험 스트레스가 오히려 고맙게 느껴진다. 왜냐하면 시험에 대한 위기감이 없으면 순전히 의도적인 몰입만으로 구동력을 100까지 끌어올려야 하는데 이는 상당히 어려운 일이기 때문이다. 실제로 시험이 없는 방학 때 몰입을 경험하기는 대단히 어렵다. 마찬가지로 직장 업무에 대한 스트레스와 부담이 없는 은퇴 후에는 몰입이 훨씬 더 어려워진다.

그렇다면 시험 1~2주 전에 몰입도를 100까지 끌어올리려면 어떻게 해야 할까? 핵심은 뇌를 속이는 데 있다. 우리의 뇌는 가상과 실제를 잘 구별하지 못한다. 배우가 연기에 몰입하며 눈물을 흘리는 것은 배우의 뇌가 연기를 실제 상황으로 착각하기 때문이다. 뇌의 이런 특성을 이용해 위기 상황이 아닌데도 위기 상황이라 착각하게 만들면 몰입이 유도된다.

우리의 뇌를 착각하게 만드는 방법은 두 가지다. 첫째, 목표를 절실하게 잡아야 한다. 프로 바둑 기사 조치훈은 "나는 바둑 한 수, 한 수에 목숨을 건다"고 말했다. 바둑 한 수에 목숨을 걸 만큼 절실한 자세로 임하면 자연히 몰입이 유도될 수밖에 없다. 마찬가지로 이번 시험에 내 인생이 걸렸다고 의도적으로 절실함을 가장하면 우리 뇌는 정말 그런 줄로 착각하게 된다.

둘째, 의도적으로 몰입 행위를 해야 한다. 자나 깨나 시험공부와 관련된 활동만 하는 것이다. 도서관이나 교실에서는 물론이고 걷거나 버스를 탈 때, 샤워를 할 때에도 책이나 참고서를 읽거나 외우고 학습 관련 테이프를 듣는 등의 활동을 한다. 의식적으로 이런 활동을 하면 우리 뇌는 '이번 시험이 얼마나 중요하기에 이렇게 자나 깨나 시험공부만 하는 걸까? 이번 시험을 잘못 보면 큰일이 나는가 보다'라고 판단해 몰입을 유도하게 된다. 물론 처음부터 몰입도가 올라가는 것은 아니다. 글자가 눈에 들어오지 않더라도 꾹 참고 몰입하는 흉내라도 내야 한다.

행정고시 수석, 외무고시 차석, 사법고시 최연소 합격의 신화를 이룬 고승덕 변호사는 하루에 17시간을 공부했다고 한다. 단기간 시험 공부를 할 때는 이처럼 잠자는 7시간을 제외하고 하루 17시간을 공부하겠다는 목표로 임해야 몰입도가 빠르게 올라간다. 실제로는 하루에 17시간을 공부할 수 있는 학생은 거의 없고, 기껏해야 10~15시간 정도만 가능할 것이다. 그래도 목표는 17시간으로 잡고 시작해야 효과적이다.

삼매와 같은 상태의 몰입도를 100%라 할 때 시험공부는 피드백이 있기 때문에 요구되는 몰입도가 상대적으로 낮다. 대부분 10~20% 정도의 몰입도면 시험공부를 위한 몰입을 충분히 할 수 있다. 내 경험에 따르면 하루에 30~40%까지 몰입도를 올릴 수 있으므로 시험공부를 위한 몰입은 한나절 정도의 힘든 시간을 보내면 가능할 것이다.

이처럼 단기간에 몰입도를 올리는 것은 시험공부 외에 다른 활동에도 다양하게 적용된다. 대학원생이라면 국내외 학술대회니 석·박사 논문 심사를 위한 발표 준비, 연구 활동, 그리고 사회인이라면 각종 프로젝트 수행 등에 이러한 단기간의 의도적인 몰입을 활용할 수 있다.

의도적인 몰입은 평상시 부담감이나 스트레스로 작용하던 것들을 오히려 즐기게 해준다. 특히나 공부처럼 생산적인 활동이 재미있다는 사실을 몸소 체험할 수 있다는 것이 가장 중요한 효과다. 공부가 재미있다고 수백 번 듣는 것보다 한 번 경험하는 것이 훨씬 효과적이다. 이런 체험을 반복하다 보면 즐거움과 행복에 대한 패러다임이 바뀌고 가치관도 변화한다. 자신이 해야 할 공부가 삶의 수단이 아닌 목적이 되는 것이다. 가치관이 바뀌면 삶의 방식, 더 나아가 사람의 본질이 바뀐다. 이처럼 사소한 몰입의 경험이 우리 삶에 커다란 변화를 일으킬 수 있다.

사례 ── 단기 수험공부에 효과적인 의도적 몰입

의도적인 몰입이 시험공부에 얼마나 효과적인지 알아보기 위해 실제 나에게 몰입 지도를 받고 메일을 보냈던 학생들의 사례를 소개한다.

사례 1 (대학교 4학년 여학생)

중간고사

수요일 저녁에 중간고사를 모두 마쳤습니다. 지난주 처음으로 시험공부를 시작하며 느꼈던 어려움은 사라졌습니다. 교수님 말씀대로 어려운 내용을 그냥 지나치지 않고 끝까지 물고 늘어져 이해하고 넘어가니 결과적으로 공부 시간도 줄었고 기억에도 잘 남았습니다. 제대로 공부하는 법을 배운 것 같습니다. 평소에는 시험 기간이 너무나 괴로웠는데 이번에는 최선을 다한 제 모습에 보람이 느껴지면서 시간 가는 줄 모르고 즐겁게 공부했습니다.

  중간고사 마지막 과목을 마치고 나오면서는 아쉬운 문제들도 몇 개 있었지만 후회는 남지 않았습니다. 제가 최선을 다했다는 생각이 들었기 때문입니다. 다음 기말고사 때는 이번보다 몇 주 더 앞당겨 몰

입할 생각입니다. 이번 중간고사는 비록 결과가 완벽하진 않더라도 앞으로의 시험에 대비하는 방법을 체득한 것 같아 만족합니다.

기말고사

다음 주 수요일, 목요일에 시험이 두 과목 있습니다. 연달아 시험이 잡히는 바람에 이번 한 주는 이 두 과목에 집중적으로 몰입을 하였습니다. 먼저 시험 범위를 쭉 훑은 다음, 앞에서부터 꼼꼼하게 다시 읽으며 완벽하게 이해하기 위해 노력했습니다. 시간은 좀 걸렸지만 결과적으로 완벽하게 모든 시험 범위를 공부할 수 있었습니다. 어젯밤까지 이런 식으로 공부해서 두 과목의 시험공부를 모두 마쳤고, 오늘부터는 인터넷 검색을 통해 관련 내용을 더욱 넓고 깊게 공부한 뒤 해당 연습문제를 풀어볼 예정입니다.

　공부하고 생각하는 시간을 최대한 많이 확보하려고 노력 중입니다. 처음에는 오랜 시간 끊임없이 생각하는 일이 참 어려웠는데 이제는 그리 힘들지 않습니다. 오히려 생각에 빠져 있다가 문득 오랜 시간이 지났음을 깨달았을 때 매우 보람 있고 즐겁습니다. 무엇보다도 스트레스 없이 즐겁게 시험공부를 한다는 점이 가장 좋은 것 같습니다.

▶▶▶·· 이 학생은 처음에 몰입도가 올라가지 않아 어려움을 겪고 있었다. 이런저런 상담을 해보니 시험 범위가 많아 대충 공부한 데 원인이 있었다. 그래서 처음부터 꼼꼼하게 이해하며 공부하라고 충고해주었더니 몰입도를 올리는 데 효과를 보았다.

시험이 끝나고 아쉬운 문제가 몇 개 있었음에도 후회가 없다고 밝힌 대목은 몰입과 관련해 매우 중요한 사실이다. 결과에 상관없이 의식이 있는 한 1초도 쉬지 않고 최선을 다했기 때문에 후회가 남지 않는 것이다. 이는 몰입을 경험한 모든 사람들이 공통적으로 느끼는 것이기도 하다.

기말고사 때는 중간고사에 비해 훨씬 더 성공적으로 몰입하고 있다. 스트레스 없이 즐겁게 시험공부를 한다고 언급하고 있는데, 이것이 바로 의도적인 몰입의 목표인 '즐거운 최선'이다.

사례 2 (대학교 4학년 남학생)

중간고사

오늘 공학수학 시험이 끝났습니다. 이 시험을 위해 주중에는 짬짬이 1~2시간, 토요일에서 화요일 4일간은 오랜 시간 공부했습니다. 이전까지는 대개 시험 2~3일 전에 벼락치기를 했는데, 이렇게 미리 공부하니 내용을 깊게 이해할 수 있어 좋았습니다. 벼락치기를 할 때는 시간에 쫓겨 이해가 안 되는 부분을 그냥 외우고 넘어갔었지만, 여유를 갖고 공부하다 보니 이런 부분을 깊게 생각할 수 있었습니다. 또한 공식도 단순히 암기하는 것이 아니라 직접 증명을 해보았는데, 이런 과정을 통해 공식을 더 잘 이해하게 되었고 재미도 느꼈습니다.

하루 17시간을 공부하는 데는 실패했습니다. 저는 2시간 몰입해 공부하면 이후로는 몸이 뻐근하고 눈이 아파 집중이 잘 안 되더군요. 그래서 쉬는 시간을 가질 수밖에 없었습니다. 아직까지는 공부하면서 희열을 느끼거나 시간 가는 줄 모르는 단계는 아닌 듯합니다. 특히 토요일에는 2시간 공부하고 쉰 다음 다시 공부를 하려는데 주변에 이런저런 유혹이 많아 다시 몰입하기가 어려웠습니다. 그래도 일단 책상에 앉으면 2시간 정도는 집중하게 됩니다.

이렇게 해서 토요일에는 약 8시간 정도 공부를 했습니다. 일요일에는 더 집중하기 위해 도서관에 갔습니다. 이때도 같은 방식으로 12시간 정도 공부했습니다. 사실 17시간을 목표로 했으나 아침에 늦잠을 잔데다 식사 후 낮잠을 좀 잤더니 시간이 부족했습니다. 월요일에는 4시간, 화요일에는 시험 전날이라 8시간 정도 공부했습니다.

이렇게 많은 시간을 공부하니 범위 내 거의 모든 연습문제를 풀 수 있었고, 그래서인지 오늘 시험문제가 상당히 쉽게 느껴졌습니다. 다음 주 월요일과 화요일에도 시험이 있으므로 이번 주말에는 꼭 17시간 공부에 성공하겠습니다! 이번 중간고사를 준비하면서는 17시간 공부에 성공하진 못했지만 전보다 여유를 두고 훨씬 깊이 있게 공부할 수 있어 좋았습니다.

기말고사

기말고사에 대한 몰입은 잘 진행되고 있습니다. 처음에는 내용을 완벽히 이해하면서 서서히 몰입도를 올리고, 그 이후엔 몸의 긴장을 풀고 공부를 즐기듯 하니 몸도 피곤하지 않고 능률도 올랐습니다. 어려운 부분은 체크를 해두었다가 나중에 다시 집중해서 보았는데, 전체 흐름을 이해한 뒤 다시 보아서인지 잘 풀 수 있었습니다.

>>> 시험공부를 할 때는 대개 1~2시간 열심히 공부하고는 친구와 잡담을 하거나 인터넷 검색 또는 TV 시청을 하며 쉬는 시간을 가진다. 그러나 이러는 사이 몰입도는 크게 떨어지게 마련이다.

의도적인 노력으로 의도적인 몰입에 불이 붙었다면 이 상태를 가능한 한 오래 유지해야 한다. 그렇지 않으면 공부를 멈춘 잠깐 사이에 이 불이 다시 꺼질 수도 있다. 따라서 몰입을 활용하려면 중간에 꼭 쉬어야 할 만큼 지치는 방식으로 공부해서는 안 된다. 만약 책상에 오래 앉아 있는 것이 힘들어 정 쉬어야 한다면 잡담이나 인터넷 검색 대신 가벼운 마음으로 이미 공부했거나 공부할 내용을 생각하며 시간을 보내야 한다.

쉬지 않고 장시간 공부하려면 가능한 한 긴장을 풀고 편안한 마음을 가져야 한다. 이것이 '슬로우 싱킹'인데, 머리로는 높은 집중력을 유지하되 신체는 이완 상태를 유지하는 것이다. 공부하다 졸음이 오면 책상에 엎드린 채 선잠을 자면 된다. 이런 방식으로 공부해야 하루에 17시간을 공부할 수 있다.

피드백이 빠른 몰입과 느린 몰입

온라인 게임은 피드백이 극단적으로 빠르지만, 화두선은 피드백이 극단적으로 느리다. 대부분의 스포츠 활동도 피드백이 빠른 편이다. 피드백이 빨라야 몰입하기가 쉬우므로 온라인 게임에 몰입하기는 쉽지만 화두선에 몰입하기는 어렵다. 선수행을 하는 사람들도 삼매 상태에 들기가 쉽지 않다고 한다. 오랜 기간의 수행 경험이 필요한 것이다. 공부가 온라인 게임에 비해서는 피드백이 느리다. 미지의 문제를 풀 때는 보통의 공부를 할 때보다도 피드백이 더 느리다. 따라서 온라인 게임보다는 공부에 몰입하기가 어렵고, 공부에 몰입하기보다는 미지의 문제에 몰입하기가 더 어렵다. 미지의 문제가 어려울수록 피드백이 느려지는데 난도가 극도로 높아지면 화두와 같은 역할을 하게 된다. 아무리 생각해도 진전이 없는 것이다.

한편 피드백이 느린 경우에도 장점이 있고 빠른 경우에도 단점이 있다. 피드백이 느린 난제를 풀기 위하여 몰입하는 경우와 피드백이 상대적으로 빠른 시험공부에 몰입하는 경우를 비교해보자. 난제에 몰입할 때의 장점은 피드백이 없어서 생각이 한곳에 머물게 된다는 것이다. 그래서 한 가지에 대한 생각의 끈을 놓지 않고 노력을 지속하다 보면 몰입도가 무한정 올라가 인간이 경험할 수 있는 최고의 집중 상태에 도달하게 된다. 그리고 이 상태를 안정적으로 유지할 수 있다. 반면 시험공부에 몰입할 때의 단점은 공부하는 내용이 자주 바뀐다는 것이다. 따라서 생각이 한곳에 머물지 않고 계속 바뀌기 때문에 삼매와 같은 높은 몰입도에 이를 수는 없다. 그러나 이때의 장점은 피드백이 빠르다는 것이다. 예전에 몰랐던 내용을 알게 되고, 미처 이해하지 못했던 내용을 이해하게 되고, 풀리지 않았던 문제가 풀리는 등 자신이 암묵적으로 추구하는 목표가 수시로 달성되기 때문에 비교적 커다란 자극이 반복적으로 입력된다. 그래서 궁극적으로 도달할 수 있는 몰입도는 높지 않더라도 공부하는 데 요구되는 몰입도에는 상대적으로 쉽게 도달할 수 있다.

앞에서 언급했듯이 몰입도를 올리는 데는 선수행 방식이 좋다. 따라서 학생들이 미지의 수학 문제를 풀 때도 이 방식을 사용할 것을 권한다. 풀리지 않는 문제를 활용하여 명상이나 묵상을 한다고 생각하면 된다. 처음에는 아무런 진전이 없고 막막하지만, 1초도 쉬지 않고 그 문제에 대한 명상이나 묵상을 하듯이 생각하면 결국 풀린다. 공부하다가 이해가 가지 않는 내용도 마찬가지고, 시험공부를 위한 의도적인 몰입에서도 이러한 방식을 사용하는 것이 효과적이다.

의식의 통합작업공간 이론

몰입은 의식이 온통 특정 생각으로만 채워진 상태를 말한다. 이러한 것이 어떻게 가능한지를 알려면 우선 '의식'에 대한 이해가 필요하다. 의식은 뇌과학에서도 아직 해결되지 않은 분야이다. 의식에 관한 여러 이론들이 있는데 그중에서 상대적으로 이해하기 쉬운 '의식의 통합작업공간 Global Workspace' 이론을 통하여 몰입, 특히 '의도적 몰입'의 원리를 소개한다.

나는 내가 본 것, 들은 것 그리고 생각하는 것을 의식한다. 즉, 나는 '내가 의식한 것'을 의식하는 것이다. 따라서 예로부터 의식을 극장의 무대에 비유하곤 했는데 이를 '데카르트의 무대Cartesian theater'라고 한다. 버나드 바스 교수가 제안한 의식의 통합작업공간 이론은 좀 더 현대화된 데카르트의 무대를 다룬다.

이 이론에서는 무대 위의 스포트라이트로 선택적인 의식을 설명한다. 무대는 작업기억(뇌가 정보를 가공할 때 일시적으로 저장해두고 쓰는 공간)에 해당하고, 무대의 스포트라이트 지역이 우리가 통상적으로 느끼는 의식의 내용이다. 조명이 비추어지지 않은 어두운 무대 위는 현재는 의식되고 있지 않지만, 현재의 의식과 행위에 영향을 주는 활성화된 암묵기억이라고 할 수 있을 것이다. 무대에서 떨어진 어두운 곳에서 무대를 바라보는 관객은 무의식에 해당한다. 무대 뒤에서 무대를 관찰하며 스포트라이트를 조정하고 배우들에게 지시를 내리고 있는 감독은 의식의 주체에 해당한다.

무대 위의 밝은 지역에서 일어나는 일은 관객에게 분명하게 알려지지만 관객은 무대의 조명이 닿지 않은 곳이나 무대 뒤에서 일어나는 일, 그리고 다른 관객에 대해서는 알지 못한다. 마찬가지로 머릿속에서 일어나는 일에는 의식되는 부분과 의식되지 않는 부분이 있다. 분명히 조명이 미치지 않는 곳에서도 많은 일이 일어나고 있으며 그러한 작업이 스포트라이트를 받고 있는 의식의 내용에 영향을 미친다.

어두운 곳에 있는 무의식끼리는 서로가 잘 보이지 않으므로 소통이 어렵다. 그러나 무대 위에서 스포트라이트를 받는 의식의 내용은 무의식이 관찰할 수 있도록 공연된다고 할 수 있다. 따라서 집중적으로 조명을 받고 있는 의식의 내용에 따라 활성화되는 장기기억의 내용이 영향을 받는다. 이러한 과정으로 관련된 장기기억이 활성화되어 의식의 무대 위로 올라온다면 장기기억이 인출되어 의식으로 출력되었다고 할 수 있다. 이처럼 무대 위에서는 의식의 입출력이 다이내믹하게 일어난다. 무대 위에 있는 의식의 내용이 우리의 무의식에 광범위한 영향을 미치고 삶 전체에 영향을 미치는 것이다.

어떤 내용이 무대 위를 점유하느냐는 자극의 경쟁에 의하여 결정된다. 예를 들면 자극이 약하면 무대에서 사라지고 더 자극이 강한 내용이 무대에 출연하여 의식의 주인공이 되는 것이다.

이러한 의식의 이론에 근거하여 몰입을 이해할 수 있다. 먼저 몰입도는 주어진 의식의 내용이 갖는 무대장악력으로 정의할 수 있다. 몰입도가 낮으면 그 의식의 주인공들이 펼치는 공연이 재미가 없는 나머지 관객이 지루해하고 주인공들은 결국 무대에서 퇴장을 당하게 된다. 그리고 더욱 큰 자극을 갖는 내용의 새로운 배우들이 무대 위에 등장한다.

몰입도가 낮아 이런저런 상념이 떠오르는 상태는 어느 한 가지 의식의 내용이 무대를 장악하지 못하고 수시로 바뀌는 상태를 말한다. 한편 한 가지 의식의 내용이 무대를 완전히 장악하면서 관객들을 흥분시키면, 다른 사소한 자극이 의식의 무대 위에 올라올 수가 없다. 이 상태가 몰입도가 높은 상태이다.

의도적인 몰입

의식의 무대에 커다란 영향을 주는 것이 외부로부터의 정보 입력이다. 예를 들어 TV를 시청하고 있으면, TV 프로그램의 내용이 계속 의식으로 입력될 것이다. 만약 재미가 있어서 내가 TV 드라마에 푹 빠져 감상하고 있다면, 그 내용이 의식의 무대를 독차지할 것이다. 다시 말해 그 TV 드라마에 몰입된 것이다.

외부로부터의 정보 입력 말고도 의식의 내용에 커다란 영향을 줄 수 있는 다른 요소가 있는데, 바로 관객이 보이지 않는 무대 뒤에서 지시를 내리는 '감독'이다. 이 감독은 뇌의 최고경영자라고 불리는 전두연합령에 속해 있다. 전두엽이 발달되었느냐 그렇지 않느냐에 따라 우리 의식의 내용에 외부로부터 입력된 정보가 좀 더 우세한 영향을 미치기도 하고, 감독의 지시가 더 우세한 영향을 미치기도 한다. 감독이 의식의 주도권을 쥐고 있는 사람은 주변의 자극에 크게 휘둘리지 않을 것이다. 몰입능력은 의식의 통제능력을 의미하므로 감독이 의식의 주도권을 갖는 사람은 몰입능력이 높다고 할 수 있다.

먼저 참선을 예로 몰입도가 올라가는 과정을 살펴보자. 참선을 하는 사람이 A라는 화두를 선택하여 오로지 이것만을 쉬지 않고 끊임없이 생각하려 한다고 하자. 몰입도가 낮은 초기에는 무의식의 관객들이 A의 내용을 지루해하고 재미없어 할 것이다. A가 무대에서 퇴장당하고 다른 상념들이 무대 위로 올라오려고 하지만 무대 뒤의 감독이 지시를 내려 A를 다시 무대 위에 올리고 무대 위에서 머무는 시간을 늘린다. 그러다 다시 퇴장당하고 또다시 감독에 의하여 무대에 오른다. 이를 반복하면서 A와 교감을 하는 관객이 하나둘씩 늘어난다. 그러면 A가 무대 위에 머무는 시간이 길어지고 더 많은 관객들이 A와 교감을 하기 시작한다. 그러면서 A와 교감을 하여 활성화된 무의식들의 일부가 무대 위에 올라가 A와 함께 공연하고 또 일부는 무대 옆이나 가까이서 대기한다. 이것이 몰입도가 올라가는 과정이다. 몰입도가 계속 올라가면 활성화된 암묵기억이 무대를 가득 채우고 또 무대 가까이 빽빽하게 대기하게 된다. 이 상태가 고도의 몰입 상태인 삼매 상태라고 할 수 있다.

내가 B라는 공부에 의도적인 몰입을 할 때 몰입도가 올라가는 과정도 비슷할 것이다. 몰입도가 낮은 초기에는 다른 상념들이 수시로 들어온다. 이 상황이 지루한 상황이다. 그러나 이 지루함을 견디면서 B를 계속 공부하면 위에서 언급한 과정을 통하여 몰입도가 올라간다. B의 내용에 교감하는 관객들이 늘어감에 따라 점점 공부에 집중이 잘되고 재미가 붙기 시작한다. 그러면 B가 의식의 무대 위에서 머무는 시간이 길어지고 또 다른 상념이 들어오기가 어려워진다. 점점 몰입이 쉬워지는 것이다. 이렇게 되면 B와 큰 교감을 한 관객들이 무대 위에 오르기도 하고 무대 근처에 대기하기도 한다. 이것이 관련된 장기기억이 활성화되고 인출되는 상황이다. 이제 B와 관련된 기량이 올라가 공부하는 내용이 머리에 쏙쏙 들어오게 된다. 또한 많은 배우들과 관객들이 서로 동기화되어 다량의 시냅스가 점화하게 되고 다량의 신경전달물질이 방출되어 점점 재미는 더해진다.

미지의 문제를 풀 때도 마찬가지다. 가령 미지의 수학 문제 C를 푼다고 하자. 처음에는 어떻게 풀어야 할지 모른다. 그러면 관객에게 교감을 주지 못해서 무대에서 퇴장당하고 다른 상념이 들어오려고 한다. 이 상태가 처음에 막막하고 앞이 깜깜한 상태이다. 그럼에도 포기하지 않고 계속 그 문제를 풀려고 노력한다는 것은 무대 뒤의 감독이 다시 C를 무대 위에 올려 세우는 노력을 하는 것이다.

관객늘이 지루해함에도 감독이 깅력하게 C를 무대 위에 다시 세우는 것이므로 많은 부담이 수반되는 과정이다. C가 무대 위에 머무는 시간이 증가하면서 C와 교감하는 관객이 늘어나기 시작한다. 이는 관련된 장기기억의 활성화가 일어나는 것이고 C와 관련된 몰입도가 올라가는 과정이다. 그래서 C를 푸는 데 도움이 되는 장기기억이 무대 위에 오르거나 무대 주변에 모이기 시작한다. 이러한 상황이 지속되면서 기량이 계속 올라가게 된다. 그러다 결국 문제가 풀린다. 그러면 "드디어 성공했다!"는 메시지가 전달되면서 동기화된 다량의 관련 장기기억들이 동시에 시냅스 발화를 일으킨다. 결과적으로 다량의 도파민이 분비되어 희열을 느낀다.

이처럼 무대 뒤의 감독이 의식의 내용에 대한 주도권을 얼마나 갖느냐에 따라 내 삶이 크게 영향을 받는다는 것을 알 수 있다. 삶은 의식의 무대가 무엇으로 채워지느냐에 따라 결정된다. 의식의 내용이 외부의 자극에 휘둘리게 되면 삶은 자신이 의도한 방향으로 흘러가지 못할 것이다. 내 삶을 내가 의도한 방향으로 이끌려면 무대 뒤의 감독이 의식의 내용에 대한 주도권을 가져야 한다. 이를 위해서는 전두엽 혹은 몰입능력이 발달되어야 한다. 몰입능력을 발달시키는 것은 곧 자기 삶의 전환점이 될 수 있다.

수험생을 위한
하루 15시간 공부 비법

중간고사나 기말고사가 1,000m 달리기라면 입시나 고시 등을 준비하는 수험공부는 마라톤 경주라고 할 수 있다. 따라서 몰입 방법에도 차이가 있을 수밖에 없다.

  중간고사나 기말고사는 통상 1~2주일 동안만 최선을 다하면 되기 때문에 하루에 7시간을 자고 나머지 17시간을 공부한다는 목표를 세울 수 있다. 그러나 이러한 상태를 몇 개월간 혹은 몇 년을 지속하기란 매우 어렵다. 따라서 수험생은 하루 7시간 자고 꾸준히 운동한다는 가정하에 하루 15시간 공부하기를 목표로 삼고 공부에 몰입하는 것이 좋다. 수험공부는 마라톤과 마찬가지로 오버 페이스를 해서도, 언더 페이스를 해서도 안 된다. 실천 가능한 최선이 무엇인지 파악하고 이를 하루도 빠짐없이 반복하는 방식으로 노력해야 한다.

고도의 몰입 상태를 장기간 유지하려면 육체적·정신적 컨디션이 나빠져서는 안 된다. 평상시 컨디션이 계속 유지되어야 하고, 바람직하게는 점점 더 좋아져야 한다. 최상의 컨디션을 유지하면서 수험공부에 몰입하려면 다음 10가지를 유념해야 한다.

1. 수면이 부족해서는 안 된다

적어도 6~7시간은 자야 하고 낮에 공부하다가도 졸리면 수시로 선잠을 자는 것이 좋다. 선잠은 몰입도를 올리는 데 큰 도움을 준다. 수면이 부족하면 공부한 내용이 장기기억으로 저장되지 않을뿐더러 수면 중에 생성되는 신경전달물질의 양이 부족하게 되어 집중과 몰입이 어려워지고 공부가 재미없어진다. 몰입의 가장 큰 적이 수면 부족이라고 보면 된다.

2. 매일 규칙적으로 30분간 운동한다

시간이 없다고 운동을 생략해서는 안 된다. 운동을 일과 중 가장 높은 우선순위로 두어야 한다. 운동의 종류는 자신이 몰입할 수 있는, 30분이라도 땀을 흠뻑 흘릴 수 있는 다소 과격한 것이 좋다. 주로 공을 가지고 경기를 하는 농구, 테니스와 같은 운동이 몰입이 잘된다. 과격한 운동을 매일 하다 보면 몸에 무리가 갈 수 있으므로 워밍업과 마무리 스트레칭을 각 5분간 잊지 않고 해준다. 또한 샤워할 때는 근육이 뭉치지 않고 잘 풀리도록 가능한 한 따뜻한 물로 하는 것이 좋다. 운동과 샤워에 소요되는 시간은 1시간 정도가 적당하다. 1시간을 넘기면 다시 공부할 때 몰입도가 약간 떨어진다.

3. 온몸에 긴장을 풀고 느긋하게, '슬로우 싱킹' 방식으로 공부한다

그래야 하루 15시간 공부를 해도 지치지 않는다. 슬로우 싱킹이란 학습에 필요한 뇌 부위만 풀가동시키고, 나머지는 휴식을 취하게 하는 것이다. 그러다 보면 선잠이 올 수 있는데 몰입 도중 잠깐 눈을 붙이는 것은 오히려 슬로우 싱킹을 돕고 몰입도를 올리는 데 도움이 된다. 공부하다가 이해가 되지 않는다고 해서 문제가 풀리지 않는다고 해서 혹은 몰입도가 올라가지 않는다고 해서 초조해하거나 조급해하거나 스트레스를 받지 않고, 명상이나 묵상을 하듯이 편안하고 느긋하게 집중하려는 방법이 슬로우 싱킹이다.

슬로우 싱킹은 육체적 이완뿐 아니라 정신적 이완도 포함하는 개념이다. 시험의 당락에 따라 인생이 달라지는 중대한 상황에 정신적으로 이완하기란 매우 어려운 일이다. 가장 좋은 방법은 결과에 집착하지 말고 과정에만 최선을 다하는 것이다. 소위 마음을 비우는 것이다. '혹시 시험에 떨어지면 어떡하나?' 하는 걱정이 들면 '떨어지더라도 더 높은 점수로 떨어지자!'라고 마음을 먹어보자. 이런 마음가짐이 과정에만 집중하는 데 어느 정도 도움이 될 것이다. 이처럼 결과보다는 과정에 집중해야 몰입이 잘된다.

4. 두뇌가동률을 최대로 올려야 한다

이를 위해서는 약간의 난도가 있어야 한다. 도전의 요소가 몰입도를 올리는 데 중요한 역할을 한다. 문제를 풀 때 사지선다형 문제라고 하더라도 주관식으로 풀 수 있는 문제면 주어진 4개의 보기를 읽지 않고 스스로 답을 생각해보자. 그러면 난도가 올라가서 두뇌가동률이 한층 올라간다. 또한 사지선다형 문제에서 1번과 2번은 분명히 답이 아니고 3번 아니면 4번 중의 하나가 답일 거라고 판단했다고 하자. 이때 대개는 3번 혹은 4번 중 아무것이나 선택하고 해답을 보게 된다. 이렇게 하지 말고, 3번이 맞는지 아니면 4번이 맞는지 확실해질 때까지 생각하고 답을 맞혀 보는 방식이 두뇌가동률을 올리는 것이다.

이때 생각하는 시간은 최대 10분 정도로 한정한다. 미지의 수학 문제나 과학 문제가 나왔을 때도 해답에 의존하지 말고 최대 10분까지는 스스로 생각한다. 10분이 지나도 풀리지 않으면, 체크를 하거나 스마트폰으로 사진을 찍어놓는다. 공부하다가 이해가 가지 않는 내용도 마찬가지로 생각하는 시간을 최대 10분으로 한정하고, 그래도 이해가 가지 않으면 체크를 하거나 스마트폰에 저장해둔다. 그리고 자투리 시간이 날 때마다 이 문제들을 공략한다.

이해가 가지 않는 내용이거나 미지의 문제가 나왔을 때 생각하는 시간을 최대 10분으로 한정한 이유는 10분 이상 피드백이 없으면 몰입도가 떨어질 수 있기 때문이다. 그러나 이러한 문제들을 자투리 시간에 공략하면 시간에 쫓기지 않고 느긋하게 슬로우 싱킹 방식으로 생각할 수 있어 오히려 이해가 잘되고 문제도 잘 풀린다.

5. 과목은 수시로 바꾸지 말고 한 과목을 충분히 오래 공부한다

최소한 일주일, 가능하면 한 달 이상 한 과목만 파고든다. 한 과목을 오래 지속할수록 생각이 한곳에 머물게 되어 몰입 효과가 높아지기 때문이다. 예를 들어 수학을 공부하고 있다면 수학에 대한 몰입도가 올라가면서 우리 뇌가 수학에 관련된 시냅스를 활성화하기 시작한다. 뇌를 수학 공부에 최적화된 방식으로 인테리어 공사를 한 셈이다. 일단 몰입도가 올라가면 기량이 올라가 문제를 이해하고 푸는 속도가 올라가는데 심지어 평소의 2배 이상 빨라지기도 한다.

그런데 수학을 중단하고 영어를 시작하면 어떻게 될까? 수학에 최적화되었던 인테리어를 영어를 위한 인테리어로 다시 바꾸어야 한다. 이는 시간이 걸릴 뿐 아니라 대단히 비효율적이다. 지루함은 피할 수 있을지 몰라도 몰입도는 낮아질 수밖에 없다. 난도가 있는 과목이라면 높은 몰입도를 유지하기 위해 지루하더라도 과목을 바꾸지 않고 끈기 있게 공부해야 한다.

6. 암기보다는 이해와 사고 위주의 학습을 한다

생각을 많이 하면 할수록 관련 시냅스의 활성화가 증가하여 학습 효율이 올라간다. '아, 이건 이래서 이렇게 되고 저건 저래서 저렇게 되는구나!'라는 식으로 이유를 생각하면서 공부해야 두뇌가동률이 올라가 몰입이 잘된다. 몰입도가 낮은 상태에서 최선을 다해 공부하려는 의지가 강할 때 전형적으로 나오는 학습이 단순 암기이다. 학습에서 단순 암기가 가장 비효율적이고, 이해 위주와 상호 관련성을 파악하는 방식의 학습이 가장 효율적임을 명심해야 한다.

7. 자투리 시간에 몰입도를 떨어뜨리지 않도록 주의한다

몰입도를 한창 올린 때라도 잠시 공부를 중단하면 몰입도는 쉽게 떨어진다. 이 상태에서 몰입도를 올리려면 또다시 힘들고 비효율적인 시간을 보내야 한다. 따라서 공부에 대한 생각을 언제 어느 때라도 의도적으로 멈추지 말아야 한다. 버스나 지하철을 타고 이동을 할 때, 걷거나 식사를 할 때, 심지어 화장실에 갈 때라도 마찬가지다. 하루 15시간 공부에 몰입하려면 생존과 최소한의 사회생활에 필요한 시간을 제외하고 거의 1초도 쉬지 않고 공부해야 한다는 사실을 잊지 말자. 앉아 있으나 움직이나 한결같이 주어진 화두만을 생각하는 화두선의 동정일여動靜—如를 실천해야 한다. 이때 생각하는 내용은 풀리지 않는 문제나 이해가 되지 않는 부분이다. 이런 내용이 없으면 이미 공부한 내용을 머릿속으로 정리하면 된다. 또한 다음에 공부할 내용에 대하여 생각하는 것도 좋다.

8. 선택과 집중을 한다

우선순위를 가려 노력을 기울여야 할 대상을 명확하게 해야 한다는 말이다. 교과서나 참고서의 내용을 중요한 것과 그렇지 않은 것으로 가른다. 중요, 보통, 중요하지 않음 등 3단계로 나눠도 되고, 더 세분화해 5단계로 나눌 수도 있다. 이때 가장 높은 우선순위에 두어야 할 것은 내용상 중요하지만 내가 완벽하게 알고 있지 못하거나 불확실하게 이해하고 있는 부분이다. 이런 식으로 각 과목에서 우선하여 공부해야 할 부분을 구체적으로 가려내어 표시해두면 목표 설정을 명확히 한 효과가 있어 몰입하기가 한결 쉬워진다. 이런 방식으로 우선적으로 중요한 내용을 완벽하게 이해한 뒤 상대적으로 덜 중요한 부분을 차례로 공략해간다.

9. 반복 학습을 한다

우리 뇌는 무엇이든 반복하면 그것을 중요하다고 판단해 장기기억으로 보낸다. 따라서 어떤 과목을 철저하게 학습해 완벽하게 파악했더라도 반드시 여러 번 반복해야 쉽게 잊히지 않는다. 반복할 때는 틀렸거나 불완전한 부분을 먼저 가려내고 이 부분을 중점적으로 학습하는 것이 좋다.

10. 공부에 대한 최대 구동력이 만들어지도록 의도적인 노력을 수시로 한다

구동력을 만드는 방법은 다양한데 대체로 '~ 하려면 나는 최선을 다해서 공부해야 해!'라는 식으로 최선을 다해야 할 이유를 찾는 것이다. 예를 들면 왜 최선을 다해 공부해야 하는지 혹은 각 과목에 대해서 왜 그 과목을 열심히 공부해야 하는지에 대한 당위성을 찾는 것이다. 이런 것을 찾다 보면, 가장 가슴에 와 닿는 이유가 발견되는데, 그 이유를 메모지에 써서 눈에 잘 보이는 곳에 붙여놓고 수시로 상기하면 된다. 이러한 의도적인 노력이 학습에 대한 구동력을 증가시킨다. 또한 목표로 하는 시험, 대학 혹은 학과에 대해 수석을 목표로 하고 이 목표를 지속적으로 진지하게 생각하면, 자동적으로 목표를 지향하게 하는 메커니즘이 작동하여 강력한 구동력이 생긴다.

올바른 방법으로 몰입하고 있다면 시간이 지날수록 공부가 점점 더 재미있어진다. 그래야 하루 15시간 공부를 지속할 수 있다. 만일 공부하는 게 점점 더 힘이 든다면 이는 몰입을 잘못하고 있다는 증거이므로 위에서 소개한 10가지 방법을 다시 읽고 자신의 공부 방법을 점검해볼 필요가 있다.

TIP — 뇌과학에서의 학습과 몰입

1. 시냅스의 시간적 가중과 공간적 가중 그리고 몰입

적당한 시간 간격으로 같은 자극이 반복되면 작은 자극으로도 시냅스 발화가 일어나는 것을 시냅스의 '시간적 가중temporal summation'이라고 한다. 이는 피드백이 빠르면 시냅스 발화가 활발해져 몰입도를 쉽게 올릴 수 있다는 것을 의미한다. 게임이나 스포츠 활동에 쉽게 몰입이 되는 이유는 피드백이 빨라서 시냅스의 시간적 가중 효과가 나타나기 때문이다. 이 개념은 1초도 쉬지 않고 계속 공부하는 활동이 몰입도를 올리는 데 효과적이라는 사실을 잘 뒷받침한다.

한편 다른 곳에서 오는 여러 개의 시냅스 입력들이 하나의 신경세포에 동시에 입력되면 개개의 자극이 작더라도 시냅스 발화가 일어나는데 이를 시냅스의 '공간적 가중spatial summation'이라고 한다. 이 개념은 몰입도가 높을수록 몰입하기가 쉽고 몰입도가 낮을수록 몰입이 어렵다는 것을 의미한다. 그래서 일단 몰입도를 올리면 높은 몰입 상태를 가능한 한 오래 유지하는 것이 좋다. 공부하는 과목을 수시로 바꾸지 말고 한 과목을 오래 해야 몰입에 유리한 것이다. 시냅스의 공간적 가중은 일단 몰입도가 올라가면 공부하는 것이 그다지 힘들지 않고 오히려 긍정적 감정을 느끼게 되며 학습 효율도 올라간다는 사실을 잘 설명한다.

2. 단기기억을 장기기억으로 변환시키는 5가지 학습촉진 요소

뇌과학에 의하면 학습이란 뉴런의 구조와 활동을 변화시켜 습득한 정보를 측두엽과 두정엽 피질에 장기기억으로 저장하는 것이다. 신경과학자들은 단기기억을 장기기억으로 변환시킬 때 이를 촉진하는 5가지 요인이 있다는 것을 알아냈다.

첫 번째는 우리 뇌에는 '타고난 학습프로그램innate learning program'이 있다는 것이다. 예를 들면 우리는 측두엽에 안면 인식 신경조직이 있어서 사람의 얼굴, 전형적인 행동, 목소리, 옷이나 냄새 들을 상대적으로 쉽게 학습한다. 또한 전두엽에 다른 사람의 말이나 행동을 모방하는 '거울 뉴런mirror neurons'이 있어서 언어 습득이나 연장 사용 기술을 상대적으로 빨리 학습한다.

두 번째는 경험이나 학습을 반복할수록 장기기억으로의 변환이 촉진된다는 것이다. 반복은 신경전달물질의 분비를 유도하고, 다른 뉴런과의 연결을 약화시키거나 강화시켜 새로운 장기기억을 형성한다. 따라서 반드시 기억해야 할 내용은 반복해서 학습하는 것이 최상의 방법이다.

세 번째는 우리의 감정을 각성시키는 경험, 즉 자극적인 경험을 더 잘 기억한다는 것이다. 흥분은 신경전달물질의 분비를 유도하고, 관련된 뉴런 간의 연접 부위를 강화시킨다. 그래서 지루한 내용보다는 재미있거나 평범하지 않거나 놀랄 만한 내용이면 기억을 잘하는 것이다.

　네 번째는 탄수화물의 섭취가 장기기억 형성을 촉진한다는 것이다. 따라서 아침을 거르거나 심한 다이어트를 하면 장기기억을 형성하는 데 필요한 뇌 포도당 대사가 억제되어 학습에 불리하다.

　다섯 번째는 충분한 수면이 장기기억 형성에 도움이 된다는 것이다. 단기기억이 장기기억으로 변환되는 과정은 잠자는 동안 해마라는 부위에서 일어난다. 따라서 열심히 공부한 후 잠을 자는 것은 공짜로 공부하는 셈이다. 열심히 공부하다가 자는 선잠이나 밤에 자는 깊은 잠은 학습의 연장이라고 보는 것이 맞다. 억지로 잠을 줄여서 공부하는 것은 장기기억의 관점에서 보면 대단히 비효율적이다.

> **사례** — 장기 수험공부에 효과적인 의도적 몰입

2011년 말에 고려대학교에서 졸업을 앞두고 있던 이준 씨가 장문의 이메일을 보내왔다. 그는 제대 후 진로를 진지하게 고민한 끝에 변리사 공부를 시작했다고 한다. 하지만 2년 연거푸 실패를 경험했고 3년째 도전한 끝에 1차에 합격했는데 2차에는 떨어졌다는 것이다. 다음 해에 2차를 볼 수 있는 한 번의 기회가 주어지는데 앞으로 7개월 남은 2차 시험에 몰입을 꼭 적용해보고 싶다는 것이었다.

나는 앞서 소개한 수험생에게 필요한 몰입의 방법을 알려주고, 이를 꾸준히 실천하되 그 결과를 일주일에 한 번씩 내게 메일로 알려주면 피드백을 해주겠다고 전했다. 이준 씨가 몰입을 실천하며 보내온 메일 일부를 소개한다.

몰입 3주째

지난 3주간 매일같이 버스를 두 시간 동안 타다 보니 많이 피로합니다. 오후 2~3시까지는 책 한 페이지를 겨우 볼 정도입니다. 본 것도 기억이 잘 안 나고, 그저 졸리거나 딴생각만 듭니다. 졸릴 땐 그냥 자라고 하셔서 그렇게 해보니 선잠 정도가 아니라 책상에 엎드린 채로 한 시간 이상 자버리고 말았습니다.

오후 3시 이후부터는 집중력도 꽤 생기고 아이디어도 샘솟습니다.

그래서 실질적으로는 공부하는 시간이 대략 6시간 정도밖에는 되지 않습니다.

참, 게임과 인터넷 중독이었던 제가 최근에는 좀 달라졌습니다. 게임을 하고 싶다는 생각은 아예 안 들고 인터넷도 거의 하지 않습니다. 게임 중독 상담을 통해서도 고칠 수 없었는데 정말 신기한 변화입니다. 공부에서도 이런 드라마틱한 변화를 어서 느껴보고 싶습니다.

>>> 실질적으로 공부하는 시간이 6시간 정도이므로 아직은 몰입을 본격적으로 하지 못한 단계다. 그러나 몰입을 위한 노력을 꾸준히 하고 있고, 몰입도도 점차 올라가고 있다. 특히 최근 들어 게임과 인터넷 중독에서 벗어났다는 것이 주목할 만한 성과다. 게임에 몰입하는 것이 공부에 몰입하는 것보다 도파민이 더 많이 분비될 것이기 때문에 쾌감 자체는 더 클 것이다. 그러나 게임은 쓰라린 후회의 감정을 수반하고 공부는 가슴 깊은 곳으로부터의 만족감을 수반한다. 이 효과 때문에 게임과 공부에 대한 호감도가 서로 역전이 되고 결국에는 게임과 인터넷 중독에서 벗어날 수 있다.

몰입 6주째

민사소송법 하나만을 6주째 공부하다 보니 이 과목이 좋아지고 있습니다. 안 좋아하던 사람을 자꾸 보면서 좋아하게 된 느낌입니다.

실력도 꽤 늘어 1차 합격자들이 다니는 학원에서 모의고사 마지막 시험은 25명 중 꼴찌에서 8등으로 크게 올랐습니다. 게임을 안 한 지는 6주 지났고, 인터넷은 하루에 최대 20분을 넘기지 않습니다. 스마트폰을 쓰지 않고 있어 더 효과적인 듯합니다. 예전에는 오프라인 상태에서 매우 불안해했는데, 지금은 그런 증세가 전혀 없습니다. 진도가 잘 안 나갈 때는 인터넷을 하고 싶다는 생각이 들기도 하지만 참을 수 있게 됐습니다. 아침이나 저녁에 집에 있으면 TV를 보고 싶기는커녕 소리조차 듣기 싫어졌습니다.

　삶이 명확해졌습니다. 단지 변리사뿐입니다. 이젠 가족과도 온통 변리사나 시험에 관한 이야기들만 나눕니다. 예전에는 축구, 연예인에 관한 이야기를 많이 했었는데, 이런 화제가 몰입도를 떨어뜨릴 것 같아 자제하고 있습니다.

> ⋯ 몰입도가 올라간 모습들이 나타나고 있다. 몰입도를 떨어뜨리지 않기 위해 의도적인 노력을 하고 있는데 이러한 노력이 커다란 영향을 미친다.

몰입 16주째

지금 저는 일주일째 특허법을 공부하고 있습니다. 너무 재미있습니다. 어떤 문제가 나와도 다 풀 수 있을 것 같고, 아직 모르는 게 많다는 불안감보다 시험 볼 때쯤이면 제가 굉장한 실력을 갖추고 있을 거라는 기대감이 큽니다.

　화요일에는 대법원 판례의 의미를 깨우쳐 그것을 답안에 표출하는 연습을 하다가 신 나고 재미있어 저도 모르게 웃기까지 했습니다. 약점을 보강하는 건 그것대로 재밌고, 잘하는 부분은 논리가 술술 나와 또 재미있습니다.

  암기에도 자신감이 생겼습니다. 하루 네 번, 일주일에 열 번 정도 되새김질하면 거의 외워집니다. 암기는 주로 공부 시간 말고 이동하는 시간에 하고 있습니다.

  전에는 시험 끝나고 어디 놀러 갈까, 누구 만날까, 하는 생각만 했었는데 이제는 시험 끝나면 무슨 공부 할까, 하는 생각이 듭니다.

  운동은 딱 30분만 했을 때와 그 이상 했을 때의 차이가 너무나 현저합니다. 30분만 했을 때는 기분이 좋고 자신감이 넘치는 반면 그 이상 했을 때는 기분은 좋아도 약간 지쳐 있어서 다음 날 공부 효과가 떨어졌습니다. 또한 30분 운동하면 금세 잠이 들고 다음 날에도 일찍 일어날 수 있었는데 그 이상 운동하면 다음 날 아침에 항상 졸았습니다. 단 30분이 이렇게 큰 차이를 만든다는 게 신기합니다. 앞으로는 매일 30분씩만 복싱을 하기로 했습니다.

  몰입을 시도해보기 전에는 공부할 땐 항상 슬럼프가 동반된다고 생각해왔습니다. 작년에 공부할 때는 일주일에 두세 번 가벼운 슬럼프가 왔고, 깊은 슬럼프에 빠졌을 때는 한 달 정도 공부량이 급격히 감소했습니다. 그러나 지난 3월 이후부터는 슬럼프가 전혀 없었습니다. 있었다 해도 한두 시간 정도면 사라져 슬럼프라고 여겨지지 않았던 것 같습니다. 이게 바로 교수님께서 말씀하셨던 '지속 가능한 최선'이라는 것을 여실하게 느끼고 있습니다.

⏩ 공부가 재미있다고 여러 번 언급하고 있다. 몰입의 즐거움을 본격적으로 경험하고 있는 것이다. 또한 슬럼프가 거의 없다고 했는데, 이는 몰입과 운동의 효과로 지속 가능한 최선이 만들어지고 있다는 증거다.

몰입 19주째

이번 주에는 합격에 한 걸음 더 다가간 것 같습니다. 처음으로 제가 계획한 만큼 진도를 나갔거든요. 또한 자기 전이나 기상 후, 이동 시간과 식사 시간 등 매 순간에 공부 생각을 했습니다. 이렇게 자투리 시간에 공부 생각을 할 수 있었던 이유는 '지금 공부 생각을 하지 않으면 정작 공부할 때 몰입도를 올리느라 아까운 시간을 써야 한다'고 스스로 독려했기 때문입니다.

함께 스터디를 하는 친구들을 제외하고는 모든 전화번호를 삭제하여 친구들과의 잡담을 원천 봉쇄한 것도 큰 도움이 된 듯합니다. 이런 식으로 하니 공부에 방해되는 활동을 아예 안 할 수 있어 몰입이 더 쉽게 되고, 그래서 공부에 방해되는 활동을 더욱 안 하게 되는 선순환이 이루어졌습니다.

요즘은 감정 기복이 거의 없습니다. '약간 기분 좋은 상태'가 지속되고 있습니다.

⏩ 자신감 넘치고 즐거운 최선이 계속되고 있음을 알 수 있다. '약간 기분 좋은 상태'가 유지된다는 것은 몰입이 안정적으로 유지되고 있다는 뜻이다.

몰입 29주째

변리사 2차 시험은 잘 치른 것 같습니다. 회로이론에서 배짱으로 공부 안 했던 부분이 문제에 나오는 바람에 조금 타격을 받긴 했지만 다른 과목은 전부 잘 치렀습니다.

사실 과목별로 전혀 예상하지 못했던 곳에서 두 문제씩 나왔는데(과목당 총 네 문제입니다), 평소 한 과목씩 집중적으로 공부해서인지 전체석으로 법 절차를 잘 이해하고 있어 크게 어렵지는 않았습니다. 합격 여부는 아직 알 수 없지만 만족스럽습니다.

교수님께서 말씀하셨던 대로 이해하는 공부를 했더니 여러모로 유리했습니다. 막판까지 암기하려 하지 않고 평소와 똑같이 논리 순서를 이해하는 공부를 했는데, 그러다 보니 암기도 저절로 되고 전체를 꿰뚫고 있다는 생각에 전혀 시험이 부담스럽지 않았습니다. 어떤 문제가 나와도 법 개념을 이해하고 있는 한 풀이가 가능하다는 자신감이 있었습니다.

막판에 암기에 대한 부담을 덜고 보니 조바심이 나지 않고, 그러다 보니 운동을 거르지 않았습니다. 스터디를 함께하는 친구들은 제가 시험 전날과 당일에도 복싱했다는 사실을 알고는 경악을 금치 못하더군요.

수험 기간에 가장 잘한 일을 꼽으라면 단연 운동이라고 답하겠습니다. 교수님 말씀대로 운동은 선순환을 이끌어주었습니다. 근 6개월간 매일 하루도 빠짐없이 14시간을 공부했는데도 체력은 점점 좋아졌고 스트레스도 관리할 수 있게 되었습니다. 집중력도 점점 좋아졌고요. 시험을 며칠 앞두고는 갑자기 긴장감이 엄습할 때가 있었는데 이때 샌드백을 30분 두드리고 나오면 그런 긴장감이 눈 녹듯 사라졌고 평소와 다름없이 평화로운 마음으로 공부에 임할 수 있었습니다.

교수님께 피드백을 받지 않았다면 저는 소위 말하는 '고시 낭인'이 되었을지도 모릅니다. 고시에 실패하면 그 준비 기간까지 실패의 시간이라고 생각하는 사람들이 많습니다. 하지만 저는 결과에 상관없이 이번 고시를 준비하는 동안 많은 것을 깨우치고 배웠다는 생각에 감사하고 감격스럽습니다. 모든 것에서 의미를 찾는 가치관을 갖게 되었으니 제 고시 생활은 일단 성공적이었다는 생각이 듭니다.

≫·· 수험 기간 중 가장 잘한 일로 운동을 언급하고 있다는 점에 주목하자. 근 6개월간 매일 14시간씩 공부했는데도 스트레스 없이 오히려 점점 더 좋은 컨디션을 유지할 수 있었다고 했는데, 이는 몰입과 규칙적인 운동의 시너지 효과 때문이다.

몰입 46주째

시험 점수가 발표되었습니다. 특허법 60.33, 민사소송법 65.66, 상표법 52.33, 회로이론 83, 평균 65.33을 받았습니다. 전체 응시자의 평균은 48.4, 합격자 커트라인은 59.5, 수석의 평균은 70.9라고 합니다.

딱 하루만 기분이 엄청나게 좋았습니다. 이후에는 보통의 기분 상태로 돌아왔습니다. 다른 분들이 저를 과대평가하시는 것 같아 부끄럽기만 합니다.

그러다 오늘은 고민이 많고 생각이 복잡합니다. 교수님께서 말씀하신 대로 기쁨 뒤의 우울함이 오지 않도록 계속 목표 설정을 하기 위해 노력하겠습니다.

합격 후에는 몰입에 대한 확신이 더욱 커졌고, 앞으로 몰입을 통해 발전할 제 모습이 무척 기대됩니다. 제가 교수님을 처음 찾아뵈었을 때의 초심을 끝까지 잊지 않고 앞으로 더 정진하겠습니다.

>>> ·· 다행히도 우수한 성적으로 합격했다. 하지만 합격 자체보다 수험 공부를 통해 올바른 최선을 몸소 경험했다는 것이 더 큰 성과다. 혼신을 다한 노력이 단지 힘들고 고통스럽기만 한 것이 아니라 만족스럽고 즐거워 앞으로도 다시 하고 싶은 경험으로 남았다는 것이 중요하다. 이런 경험은 이 학생이 앞으로 도전을 즐기고 적극적으로 살도록 유도하여 결국에는 성공적인 삶을 사는 데 커다란 도움이 될 것이다.

사실 우리나라 사람들이 몰입을 가장 자주 경험했을 기간이 고등학교 3학년 시절일 것이다. 이때는 최선에 대한 구동력이 워낙 크기 때문에 시간 가는 줄 모르고 공부하는 경우가 많다. 입시생은 몰입의 구동력이 충분하므로 올바른 방법만 알면 몰입하기가 오히려 쉽다. 그러나 많은 학생들이 치열한 입시 경쟁에서 올바른 최선의 방법을 알지 못하기 때문에 많은 스트레스에 시달리면서 공부를 하고, '입시 지옥'이라는 이야기까지 하게 된다. 과연 입시 지옥에서도 몰입을 적용하면 행복하게 공부할 수 있을까? 이를 확인하기 위하여 한 고등학교 3학년 여학생이 몰입을 학습에 적용하고 나서 보내온 메일을 소개한다.

몰입 26주째

이번 주에는 진심으로 공부가 즐겁다는 것을 느꼈어요. 제가 수요일에 쓴 일기를 옮겨 볼게요.

이번 주는 공부하는 내내 즐겁기만 하고, 힘들다는 생각을 한 적이 없었다. 그냥 다른 때에 비해 열심히 해서 그런 거라고 생각했는데, 내가 즐겁다는 걸 깨달았다. 그것도 하나도 안 힘들 정도로. 그렇게 지쳐 하던 나와 판이해진 모습이다. 공부가 즐겁다니, 어떻게 그럴 수 있지? 나도 지금 내 모습이 꿈만 같다. 지금 이 순간이 행복하다. 그리고 앞으로도 더 행복할 것이다.

정말 이번 주는 매일 조금 무리하다시피 했는데도 하루하루가 너무 행복했어요. 친구들은 고3이라서 스트레스도 많이 받는데 저는 계속 즐거워 보인대요.^^ 그리고 그다음 일기를 옮겨 볼게요.

나는 솔직히 공부가 재미있어지고부터 스트레스를 안 받는다. 그냥 그 순간에 충실하기 때문인 것 같다. 그런데 친구들은 요즘 들어 더 많이 스트레스를 받나 보다. 작은 일로도 싸움이 잦아지고 이야기하자며 찾아오는 친구들도 많다. 다 이야기 들어주려 하면 자꾸 생각의 흐름이 끊긴다. 학교에 안 다니고 계속 혼자 공부했으면 좋겠다.

사실 친구들이랑 이야기하고 보내는 것도 좋지만 생각의 흐름이 끊기게 되는 게 너무 싫어요. 교수님이 책에서 쓰신 거랑 비슷한 경험인 거 같아요.

>>> 몰입해서 공부하던 중 중간고사 시험이 다가왔다고 했다. 이 학생에게는 대학 입시에 내신 성적이 중요하므로 시험을 잘 치러야 한다는 커다란 부담이 있었다. 그래서 중간시험이라고 해서 특별하게 생각하지 말고, '이번 시험을 기회로 이 부분을 확실하게 공부하겠다!' 또는 '이번 시험에 몰입을 잘 적용해서 1초도 쉬지 않고 공부를 해보자!'는 식으로 생각해보라고 했다. 또한 건성으로 넘어가면 몰입이 안 되니, 하나하나 꼼꼼하게 소화하고 이해하면서 공부하라고 했다.

다음은 중간고사 하루 전날에 짤막하게 온 메일이다.

몰입 30주째
내일부터 시험이에요. 가르쳐주신 대로 시험공부를 했는데 정말 너무 재미있어서 일주일에 3시간밖에 없는 자유시간에도 교과서를 읽었어요. 일단 내일부터 3일간 시험 친 후에 다시 자세히 연락 드릴게요.

분명한 것은 가장 스트레스를 많이 받는 수험생이라도 몰입을 활용하면 즐겁게 공부할 수 있다는 것이다. 이렇게 즐겁게 공부할 때 가장 높은 기량이 발휘되어 학습 효과가 높아진다. 이처럼 살아가면서 피할 수 없는 도전에는 몰입을 활용함으로써 바람직한 방법으로 응전하면 된다. 그래서 평소에는 부담스러워하는 도전을 삶에서 가장 유익한 경험이 되도록 할 수 있다.

즐겁게 공부를 하면 결과는 좋을 수밖에 없다. 이 학생은 중간고사 시험 성적이 아주 잘 나왔다고 했다. 특히 수학은 1등, 화학은 2등을 했고 암기과목인 국사, 정보, 일본어도 만점에 가까운 점수를 받았다고 한다. 또한 이 학생은 전국 수학경시대회에서 장려상을 받았다고 했다. 학년 구분 없이 과학고, 영재고와 특목고가 다 상을 휩쓰는 대회라서 처음에는 전혀 기대하지 않고 시험을 보았다고 했다. 원래부터 수학을 잘했는지 궁금해서 확인한 결과, 중학교 시절에 과학고 입학을 준비하면서 경시대회문제를 많이 풀어보았는데 입시에 낙방한 후 수학 공부를 통 하지 않아서 성적이 크게 떨어졌었다고 했다.

미지의 문제를 포기하지 않고 스스로 생각해서 푸는 방식의 위력을 다시 한 번 더 확인시켜주었다. 과학고·영재고·특목고에 다니면서 어려운 문제를 스스로의 힘으로 풀지 않는다면, 경시대회나 올림피아드 대회에서는 높은 점수를 얻을지 몰라도 절대 영재가 될 수 없다. 자신의 힘으로 풀 때만 창의적인 머리가 발달하기 때문이다. 또한 반드시 과학고·영재고·특목고에 다녀야 영재교육을 받을 수 있는 것이 아니다. 어디에 다니건, 자기 능력에 맞게 미지의 문제를 스스로 푸는 방식으로 학습을 하면 그것이 바로 영재가 되는 지름길이다.

창의력을 길러주는 '신중하게 계획된 연습'

인간은 모두 천재가 될 가능성을 가지고 있다.
- 라몬 이 카할

3

열심히 '일하기'보다
열심히 '생각하기'

이제까지는 시험, 발표, 보고서 작성 등 최선을 다해 열심히 일하고 공부해야 Work Hard 하는 상황에서 몰입을 활용하는 방법을 소개하였다. 이 경우는 공부 혹은 내가 해야 할 일에 몰입함으로써 그것을 즐기면서도 기량을 올려 높은 성과를 얻는 방법이다. 앞에서 소개한 것이 피할 수 없는 도전에 대하여 적절한 응전을 하는 방법이었다면 여기에서 소개하는 것은 자발적으로 지적인 도전을 하여 창의적인 인재로 성장하는 방법이다. 몰입을 좀 더 적극적으로 활용하여 지적인 도전을 하고 이에 따른 응전으로 지적 능력을 향상시키는 것이다. 바로 열심히 생각하기 Think Hard 를 통하여 사고력, 창의력 그리고 문제해결력을 발달시키는 것인데 이는 열심히 공부하는 것보다 훨씬 더 중요한 것이다. 이 방식은 우리를 질적으로 한층 더 가파르게 성장시킨다.

　내가 'Work Hard'가 아닌 'Think Hard'의 중요성을 깨닫게 된 데는 대학원 시절 지도 교수였던 윤덕용 교수님의 영향이 컸다. 교수님은 학생들에게 생각의 중요성을 너무나 강조해서, 끊임없이 날카로운 생각을 하지 않으면 마치 내가 타락의 길을 가고 있는 것처럼 느껴질 정도였다. 윤 교수님은 천안함 민군합동조사단 단장을 지냈고, 현재는 포항공과대학 자문위원장으로 계신다. 재료 분야의 세계적 석학인 그분은 학생들이 연구에 관한 한 모든 면에서 세계 최고 수준이 되길 요구하셨다. 자기 연구 분야에서는 국가대표가 되어야 하고, 세계무대에서 반드시 금메달을 따라는 식이었다. 동시에 생각 없이 열심히 노력만 해서는 절대로 세계 최고 수준이 될 수 없음을 인지시키고 연구와 관련된 모든 일에서 철저히 생각할 것을 요구했다. 교수님이 학생들을 지도했던 방식을 조금 더 구체적으로 소개한다.

　교수님은 학생을 지도할 때 칭찬을 많이 하는 편이었다. 특히 연구 방식이 '올바르면' 칭찬을 아끼지 않았다. 반면 연구 방식이 '올바르지 않으면' 아무리 열심히 해도 호된 꾸중을 들었다. 학생들은 그러한 과정에서 어떻게 연구하는 것이 올바른 방향인지를 파악해나갔다.
　'Work Hard'의 패러다임에 대해 신념을 갖고 있던 나는 연구를 잘한다는 것은 놀지 않고 열심히 실험해서 더욱 많은 결과를 얻는 것으로 생각했다. 그러나 교수님의 지도를 받으면서 신념이 흔들리는 상황이 자꾸 발생했다.

한번은 실험실 선배가 그룹미팅에서 발표를 했는데, 실험 결과는 한두 가지만 보여주면서 자기 생각을 장황하게 늘어놓았다. 실험한 것이 별로 없어서 말로 때우는 것처럼 보였다. 그런데 뜻밖에 교수님은 "생각을 많이 했군!" 하면서 아주 창의적인 아이디어라고 극찬을 하였다. 이 선배가 바로 현재 카이스트 전기전자과 교수로 재직 중인 박효훈 박사이다.

그다음에 다른 선배가 발표했다. 그 선배는 정말 실험을 열심히 했는데 실험 결과의 양이 앞에 발표한 선배보다 족히 10배는 되었다. 그 선배의 발표를 듣고 나는 그의 무서운 노력에 자극을 받았다. '나도 저렇게 열심히 해야지!' 하고 마음을 먹었는데, 교수님의 반응은 전혀 달랐다. "그런 식으로 생각을 하지 않고 실험을 하면 고생만 죽도록 하고 아무런 결과도 얻지 못한다!"라고 하면서 아주 못마땅한 표정을 지으셨다.

교수님이 우리에게 원하는 것이 도대체 열심히 하라는 것인지 말라는 것인지 그 당시에는 이해하기 어려웠다. 우리 실험실은 분말입자를 다루고 있었는데 교수님은 지나가는 사람 얼굴이 모두 분말입자처럼 보일 정도로 자나 깨나 자신이 연구하는 주제에 대해서 깊이 생각할 것을 요구했다.

왜 'Work Hard'보다 'Think Hard'가 중요할까?

먼저 과학자들의 연구를 예로 들어보자. 과학을 한다는 것은 참의 명제에서 또 다른 참의 명제를 이끌어냄으로써 참의 명제를 점차 늘려가는 행위다. 또한 과학적 접근이란 참의 명제에서 출발해 또 다른 참의 명제를 이끌어내는 문제해결 방식을 말한다. 과학자들이 연구할 때 논의의 출발점으로 삼는 참의 명제는 크게 두 종류다. 하나는 현재까지 확립된 자연법칙이고, 다른 하나는 실험을 통해 얻은 결과, 즉 실험적 사실fact이다. 과학자들은 확립된 자연법칙을 바탕으로 관찰된 실험적 사실의 의미를 올바로 이해하고 해석하여 또 다른 사실을 유추해낸다. 이 유추된 가설이 실험적으로 확인되면 그 가설은 또 다른 참의 명제가 되는 것이다. 이러한 방식으로 참의 명제를 쌓아가는 것이 전형적인 연구방법론이고 과학적 활동이다. 어떤 일을 하든 이러한 방식을 적용하면서 문제를 해결해나간다면 그것을 과학적 접근방식이라고 할 수 있다.

이 과정에서 사고력이 매우 큰 역할을 한다. 주어진 실험적 사실이 같더라도 이로부터 끄집어낼 수 있는 참의 명제 양은 개인의 사고력에 따라 천차만별이다. 예를 들면 사과나무에서 사과가 떨어진다는 사실은 수많은 사람들이 관찰했지만, 뉴턴만이 이 사실에서 만유인력이란 참의 명제를 끄집어냈다. 즉, 사고력이 높을수록 동일한 사실 정보에서 더 많은 양의 참의 명제를 이끌어낼 수 있다.

이러한 논리는 우리의 삶에도 그대로 적용된다. 우리는 살아가면서 수많은 경험을 한다. 우리가 경험하는 것은 '사실', 한마디로 경험적 사실이다. 사고력이 높을수록 이 경험적 사실의 의미를 잘 이해해서 추가적인 참의 명제를 끄집어낼 수 있다. 같은 경험을 하더라도 사고력이 높을수록 깨달음의 정도가 훨씬 크다는 말이다. 그러면 선순환이 가속되어 삶의 경험이 쌓일수록 사고력과 판단력이 발달하는 속도는 월등하게 빨라진다.

다시 연구의 예로 돌아가 보자. 주어진 실험적 사실이 의미하는 바를 최대한 이해한 뒤에는 이를 바탕으로 앞으로 시도할 실험 계획을 수립해야 한다. 다음에는 어떤 실험을 해야 주어진 문제를 해결하는 데 가장 도움이 될지 생각하는 것이다. 이때 우선순위가 가장 높은 실천사항 혹은 실험 계획을 생각해내는 능력도 사고력이다. 마찬가지로 사고력이 높을수록 경험에서 더 많은 깨달음을 얻고, 이후 연구 행보에서도 수준 높은 판단을 할 수 있다.

이뿐만이 아니다. 사고력이 탁월한 사람은 남들이 경험한 사실 정보에서도 경험한 당사자들보다 더 많은 깨달음을 얻는다. 남들이 경험한 사실 정보는 신문, TV, 인터넷 등을 통해 원하는 만큼 얼마든지 얻을 수 있다. 단지 이런 경험적 사실들에서 참의 명제를 이끌어낼 줄 아는 창의적 인재가 극소수일 뿐이다.

시대를 앞서 가기 위해서는 세상이 어떻게 흘러갈지를 남보다 더 정확하게 예측할 수 있어야 한다. 이때 필요한 참의 명제는 역사를 통해서 얻을 수 있다. 역사란 곧 과거 수백 년 혹은 수천 년 동안 인류가 겪은 중요한 경험적 사실들이기 때문이다. 사고력과 창의력만 있으면 이러한 경험적 사실로부터 끄집어낼 수 있는 참의 명제는 무한하므로 마음만 먹으면 언제든 새로운 깨달음을 얻을 수 있다. 그리고 이를 통해 현재를 어떻게 살아야 할지, 미래가 어떻게 흘러갈지 통찰할 수 있다. 마찬가지로 성공한 기업가가 되려면 시장의 흐름을 더욱 날카롭게 읽을 수 있어야 한다. 그래야 시장에 어떤 상품을 내놓아야 할지 정확한 판단을 내릴 수 있다. 이것이 높은 사고력과 창의력으로 무장한 사람이 인생의 바둑을 두는 데 있어서 승리할 수밖에 없는 이유이다. 또한 'Think Hard'가 'Work Hard'보다 더 중요한 이유이기도 하다.

미지의 문제를 푸는 능력, 창의력

창의성은 지적 능력 중에서도 가장 가치가 높은 덕목이다. 현재 우리가 누리는 문명의 혜택은 극소수의 창의적 인재들이 발휘한 창의성에 기인한 것이다. 이들 덕분에 우리는 몇백 년 전의 왕이나 귀족들보다 더 품위 있고 안락한 삶을 살고 있다.

그렇다면 창의성이란 무엇일까? 많은 사람들이 창의성이 중요한지는 알고 있지만, 도대체 어떻게 창의성을 발달시킬 수 있는지는 잘 모르고 있다. 이는 창의성에 대한 이해가 부족하기 때문이다. 창의성을 이해하기 어려운 이유 중 하나는 초등학교에서 대학교까지의 학업에서는 창의성이 요구되는 일이 거의 없기 때문이다. 대학을 졸업할 때까지 창의성을 거의 경험하지 못할 수도 있다. 그러나 대학원 과정에서 학위논문을 쓰려면 예외 없이 창의성이 요구된다. 그때서야 비로소 창의적인 노력을 하게 된다. 이때 그동안 드러나지 않았던 각 개인의 창의성이 드러난다. 자신도 모르게 어린 시절부터 창의성을 발달시켰던 학생이 있는 반면 공부를 잘했기 때문에 창의성이 클 것으로 생각했던 학생이 의외로 창의성이 없는 경우도 많다. 개인마다 창의성이 커다란 차이를 보이는 것이다.

왜 이런 일이 일어날까? 예를 들어보자. 대학까지는 성적을 시험으로 평가한다. 그저 시험을 잘 보면 되는 것이다. 시험을 볼 때 책이나 참고서는 못 보게 한다. 이들을 보고 하면 부정행위가 된다. 즉, 시험은 책이나 참고서에 있는 내용을 안 보고 문제를 풀 수 있는 능력을 주로 테스트하는 것이다. 나중에 더 자세히 소개하겠지만 시험에서는 주로 외현기억explicit memory을 테스트한다.

그런데 대학원 과정에서 연구할 때는 책이나 참고서를 보아도 된다. 그뿐만 아니라 인터넷을 봐도 되고 도서관에 있는 모든 문헌을 봐도 되고 심지어 외국에 있는 자료를 봐도 된다. 또한 관련 전문가를 방문해서 문의해도 된다. 그런데 해결해야 하는 문제의 답은 어디에도 없다. 스스로 그 답을 찾아야 한다. 이때 비로소 창의성이 요구된다. 미지의 문제를 해결할 수 있는 능력, 즉 누구도 미처 생각하지 못한 유용한 사고를 하는 능력이 바로 창의성이다. 창의성은 강의를 들어서 습득될 수 있는 것이 아니고 적절한 경험을 반복함으로써 체화된다는 점에서 외현기억보다는 암묵기억implicit memory에 더 가깝다. 간혹 이 능력이 뛰어난 사람들이 있는데 이들을 '창의적인 인재'라고 부른다.

그러면 어떻게 학습하면 창의성이 발달할까? 덧셈을 아직 배워보지 않은 미취학 아동을 예로 들어보자. 덧셈을 가르칠 때 다음의 두 가지 방법이 있다. 첫째는 덧셈을 할 수 있는 손쉬운 방법을 가르쳐주는 것이다. 즉 손가락을 사용하여 두 개 더하기 세 개가 몇이 되는지 가르쳐주는 것이다. 그리고 여러 문제를 내주어 아이가 익숙해질 때까지 연습하는 것이다. 이 방법은 창의성을 발달시키는 학습법이 아니다.

둘째는 아이에게 사과 2개와 3개를 더하며 모두 몇 개가 되는지 물어보되 어떻게 구하는지 가르쳐주지 않는 것이다. 아이가 문제를 잘 이해하도록 도와주고 그 이후는 아이 스스로 생각해서 풀도록 하는 것이다. 그러면 아이는 손가락을 쓰든지 발가락을 쓰든지 혹은 다른 방법을 쓰든지 자기 나름의 방법을 고안해야 한다. 많은 생각을 해야 하는 것이다. 이 방법이 창의성을 발달시키는 학습법이다. 이렇게 학습하면 아이의 창의성이 발달하고 지능이 발달한다. 이러한 학습법을 체계화한 것이 6장에서 소개할 몰입기반학습이다.

창의성의 이해

창의성을 좀 더 구체적으로 이해하기 위해서 창의성이 만들어지는 과정이 어떤 모습으로 비추어지는지 알면 좋을 것이다. 특히 괄목할 만한 창의성은 어떻게 만들어질까? 위대한 창의적인 아이디어가 만들어지는 과정이 어떤 모습으로 비추어질까?

만유인력을 어떻게 발견했느냐는 질문에 뉴턴은 이렇게 대답했다.
"내내 그 생각만 했으니까!"

아인슈타인 역시 상대성 원리를 어떻게 발견했느냐는 질문에 이렇게 답했다.
"몇 달이고 몇 년이고 생각하고 또 생각했다."

이 이야기들은 누가 지어낸 이야기가 아니고 본인들이 직접 한 이야기이다. 그러므로 사실이다. 이 사실 데이터로부터 창의성과 관련된 참이라고 생각되는 명제들을 유추해보자. 그래서 창의성에 관하여 앞에서 언급했듯이 소위 과학적인 접근을 해보자.

이 이야기는 무엇을 의미하는가? 우선 첫 번째 유추를 해보자. 내내 그 생각만 했다는 것은 과학사의 가장 위대한 천재인 뉴턴이 내내 그 문제를 풀지 못하고 헤매었다는 것을 의미한다. 몇 달이고 몇 년이고 생각하고 또 생각했다는 것은 20세기의 천재라고 하는 아인슈타인이 몇 달이고 몇 년이고 그 문제를 풀지 못하고 헤매었다는 것을 의미한다. 이것이 바로 만유인력과 상대성 원리라는 창의적 업적이 만들어진 과정이고 창의성이 잉태되는 모습이다. 창의성이 발휘되기 전에 지루하고 진전이 없는 실패의 과정이 선행되는 것이다.

두 번째 유추를 해보자. 이들이 어른이 되어서 갑자기 어느 날 내내 그 생각만 하게 되고 몇 달이고 몇 년이고 생각하고 또 생각하게 되었을까? 아니면 어렸을 때부터 남달리 생각을 많이 하는 습관을 지녔을까? 문제해결을 위하여 집중해서 생각한다는 것은 의식의 엔트로

피(무질서한 정도)를 고도로 낮추는 일이므로 원천적으로 대단히 어려운 일이다. 내내 그 생각만 하는 것은 아무나 할 수 있는 일이 아니다. 생각에 대한 오랜 훈련과 습관이 몸에 배어야만 내내 그 생각만 하는 몰입능력이 형성되는 것이다. 따라서 창의성을 발달시키기 위해서는 어렸을 때부터 생각하면서 공부하는 습관을 들이는 것이 중요하다는 것을 알 수 있다.

세 번째 유추를 해보자. 내내 그 생각만 했다는 것은 아무런 진전이 없는 상태에서 오랜 기간 포기하지 않고 생각에 생각을 거듭했다는 것이다. 이는 거의 불가능해 보이는 문제에 도전했다는 것을 의미한다. 미지의 문제에 대하여 포기하지 않고 10분 정도 생각하는 사람도 많지 않다. 1시간을 생각하는 사람은 더욱 적다. 일주일 이상을 생각하는 사람은 거의 없다. 이런 점을 고려하면 뉴턴과 아인슈타인은 엄청난 도전정신을 가졌다는 것을 알 수 있다. 그들은 어떻게 이런 도전정신을 발달시켰을까? 도전정신을 발달시키는 방법은 4장에서 더 자세히 다룰 것이다.

네 번째 유추를 해보자. 내내 그 생각만 하면 어떻게 될까? 이에 대해서는 내가 정말 잘 알고 있다. 왜냐하면 나도 의도적으로 내내 그 생각만 하는 행위를 장기간 시도했기 때문이다. 내내 그 생각만 하는 것을 며칠 이상 지속하면 고도의 몰입 상태가 된다. 그러면 몰입 상태에 수반되는 희열을 경험한다. 또한 몽중일여 혹은 숙면일여 상태가 되어 잠이 든 상태에서 고도의 창의적이고 기적적인 아이디어들이 인출되기 시작한다. 이러한 희열과 기적과 같은 아이디어들이 나오기 때문에 몇 달이고 몇 년이고 생각하고 또 생각할 수 있는 구동력이 자체적으로 제공되는 것이다. 소위 행위가 자기목적적이 되는 것이다.

이로써 창의성은 아무 진전이 없는 막막한 과정을 견뎌내며 생각을 포기하지 않는 도전과 몰입의 결과라는 것을 알 수 있다. 그리고 창의성을 발달시키기 위해서는 어린 시절부터 생각하는 것을 습관화해야 하고, 미지의 문제에 포기하지 않고 도전하는 경험을 많이 해보는 것이 중요하다.

창의성의 즐거움

칙센트미하이 교수는 저서 『몰입FLOW』에서 뛰어난 창의적 업적을 이룬 사람들은 한결같이 몰입을 했고 몰입의 즐거움을 경험했다고 밝히고 있다. 미국인으로서는 처음으로 과학 분야에서 노벨상을 받은 앨버트 마이컬슨은 왜 그토록 많은 시간을 빛의 속도를 측정하는 데 바쳤느냐는 질문에 "너무나 재미가 있었거든요!"라고 대답했다. 반입자의 존재를 예측한 공로로 1933년에 노벨물리학상을 받고 양자역학을 정립하는 데 가장 큰 공헌을 한 사람 중 하나인 폴 디랙 역시 자신의 연구에 대한 소감을 묻자 "마치 아주 흥미로운 게임을 하는 것 같았습니다"라고 답했다.

노벨상 수상자들이나 위대한 업적을 이룬 사람들의 공통점은 명백

하다. 이들은 답이 보이지 않더라도 끊임없이 생각함으로써 몰입능력을 키웠고 사고의 즐거움을 맛보았다. 그 결과 자신의 연구를 즐기게 되었고 사고력과 창의력을 키울 수 있었던 것이다.

창의력은 신의 선물이 아닌 노력의 산물

 그렇다면 창의성이라는 재능은 선천적인 것일까, 후천적인 것일까? 미국 경제전문지 『포춘』의 편집장인 제프 콜빈은 저서 『재능은 어떻게 단련되는가?』에서 창의성을 포함한 인간의 재능이 어디서 비롯되는지 다루고 있다. 모차르트, 아인슈타인, 타이거 우즈, 워런 버핏의 천재적인 재능은 과연 어디에서 온 것일까? 재능을 연구한 과학자들의 한결같은 결론은 재능이 선천적이 아니라 후천적으로 형성된다는 것이다. 이 결론은 교육적으로 대단히 중요한 의미가 있다. 학습 방법에 따라 영재 심지어 천재가 될 수도 있음을 뜻하기 때문이다.
 재능이 신이 내린 선물이 아니라 후천적인 노력으로 발달하는 것이라면, 재능을 발달시키기 위해서는 어떤 노력을 해야 할까? 플로리다 주립대학의 앤더스 에릭손 교수는 이 문제를 집중적으로 연구한,

재능 연구 분야의 선구자다. 그는 베를린의 한 음악 아카데미의 바이올린 연주자들을 대상으로 그들의 실력 차이가 어디에서 기인하는지 조사했다. 우선 연주자들을 국제무대에서 솔로로 활동할 만큼 실력이 최고인 그룹, 톱 오케스트라에 뽑힐 정도의 우수한 그룹, 학교에서 음악 선생을 할 만한 보통 그룹 등 세 그룹으로 나누었다. 연주자들은 모두 비슷한 나이에 바이올린을 시작했으며 비슷한 나이에 음악가가 되기로 결심했다. 또한 평균적으로 네 명의 음악 선생에게 교육을 받았다. 그들의 차이점은 오직 하나였다. 실력이 최고인 그룹은 20세까지 평균적으로 1만 시간 연습했고, 우수한 그룹은 7,500만 시간, 보통인 그룹은 5,000시간 연습했다. 연습량은 적은데 상위 그룹에 속한 사람은 단 한 명도 없었고, 연습량이 많은데도 하위 그룹에 속한 사람 역시 없었다. 그들의 실력 차이를 만든 요인은 놀랍게도 연습 시간의 차이가 유일했다.

에릭슨 교수는 모차르트도 만 2세 때부터 8세까지 일주일에 35시간씩 총 1만 시간의 연습량을 채웠음을 증명했다. 즉 모차르트 역시 알려진 대로 선천적인 천재가 아니라 만들어진 천재라는 것이다.

1993년에 발표된 이 기념비적인 연구는 재능에 관한 수많은 후속 연구들을 촉발시켰다. 우수한 재능이 어떻게 만들어지는가에 관한 추가 연구를 하기 위해 많은 연구자들이 스포츠, 음악, 체스, 비즈니스 분야를 선택했다. 이들 분야가 실력이나 성과를 측정하기 쉽고 시간에 따라서 추적하기 쉽기 때문이다.

이들이 관찰한 바로는 거의 모든 분야에서 시간에 따라 실력이 향상되는 양상은 일정한 패턴을 따랐다. 시작하는 단계에서는 실력이 빠르게 향상되다가 그다음 단계에서는 향상 속도가 점점 느려지고 결국에는 멈춘다. 그런데 예외적으로 아주 소수의 사람들은 몇 년이 지나서도 지속적으로 실력이 늘고 심지어 세계적인 수준으로까지 성장한다. 연구자들은 이 사실에 주목했다. 무엇이 이 차이를 야기한 것일까?

  이 연구의 첫 번째 결론은 노력 없이 위대해진 사람은 없다는 것이다. 세계적인 전문가가 되기 위해서는 그 분야에서 적어도 10년은 열심히 노력해야 한다. 그래서 '10년 법칙' 혹은 '1만 시간의 법칙'이라는 말이 생겼다. 그런데 무조건 1만 시간 이상을 노력한다고 세계 최고가 되진 않는다는 점이 중요하다.

  이 연구의 두 번째 결론은 어떤 분야건 최고의 실력을 발휘하는 사람들은 공통적으로 소위 '신중하게 계획된 연습'을 했다는 것이다. 전문가들이 말하는 신중하게 계획된 연습의 특징은 세 가지다. 첫째, 자신의 한계를 넘는 시도를 해야 한다. 둘째, 결과에 대한 피드백을 받아 오류를 즉각 수정해야 한다. 셋째, 첫째와 둘째의 방식을 끊임없이 반복해야 한다.

  결국 재능에 관한 연구자들의 결론은 모차르트, 아인슈타인, 타이거 우즈, 워런 버핏의 탁월한 재능은 고통스럽고 견디기 어려운 신중하게 계획된 연습을 1만 시간 넘게 반복하고 또 반복한 결과라는 것이다. 신중하게 계획된 연습은 부담스러운 과정이지만, 실력 향상을 위한 가장 효과적인 방법이다.

TIP 뇌과학에서 확인된 재능의 후천성

재능이 후천적으로 발달한다는 것은 뇌과학에서 명확하게 밝혀졌다. 재능이 뛰어나다는 것은 뛰어난 재능을 발휘할 수 있도록 많은 시냅스가 배선되었다는 것을 의미한다. 시냅스는 태어날 때 가장 많고 생후 1년 동안 현저하게 감소하다가 그 이후 비교적 천천히 감소해서 어른이 되면 태어날 때보다 몇십 배가 감소한다. 만 3세가 되면 1,000조 개의 시냅스가 존재하는데 이는 어른보다 거의 2배나 많은 것이다. 처음에는 연결이 제멋대로 이루어져 있지만 그 뒤로 쓰이지 않는 시냅스는 사라지고 쓰이는 시냅스는 더 발달한다. 다시 말해서 시냅스는 사용하면 할수록 발달하고 사용하지 않을수록 퇴화한다. 이는 효율을 높이기 위한 것인데, 사용하지 않는 시냅스를 계속 유지함으로써 쓸데없이 에너지를 낭비하지 않기 위함이다.

태어날 때 시냅스가 가장 많다는 사실은 이때 어떠한 재능도 발달시킬 수 있는 무한의 가능성을 가지고 있다는 것을 의미한다. 이는 진화론적으로 대단히 유리한 전략이다. 태어나서 세상을 경험하기 전까지는 진화의 기본 조건인 생존과 번식에 어떤 능력이 요구되는지 모른다. 예를 들어 한국에서 태어나면 한국어 능력이, 미국에서 태어나면 영어 능력이 필요할 것이다. 또한 축구선수로 성장하려면 운동 능력이, 음악가로 성장하려면 음악적 능력이 있어야 할 것이다.

그런데 우리 뇌는 이를 미리 알 수가 없다. 따라서 태어날 때는 어떠한 능력도 습득할 가능성만 열어두고, 성장하면서 생존에 필요한 능력이 무엇인지를 파악해가면서 그 능력을 집중적으로 발달시키는 것이다.

사용 빈도가 높은 시냅스는 계속 발달하고 사용되지 않는 시냅스는 퇴화한다. 즉, 우리 뇌는 자주 요구되는 능력은 발달시키고 좀처럼 요구되지 않는 능력은 퇴화시키는 것이다. 이는 우리 뇌가 '도전과 응전'의 원리로 발달한다는 것을 방증한다.

한편, 시냅스 발달은 어릴수록 큰 효과가 있다. 사람들이 조기교육에 관심을 많이 두는 이유도 여기에 있다. 그러나 동시에 아이가 어릴수록 좋지 않은 환경도 심각하게 영향을 미친다는 사실을 간과해서는 안 된다. 후천적 자폐증이 그 예라고 할 수 있다.

오래 생각하고 그중
나쁜 것을 버려라

재능 연구가들에 따르면 결국 창의성과 지적 재능도 타고나는 것이 아니라 '신중하게 계획된 연습'에 의해 얼마든지 개발할 수 있다. 우리는 아인슈타인을 20세기의 천재라고 한다. 그러나 정작 아인슈타인 자신은 이렇게 이야기했다.

"나는 머리가 좋은 것이 아니다. 단지 문제가 있을 때 남들보다 좀 더 오래 생각했을 뿐이다."

아인슈타인의 이 말은 천재성은 신중하게 계획된 연습을 오랜 기간 충분히 반복함으로써 얻어진다는 전문가들의 견해와 완벽하게 일치한다. 그렇다면 또 다른 천재, 뉴턴은 어땠을까? 뉴턴 전문가 리처드 웨스트폴이 쓴 『프린키피아의 천재』에 의하면 뉴턴은 데카르트의 『기하학』을 읽어가며 독학으로 기하학을 익혔다. 읽는 동안 대부분을 이해하지 못했지만, 포기하지 않고 반복해 읽고 생각에 생각을 거듭한 끝에 누구의 도움이나 가르침도 받지 않고 전체 내용에 정통하게 되었다.

뛰어난 창의성 혹은 지적 재능을 발휘한 사람들의 사례를 더 살펴보면 '창의성과 지적 재능을 위한 신중하게 계획된 연습'이 무엇인지 더욱 명확한 결론을 얻을 수 있을 것이다. 노벨상 수상자들이 그 좋은 예다. 이들이 어떻게 창의성을 발휘할 수 있었는지 알려면 본인들의 입으로 직접 이야기한 자료가 있어야 한다. 칙센트미하이 교수의 저서 『창의성의 즐거움』에 이 흔치 않은 자료들이 일부 소개되어 있다.

『창의성의 즐거움』에 의하면 1967년 노벨물리학상을 받은 한스 베테는 그를 유명하게 만든 물리학 문제를 해결할 수 있었던 요인이 무엇이냐는 질문에 웃으며 이렇게 대답했다고 한다.

"두 가지입니다. 하나는 머리죠. 그리고 두 번째는 분명 아무런 결과도 나오지 않을 수 있는 문제에 매달려서 오랜 시간을 기꺼이 생각하면서 보내는 것입니다."

'아무런 결과도 나오지 않을 수 있는 문제'란 곧 답이 보이지 않는 문제, 지적 능력을 넘어선 문제라는 뜻이다. 이런 문제에 포기하지 않고 도전하여 피드백이 없는 상태를 견디고 또 견딘 것이 한스 베테가 지닌 창의성의 비밀이었다.

『창의성의 즐거움』에는 1954년 노벨화학상과 1962년 노벨평화상을 받은 라이너스 폴링 박사의 사례도 실려 있다. 라이너스 박사는 노벨상을 두 번이나 탄, 역사상 몇 안 되는 과학자 중 하나다. 매사에 아이디어를 잘 내기로 유명했던 그에게 한 학생이 그 비결을 물었는데, 그는 "많은 생각을 하고 그중에서 나쁜 걸 버리게"라고 답했다.

많은 생각을 하면 아이디어도 많이 나올 수밖에 없다. 물론 모든 아이디어가 다 훌륭하진 않을 것이다. 그중에서 좋은 것을 추리면 된다.

1998년 노벨생리의학상 수상자, 루이스 이그나로 교수는 2006년 한국을 방문했다가 한 기자에게 어떻게 하면 노벨상을 받을 수 있느냐는 질문을 받았다. 그는 이렇게 대답했다.

▪… "과학은 9시 출근, 4시 퇴근하는 일이 아니다. 일주일 내내, 24시간 내내 '왜, 어떻게'가 머리를 떠나지 않아야 하고, 마침내 해답을 얻었을 때 보상을 받았다고 생각하는 열정이 있어야 한다." (「조선일보」 2006년 9월 12일)

1965년에 노벨물리학상을 받은 리처드 파인만은 현대 물리학 분야에서 가장 유명한 사람 중의 하나다. 그가 암 투병 중일 때 자신의 이야기를 녹음하여 책으로 출판했는데, 이것이 바로 베스트셀러 『파인만 씨 농담도 잘하시네』이다. 이 책에 그의 생각하는 습관이 잘 드러나는 대목이 있어 소개한다.

▪… 나는 생각하면서 걷다가 가끔 한 번씩 멈춰 선다. 너무 어려운 것을 생각하다 보면 걸을 수가 없다. 이때는 멈춰 서서 해결될 때까지 기다려야 한다. 그래서 가끔 멈춰 서는데, 어떤 때는 손을 공중에 내저으면서 혼잣

말을 한다.

"이것들 사이의 거리는 이렇고, 그러면 이것은 이렇게 되고……."

거리에 서서 팔을 휘두르다 보면 순경이 다가온다.

"이름이 뭡니까? 어디에 살아요? 지금 뭐 하고 있습니까?"

"아! 생각하고 있었어요. 미안합니다. 나는 이 동네에 살고, 저기 보이는 레스토랑에 자주 가죠."

좀 지나자 순경들이 나를 알아보고 다시는 잡지 않았다. (리처드 파인만, 『파인만 씨 농담도 잘하시네』, 김희봉 옮김, 사이언스북스, 2000)

이처럼 노벨상 수상자들이 창의적인 업적을 남길 수 있었던 비결은 지적인 능력의 한계에 도전하고 아무 진전이 없더라도 계속해서 생각했다는 것이다. 이것이 바로 이들을 창의적 천재로 만든 신중하게 계획된 연습이다. 이러한 습관은 갑자기 만들어지진 않지만 오랜 기간에 걸쳐 조금씩 발달시키면 충분히 기를 수 있다.

이러한 도전정신과 몰입능력을 발달시키기 가장 좋은 시기가 바로 초·중·고등학교 그리고 대학 시절이다. 그러나 문제가 쉬워서 답이 보이는 문제만 풀게 되면 도전할 기회가 거의 없다. 미지의 문제에 도전해야 지적인 한계를 넘을 수 있다. 따라서 답이 보이지 않는 문제를 포기하고 이내 정답을 확인해보는 방식으로 학습하면 날카롭게 생각할 기회를 잃고, 머리를 발달시킬 수 없게 된다.

2008년에는 일본인이 4명이나 노벨상을 받아 세계를 놀라게 하였는데, 이 중 노벨물리학상을 받은 교토산업대학의 마스카와 도시히

데 박사가 문부과학성 장관과 과학기술성 장관을 만난 자리에서 일본의 평준화 교육을 강하게 비판한 내용이 국내 신문에 소개되었다.

> ▆… 대학들이 학생선발 시험에서 깊이 생각할 필요 없는 쉬운 문제만 내고 있다. 이렇게 해서는 생각하지 않는 인간을 만들어낼 뿐이다. (『조선일보』 2008년 10월 11일)

그는 심지어 "이것은 교육 오염"이라고까지 했다. 학부모들에 대해서도 "교육을 열심히 하는 것이 아니라 교육 결과에만 열심"이라고 비판했다. 이 이야기는 일본과 유사한 입시제도를 가진 우리에게도 많은 시사점을 제공한다.

일본도 우리와 마찬가지로 입시 위주의 주입식 교육이어서 결코 창의적인 교육이 이루어지지 않았지만, 과거 대학 입시 문제가 대단히 어려웠기 때문에 이를 준비하는 과정에서 자연스럽게 지적인 '도전과 응전'이 이루어졌고, 이 과정에서 창의적으로 뛰어난 학자들이 많이 배출될 수 있었던 것이다.

그렇다면 어린 시절부터 답이 보이지 않는 문제에 계속 도전하도록 교육을 하면 머리가 좋아지고 영재가 될 수 있을까? 이 물음에 대한 답은 『창의성의 즐거움』에 소개된 헝가리 부다페스트의 루터교 고등학교 수학 선생이었던 라즐로 라츠 선생의 교육방식에서 찾을 수 있다. 그는 역사상 뛰어난 제자를 가장 많이 배출한 고등학교 선생으로 인정받는데, 그의 교육방식은 이제까지 알려진 영재교육에서 가장 성공적이었다고 평가되고 있다.

 라즐로 라츠 선생은 교내 수학 잡지에 한 달에 한 번씩 난도가 높은 문제를 출제하여 학생들이 경쟁적으로 풀도록 했으며, 학생들은 이 문제를 풀기 위해 오랜 기간 몰입적인 사고를 해야 했다. 이러한 교육을 받은 학생 중에는 1963년 노벨물리학상을 받은 유진 위그너, 현대 컴퓨터 이론을 최초로 탄생시킨 존 폰 노이만, 원자폭탄의 아버지라 불리는 레오 질라드, 수소폭탄의 아버지라 불리는 에드워드 텔러가 있다. 전설적인 수학자 폴 에어디시 역시 라츠 선생에게서 직접 배우지는 않았지만, 라츠 선생이 교내 수학 잡지에 출제한 문제를 풀면서 공부했다고 하니, 라츠 선생의 교육방식이야말로 창의성을 북돋는 영재교육의 표본이라고 할 수 있다.

천재를 만드는
최고의 공부법

원하옵나니, 저의 아이를 평탄하고 안이한 길로 인도하지 마옵시고
고난과 도전에 직면하여 분투 항거할 수 있도록 인도하소서.
- 맥아더 장군의 '자녀를 위한 기도' 중에서

4

불안감을 자신감으로 바꾸는 '몰입능력'

비교적 쉽게 몰입을 유도하는 스포츠나 컴퓨터 게임에서 몰입도가 올라가는 과정을 살펴보면 도전과 응전이 반복된다는 것을 알 수 있다. 게임에 이기려는 목표가 도전이고 이 목표를 추구하는 일련의 과정이 응전이다. 게임에 이기려는 목표는 다시 순간순간의 목표를 만들고, 이 목표를 추구하면서 조금 더 잘해보려고 안간힘을 쓰게 되는데 이것이 응전이다. 목표가 명확하고 난이도가 적절한 도전은 우리 뇌의 자동목표지향 메커니즘을 작동시켜 자동적으로 응전을 유도한다. 따라서 별 어려움을 느끼지 못하면서 몰입도를 올릴 수 있다. 또한 스포츠나 컴퓨터 게임에서는 몰입을 유도하기 위하여 의도적으로 도전한다는 것을 알 수 있다. 동시에 능동적으로 몰입도를 올리기 위해서는 도전의 요소가 반드시 필요하다는 것도 알 수 있다.

• 그림 1 • 과제와 실력의 함수 관계

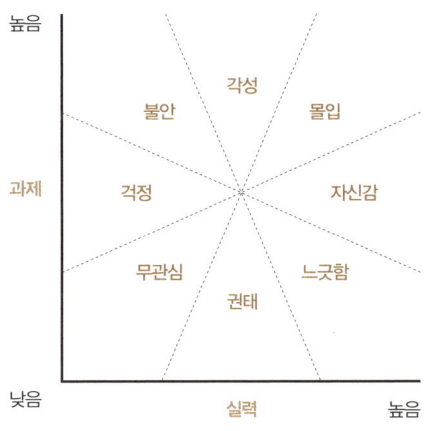

• 출처: 마시미니와 카를리(1988) 참고, 칙센트미하이(1990)

 이처럼 몰입을 도전과 응전의 개념에 결부시키면 유용한 점이 많다. 〈그림 1〉은 칙센트미하이 교수가 제시한 몰입 다이어그램이다. 세로축은 과제의 난이도 등을 나타내는 도전이 되고, 가로축은 과제를 수행할 수 있는 실력이나 기량을 나타낸다. 이 다이어그램에서 가로축을 도전에 대한 응전으로 볼 수도 있다. 또한 응전의 정도를 몰입도라고 할 수 있으므로 가로축을 몰입도로 볼 수도 있다.
 도전의 난도가 낮으면 의도적으로 몰입도를 올린다고 해도 심리상태가 무관심 → 권태 → 느긋함으로 변화한다. 따라서 난도가 낮으면 몰입을 경험하지 못한다. 한편 몰입도가 낮은 상태에서 상대적으로 도전의 난도가 올라가면 심리 상태가 무관심 → 걱정 → 불안으로 변화한다. 따라서 몰입도가 낮은 상태에서 난도가 높은 도전을 받으면 심리적으로 걱정이나 불안한 상태가 된다. 그러나 이 상태에서 도전에 대한 응전의 노력을 지속하여 몰입도를 올리다 보면 심리 상태가 불안→각성→몰입으로 변화하여 몰입을 경험할 수 있다.

예를 들어 시험 기간이 다가오고 있는데 학생들이 몰입도가 낮아 공부에 집중이 안 되고 걱정을 하면서 불안해하는 상태라고 하자. 이때 몰입도를 올리려는 의도적인 노력을 하지 않으면 시험 하루 전날 위기감이 엄습하면서 몰입이 유도되는 수동적인 몰입을 하게 된다. 이러한 상황에서 의도적인 몰입을 한다는 것은 도전이 부담스러워 무의식적으로 회피하려는 심리에서 벗어나 시험이라는 도전에 정면으로 맞서 응전하는 것이다. 그러면 몰입도가 올라가 불안→각성→몰입 상태로 변화되는 것이다.

학생들이 공부하다가 어떤 미지의 문제를 접해서 도대체 어떻게 풀어야 할지 전혀 모르겠고, 막막하고 앞이 깜깜할 때 경험하는 심리 상태도 몰입 다이어그램에서 가로축의 값은 작고 세로축의 값은 큰 상태이다. 이때 포기하지 않고 계속 도전을 하면 몰입도가 올라가 결국 해결책이 머릿속에 떠오른다. 문제가 해결되면 성공했다는 희열을 느끼게 되고 자신감이 생긴다. 따라서 미지의 문제를 스스로 해결하는 연습을 자주 하면 불안→각성→몰입의 상태 변화를 자주 경험하게 된다. 불안한 상태를 견딜 수 있는 내성이 생겨서 이 변화를 스스로 만들어내는 몰입능력이 발달하는 것이다.

마음이 산만한 상태에서 도전의 난도가 대단히 높으면 어떤 일이 벌어질까? 이 경우가 바로 아주 어려운 난제에 도전하거나 스님들이 화두를 들고 참선을 시작하는 상태이다. 이때는 가로축은 작은 값을 가지지만 세로축은 아주 큰 값을 가진다. 이때는 도전에 대한 응전을 계속해도 아무런 진전이 없어 불안을 경험하는 시간이 늘어난다. 그러나 이 경우 역시 포기하지 않고 노력을 지속하다 보면 몰입도가 계속 늘어나 불안→각성→몰입의 변화가 일어나서 결국 삼매 상태에 도달하게 된다.

학생들도 난도가 높은 문제를 포기하지 않고 계속 도전하면 삼매와 가까운 상태를 경험하게 된다. 이처럼 몰입도가 높은 상태를 더 자주 그리고 더 오랜 기간 경험하면 우리의 지적 능력이 가파른 속도로 올라간다. 또한 몰입도 100%인 삼매 상태까지 도달할 수 있을 정도로 몰입능력이 발달하게 된다. 그러면 뉴턴이나 아인슈타인처럼 풀리지 않는 중요한 문제에 대하여 몇 달이고 몇 년이고 내내 그 생각만 하는 능력이 형성되는 것이다. 이것이 평소에 잠들어 있는 우리의 숨은 능력을 깨우는 방법이다.

몰입능력, 도전정신, 창의성의 삼각관계

생각을 멈추지 않고 지속한다고 해서 누구나 고도의 몰입 상태에 도달하는 것은 아니다. 개인마다 '몰입능력'이 다르기 때문이다. 그러면 이 몰입능력의 차이는 어디에서 기인한 것일까?

나에게 몰입능력이 형성된 것은 틀림없이 어린 시절의 학습방식 때문일 것이다. 나는 중학교 2학년 때부터 미지의 수학 문제가 나오면 끝까지 포기하지 않고 생각해서 스스로 답을 구하는 방식으로 공부했다. 어려운 문제를 만나면 며칠 동안 생각하는 것은 보통이고, 심지어 몇 달간 포기하지 않은 경우도 종종 있었다. 그러면서 도저히 안 풀릴 것 같은 문제도 포기하지 않고 생각하면 결국은 풀린다는 것을 반복해서 경험했다. 이렇게 공부하면 문제 푸는 것이 게임을 하는 것처럼 재미가 있다. 그래서 10분 이상 생각해도 답이 나오지 않는 문제를 만나면 '심심하던 차에 도전할 문제를 찾았다!'라며 반갑게 느껴지기까지 했다.

이렇게 학습을 한 효과가 얼마나 위력을 발휘하는지는 대학원에서 연구를 하며 비로소 알게 되었다. 대학원 시절에 해결했던 문제들의 난이도가 고등학교 시절 도전했던 어려운 문제보다 쉬운 경우도 많았다. 산업체의 불량문제의 난이도도 마찬가지였다.

'어떠한 방식으로 학습하면 나중에 어떻게 된다'라는 명확한 상관관계를 찾는 것이 교육에서 가장 중요한 문제이다. 나는 이러한 상관관계가 나 혼자에게만 적용되는 것인지 아니면 모두에게 적용되는 일반적인 것인지 알고 싶어서 오랫동안 이 상관관계를 조사했다. 뛰어난 업무능력을 발휘하는 회사원, 연구능력이 뛰어난 많은 연구원과 교수들의 어린 시절 학습방식을 조사한 결과 이 상관관계가 대단히 높다는 사실을 발견했다.

내 지도 학생 중에서도 몰입을 잘하고 뛰어난 창의성을 발휘하는 학생들은 예외 없이 어린 시절 미지의 문제가 나오면 포기하지 않고 끝까지 물고 늘어지는 방식으로 학습했다는 것이다. 학생들을 지도하면서 이런 방식으로 학습했던 학생이 그렇지 않은 학생과 구별되는 또 다른 특징을 발견했다. 그것은 바로 이런 학생들은 한결같이 도전정신이 강하다는 것이다. 자기 능력 이상의 미션이 주어지더라도 온갖 방법을 총동원해, 심지어 다른 분야의 전문가를 수소문해서라도 결국 해결해내고야 말았다.

반면 어린 시절에 이런 방식으로 학습하지 않은 학생들은 대부분 도전정신이 부족하다. 보통 대학원 과정에서 해결해야 할 과제는 대다수 학생들이 평생 처음 접해보는 난제들이다. 학생에게 어떠한 과제를 언제까지 해결해보라고 하면 학생은 어떻게 접근해야 할지 모른 채 며칠을 스트레스 속에서 보낸다. 지도 교수가 해결하라는 기한은 다가오는데 진전이 없어서 걱정한다. 그러다 문득 영감이 떠오르게 된다. 그 과제를 완수할 수 없는 이유를 찾은 것이다. 그러고는 나를 찾아와 이 과제는 이런저런 이유로 해결할 수 없다고 말한다. 나는 그 학생을 위해 조금 더 쉬운 접근 방법을 귀띔해준다. 하지만 그 학생은 다음 날 또 나를 찾아와 "교수님, 이번에는 이런 이유 때문에 안 되겠는데요"라고 이야기한다. 문제에 정면으로 도전하는 것이 아니라 도전을 피하고 문제를 해결할 수 없는 이유만을 찾으려 하는 것이다.

1장에서 소개한, 정보통신 관련 회사의 전무 사례를 떠올려보자. 회사로부터 정보통신 관련 신제품을 개발하라는 미션을 받은 그에게 만약 도전정신이 없었다면, 선진국에서 이미 많은 관련 특허가 출원되었으므로 신제품을 개발할 수 없다고 확신했을 것이다. 미션을 수행할 수 없는 이유를 찾은 것이다. 이런 상황에서는 포기하지 않고 1시간, 아니 10분조차 생각을 지속하기가 어렵다.

그러나 그에게는 도전정신이 있었기에 이런 상황에서도 선진국의 특허를 피한 새로운 구조를 찾기 위하여 자나 깨나 생각에 몰두하게 된다. 며칠을 생각해도 전혀 진전이 없었지만 몰입도는 계속 올라간다. 그러다가 마침내 완전한 몰입 상태에 도달하고 이때부터는 열정에 불이 댕겨져 문제를 해결할 때까지 미친 듯이 매달린다. 그리고 잠을 자는 동안 기적처럼 아이디어가 떠올라 그 누구도 생각하지 못했던 창의적인 결과를 얻을 수 있었다.

이 사례와 같이 몰입도는 도전해야 올라가고, 몰입도가 높은 상태가 되어야만 열정이 생기고 창의적인 결과를 얻을 수 있다. 즉 도전정신이 없으면 열정과 창의성은 기대할 수 없다. 결국 우리의 창의성과 지능은 도전과 응전이라는 메커니즘에 의해 발달한다는 것을 알 수 있다. 도전이 크면 클수록 응전도 커지면서 발달 속도도 빨라진다.

도전과 응전의 뇌과학

도전을 받으면 우리 뇌는 어떻게 반응할까? 이를 이해하기 위해서는 우선 우리 뇌의 목표지향성에 대해 알아야 한다. 우리 뇌의 사령부 격인 전두연합령에서 어떤 목표를 설정하면 신체의 나머지 부분은 거의 맹목적으로 이 목표를 추구하기 위한 노력을 한다. 이 과정은 눈에 보이지도 않을뿐더러 의식되지 않은 채 일어난다.

설정한 목표를 추구하기 위해서 우리 뇌는 그 목표에 가까워지면 쾌감이나 즐거움을 준다. 성공에 대한 일종의 보상인 것이다. 그러나 그 목표를 달성하지 못하거나 목표에서 멀어지면 짜증이 나게 만든다. 이것은 곧 실패에 대한 처벌이다. 결국 당근과 채찍을 통해 설정한 목표를 추구하도록 유도하는 것이다.

예를 들어 매우 어려운 수학 문제를 풀기로 했다고 하자. 그러면 그 문제를 푸는 것이 우리 뇌에서 설정한 목표가 됨과 동시에 도전이 된다. 그런데 아무리 생각해도 문제가 풀리지 않는다. 어떻게 접근해야 할지 모르겠고 막막하다. 그러면 설정한 목표를 달성할 수 없을 것 같아 짜증이 난다. 이 짜증이 심적 부담으로 작용해서 몰입도를 올리기가 한층 어려워진다. 그러나 이 짜증이 나를 각성시키는 효과도 있다. 지금처럼 바보같이 생각해서는 문제가 풀리지 않으니 조금 더 날카롭게 생각하라고 내적으로 질책하는 것이다.

그렇게 생각을 계속 이어나가다 보면 우리 뇌의 목표지향 활동은 계속된다. 전두연합령의 명령을 받은 뇌 부위는 충실하게 명령을 수행해 이 문제를 풀기 위한 일련의 작업을 한다. 이것이 바로 관련된 시냅스의 활성화다. 활성화된 시냅스가 늘어난다는 것은 그 문제를 풀기 위한 시냅스의 수가 늘어났다는 뜻이고, 몰입도가 올라감으로써 주어진 문제를 해결하는 능력이 선택적으로 올라갔음을 의미한다.

이러한 과정을 통해 시냅스가 영구히 변형되면 창의적 문제해결능력이 향상되고 머리가 좋아지게 된다. 포기하지 않고 생각을 거듭한 끝에 10분 만에 그 문제를 풀었다고 하자. 이는 10분 전에는 없었던 지적 능력이 생겼음을 의미한다. 이처럼 우리의 지적 능력은 몰입도에 따라 고무줄처럼 늘어날 수 있다.

이처럼 몰입도가 올라가는 과정은 목표지향에 의한 것이므로 이

기능을 작동시키려면 목표가 있어야 한다. 이 목표란 미지의 문제에 도전하여 생긴 것이다. 도전으로 목표가 설정되면 우리 뇌는 자동목표지향 메커니즘에 의해 응전을 한다는 것을 알 수 있다. 따라서 애당초 도전이 없었다면 이런 일련의 과정이 일어날 수 없다. 이처럼 우리 뇌는 요구된 것에 대해서만 반응을 하지 요구되지 않은 것에 대해서는 반응을 하지 않는다. 이는 도전이 없으면 우리 뇌를 발달시키기 어렵다는 것을 의미한다.

우리 삶에서 부담을 주는 모든 것은 일종의 도전이다. 그리고 이러한 도전은 우리를 발전시킬 가능성을 가지고 있다. 결국 이러한 도전에 대하여 우리가 어떻게 응전하느냐에 따라 그것이 유익한 경험이 될 수도 있고 해로운 경험이 될 수도 있다. 앞에서 소개한 시험공부를 위한 몰입 사례는 시험이라는 도전에 대하여 의도적인 몰입을 활용하여 바람직하게 응전을 한 경우이다.

천재를 탄생시킨
'도전과 응전'의 법칙

역사에 한 획을 그은 위대한 천재들도 도전과 응전의 과정을 통해 빠르게 성장하였다. 그들에게 도전이 주어진 방식은 크게 두 가지였다. 첫 번째는 불운한 성장 환경이 커다란 도전으로 작용하고 이에 대한 응전이 발달한 경우다. 어린 시절 양친을 잃은 레오나르도 다빈치, 일찍 어머니를 여의고 아버지와 새어머니의 무관심 속에서 자란 르네 데카르트, 유복자로 태어나 할머니 손에서 자란 아이작 뉴턴 등이 여기에 속한다. 또한 아버지가 가족을 버린 탓에 네 살 때부터 학교에서 생활했던 토마스 홉스, 아이 때 한 번도 사랑을 경험한 적 없었다고 고백한 버나드 쇼, 다섯 살에 아버지를 잃은 프리드리히 니체, 자신이 방기되었던 경험을 소설 『이방인』으로 표현한 알베르트 카뮈 등도 마찬가지다.

이들이 시련과 고난에 맞서면서 성장하고 발전할 수 있었던 이유는 영국의 역사학자 아놀드 토인비가 제창한 '도전과 응전'의 원리로 설명할 수 있다. 토인비는 인류가 발전한 원동력이 바로 도전과 응전이라고 설명하면서 문명은 끊임없이 닥쳐오는 혹독한 도전을 극복함으로써 발전해왔다고 말했다. 북해의 청어잡이 이야기는 토인비의 도전과 응전에 대한 가장 훌륭한 비유다.

　영국 사람들은 유난히 청어 요리를 좋아하는데, 영국 근해에서는 청어가 잡히지 않는다. 그래서 어부들은 멀리 떨어진 북해에서 청어를 잡아 런던으로 운반해와야 한다. 그런데 북해에서 청어를 잡아다 런던까지 가져오면 그새 청어들이 거의 다 죽어버려 제값을 받지 못했다. 이때 한 어부가 청어를 산 채로 싱싱하게 운반하는 비결을 생각해내 많은 돈을 벌었다. 그의 비결은 간단했다. 청어가 있는 수조에 천적인 바다 메기를 몇 마리 넣는 것이다. 물론 청어 가운데 몇 마리는 바다 메기에게 잡아먹힌다. 하지만 나머지 청어들은 잡아먹히지 않으려고 죽을힘을 다해 도망치기 때문에 싱싱하게 산 채로 런던까지 온다는 것이다.

　이처럼 도전과 응전의 법칙은 살아가면서 마주치는 크고 작은 도전을 통해 우리가 성장하고 있음을 말해준다. 뉴턴이나 니체 등도 시련과 역경이라는 도전에 응전하는 과정에서 자신의 잠재력을 깨웠고, 그 결과 역사에 길이 남을 업적을 이룰 수 있었다.

　천재를 만든 두 번째 양상은 조기교육을 통하여 어린 시절에 부모로부터 도전이 부과된 경우이다. 중산층 이상의 가정에서 부모 중 한 사람에 의해 조기교육을 받아 적절한 도전과 응전이 지속되어 천재로 성장하게 된 것이다. 음악의 신동 모차르트와 공리주의 철학자 존 스튜어트 밀, 역사상 최연소 박사 학위 소지자인 칼 비테, 수학자이자 과학자 로드 켈빈 경, 사이버네틱스의 창시자 노버트 위너 등은 어릴 때부터 아버지에게 조기교육을 받았던 천재들이다.

특히 존 스튜어트 밀이 받았던 조기교육은 오늘날에도 천재 교육으로 정평이 나 있다. 질적 공리주의를 제창한 영국의 사상가이자 경제학자인 그는 어린 시절 정규학교에 다니지 않고 아버지에게 교육을 받았다. 밀은 그의 자서전에서 아버지로부터 받은 교육이 다른 전형적인 교육과 어떻게 달랐는지 소개하고 있다.

> 많은 분량의 지식을 주입받은 대부분의 소년이나 청년들은 정신 능력이 강화되기보다는 오히려 많은 지식으로 말미암아 지나치게 무거운 짐을 진 셈이 된다. 그들은 오직 다른 사람들의 견해나 말투를 주입받는다. 그리고 그들 자신의 견해를 형성하는 대신 다른 사람들의 견해를 받아들이는 데만 익숙해진다. 그리하여 자녀 교육에 아무런 수고도 하지 않는 아버지를 가진 아이들은 배운 것을 그저 앵무새처럼 외는 것밖에는 하지 못하는 경우가 많다.
>
> 그러나 내가 받은 교육은 그런 주입식 교육이 아니었다. 아버지는 무엇이든 배움이 단지 기억력 훈련이 되는 것을 절대 허락하지 않았다. 그는 배우는 모든 단계를 이해하도록 힘썼을 뿐 아니라 가능하면 가르치기에 앞서 내가 스스로 이해하게 하려고 노력했다. 나 스스로 해답을 찾기 위해

온 힘을 다하기까지는 절대로 미리 알려주지 않았다. (존 스튜어트 밀, 『존 스튜어트 밀 자서전』, 최명관 옮김, 창, 2010)

존 스튜어트 밀이 아버지에게 받은 조기교육을 한마디로 정리하면 어릴 때부터 미지의 문제에 계속 도전하도록 격려하고 유도한 것이라 할 수 있다. 미지의 문제에 도전하고 응전하는 과정을 통해 자신도 모르게 지적 재능을 키우기 위한 신중하게 계획된 연습을 한 셈이다.

무기력도 학습된다

 시련과 역경은 도전을 피할 수 없는 환경을 제공한다는 점에서 분명 순기능이 있다. 하지만 누구나 어려운 환경을 딛고 성장할 수 있는 것은 아니다. 불운한 성장 환경 속에서는 대부분이 위축되고 주눅이 들어 실패한 인생을 살기 쉽다. 따라서 시련과 역경이 어떨 때 순기능으로 작용하고 어떨 때 역기능으로 작용하는지 잘 이해할 필요가 있다.
 도전정신과 정반대되는 개념이 무기력이다. 도전정신에 대해서 이야기하기 전에 먼저 무기력이 어떻게 형성되는지 알아보자. 긍정 심리학의 창시자, 마틴 셀리그만은 불운한 환경에서 성장한 아이들의 무기력하고 소극적인 태도가 선천적인 것이 아니라 학습으로 만들어진다는 사실을 발견하였다. 셀리그만은 24마리의 강아지를 A, B, C 세 그룹으로 나누어 상자에 넣고 간헐적으로 전기 충격을 주는 실험을 했다.

　A그룹에는 코로 레버를 움직이면 전기 충격을 스스로 멈출 수 있는 환경을 제공하였다. B그룹은 가죽끈으로 묶어놓아서 전기 충격이 주어져도 스스로 멈출 수 없는 상황에 두었다. C그룹은 상자 안에 두되 전기 충격을 가하지는 않았다. 24시간 뒤 셀리그만은 장애물만 넘으면 전기 충격을 피할 수 있게 만들어진 상자에 이 세 그룹을 옮겨놓고 전기 충격을 주었다. A그룹과 C그룹은 장애물을 넘어 전기 충격을 피했으나, B그룹은 구석에 웅크리고 앉아 무기력하게 전기 충격을 받아들였다. 이는 B그룹이 이전 24시간 동안 어떤 노력도 상황을 개선시키지 못한다는 무기력을 학습했기 때문이다. 이와 비슷한 결과는 여러 동물 실험에서 확인되었다.

　인간 역시 통제력이 없거나 실패를 자주 경험하면 아무리 노력해도 소용없다는 무기력이 학습되고 소극적으로 변화한다. 이처럼 피할 수 없거나 극복할 수 없는 환경에 반복적으로 노출되면 실제로 피하거나 극복할 수 있을 때조차 자포자기하게 되는데, 셀리그만은 이를 '학습된 무기력 Learned Helplessness'이라고 명명했다.

　특히 유아기는 셀리그만의 실험에서 가죽으로 묶인 강아지들처럼 외부 환경에 어떠한 응전도 할 수 없는 상태라고 할 수 있다. 예를 들면, 갓난아기는 배가 고프거나 배설을 하면 운다. 자신이 고통스럽고 불편하다는 것을 울음으로써 전달하는 것이다. 그런데 이에 대하여 아무런 조처를 해주지 않으면, 갓난아기는 본능적으로 '노력해도 소용없다!'는 무기력이 학습될 것이다. 나는 개인적으로 이러한 학습된 무기력이 '후천적 자폐'와 관련이 있을 것으로 추정한다. 어린 시절에 불운한 가정환경이 학습된 무기력을 발달시키는 결과를 만든다면 인생의 낙오자가 될 가능성이 높을 것이다.

TIP ● **불우한 환경을 극복하는 힘, 회복 탄력성**

불운한 환경에서도 학습된 무기력이 형성되지 않고, 오히려 악조건을 도약의 발판으로 삼아 성공한 사람들은 어떻게 설명할 수 있을까? 이를 설명하는 심리학 용어가 바로 'resilience'다. '역경을 극복하는 힘'이라는 뜻인데, 우리말로 다양하게 번역되었지만 김주환 교수의 '회복 탄력성'이라는 용어가 가장 널리 쓰인다.

이 개념은 하와이 군도 카우아이 섬의 신생아 833명이 성인이 될 때까지 40년간 진행된 연구를 토대로 얻어졌다. 카우아이 섬 주민들은 대대로 지독한 가난과 질병에 시달렸고 주민 대다수가 범죄자나 알코올 중독자 혹은 정신질환자였다. 이 섬에서 태어난다는 것은 불행한 삶을 예약하는 것과 다름없었다.

이 연구에 참여한 심리학자 에미 워너 교수는 연구 대상이었던 833명의 신생아 중 불우한 환경에서 태어나고 자란 201명을 추려 어린 시절 겪었던 특정한 어려움과 훗날 나타날 수 있는 특정한 문제의 상관관계를 찾으려 했다. 그런데 이런 열악한 환경 속에서 자란 아이들 가운데 3분의 1 정도는 처음 예상과 달리 성적이 뛰어나고 리더십도 있는, 훌륭한 청년으로 자랐다.

이처럼 어려운 환경 속에서도 제대로 성장할 수 있는 능력이 회복 탄력성이다. 에미 워너 교수는 회복 탄력성을 지닌 아이들에게서 예외 없는 공통점을 하나 발견했다. 이 아이들에게는 조건 없는 사랑을 베푸는 누군가가 최소한 한 명은 반드시 있었다. 다시 말해 아이를 이해하고 지지하는 어른이 단 한 명이라도 있으면 그 아이는 회복 탄력성을 갖게 된다는 것이다. 이런 사람이 주위에 있으면 불운한 환경이 부정적 경험으로만 기억되는 게 아니라 희망과 꿈을 가질 수 있는 긍정적 경험으로 기억되기 때문이다.

  어려운 환경과 조건 없는 사랑이 결합하면 시련과 역경이라는 도전에 좌절하거나 굴복하지 않고 이겨내는 회복 탄력성을 발달시킬 수 있다. (참고: 김주환, 『회복 탄력성』, 위즈덤하우스, 2011)

낙천성,
실패를 견디는 에너지

어떤 일이든 성공에 이르기까지는 수많은 실패가 수반된다. 절대온도의 개념을 발견하고 열역학 분야에서 커다란 업적을 남긴 캘빈 경은 노년에 접어들었을 때 학문에 바친 자신의 40년 인생을 한 단어로 특징지을 수 있다고 했다. 그 단어는 바로 '실패'였다. 과학사에서 가장 위대한 업적을 남긴 뉴턴도 이와 다르지 않은 이야기를 했다. 그 역시 말년에 "나는, 진리의 거대한 바다가 아무것도 발견되지 않은 채 내 앞에 놓여 있는 바닷가에서 놀며 때때로 보통보다 매끈한 조약돌이나 더 예쁜 조개를 찾고 있는 어린아이에 지나지 않는다"고 자신을 평가했다. 에디슨은 무려 2천 번의 쓰디쓴 실패를 경험한 끝에 전구를 발명했다.

이렇듯 성공은 실패를 견딘 사람에게만 허락된다. 따라서 성공하는 능력은 곧 실패를 견디는 능력이라고도 볼 수 있다. 실패를 견디는 능력이 배양되어야 비로소 도전정신도 만들어진다. 그러므로 천재들의 위대한 업적에만 주목하기보다는 끈기와 인내를 가지고 실패를 견뎌내며 어떻게 창조적 결과를 얻었는지 그 과정에 주목할 수 있어야 한다.

한편, 어떤 시도를 했는데 결과가 어정쩡해서 실패인지 성공인지 애매할 수가 있다. 이때 비관적인 사람은 실패로 받아들인다. 반면 낙천적인 사람은 성공으로 받아들인다. 따라서 낙천적인 태도가 삶에서 더 많은 성공 경험을 하도록 유도한다는 것을 알 수 있다. 실패를 견디려면 실패를 실패로 간주하지 않는 낙천성이 무엇보다도 중요하다. 실패는 성공으로 가는 자연스러운 과정이라고 여겨야 한다는 말이다.

아인슈타인은 "몇 달이고 몇 년이고 생각하고 또 생각한다. 그러다 보면 99번은 틀리고 100번째에 이르러서야 비로소 맞는 답을 찾아낸다"고 했다. 그런데 만일 그가 실패에 대해 부정적 감정을 크게 느끼는 사람이었다면 어땠을까? 99번 실패하고 100번째 성공해도 부정적 감정이 압도적으로 컸을 테고, 더 이상 도전하려는 의욕이 생기지 않았을 것이다. 그러나 아인슈타인은 99번의 실패조차 견디는 능력, 실패를 실패로 간주하지 않고 성공으로 나아가는 과정으로 여기는 낙천성을 갖고 있었다.

모차르트 역시 굉장히 낙관적인 사람이었다고 알려져 있다. 한번은 그가 새로 작곡한 곡으로 오페라 공연을 했는데 청중이 고작 10명밖에 오지 않는 처참한 상황이 벌어졌다. 그런데 그가 부인에게 보낸 편지 내용은 환희로 가득 차 있었다.

> "오늘 공연은 정말 대성공이었소! 오, 내 열정을 쏟아부은 오페라! 난 정말 날아갈 듯한 기분이라오. 참석한 10명의 관객들도 감격의 박수를 보냈다오." (김상운, 『아버지도 천재는 아니었다』, 명진출판, 2008)

이나모리 가즈오는 매출액이 50조 원 이상인 일본 교세라의 창업자이자 경영의 신으로 추앙받고 있는 인물이다. 그는 평소에 문제를 해결하기 위해서는 "머리끝에서 발끝까지 온몸을 그 생각으로 가득 채우고 피 대신 생각이 흐르게 하라!"며 몰입할 것을 강조하였다.

그는 자신의 전 재산을 사회에 환원하고 65세가 되던 1997년에 은퇴를 선언, 자신이 세운 회사를 떠났다. 그리고 절에 들어가 승려가 되었다. 2010년 당시 하토야마 유키오 일본 총리는 절에서 수행하던 이나모리 가즈오를 방문하여 약 34조 원에 달하는 빚을 안고 침몰한 JAL 일본항공을 맡아달라고 부탁했다. 당시 이나모리 회장의 나이는 78세였다.

처음에는 거절했으나 하토야마 총리의 끈질긴 노력 끝에 이나모리 회장은 그 요청을 받아들였고 기적을 일궈냈다. 파산 직전의 JAL을 8개월 만에 흑자로 돌려세웠고, 2년 연속 사상 최고 실적을 냈다. JAL 부활의 '마지막 퍼즐'로 불리던 도쿄증권거래소 재상장 승인도 얻어 냈다. 법정관리에 들어가면서 상장이 폐지된 지 2년 8개월 만이다.

그가 진정으로 '경영의 신'임을 다시 증명한 것이다.

이나모리 가즈오는 어떤 일에 열정을 갖고 도전하려면 낙관적인 태도가 필요하다고 주장했다. 그의 자서전 『카르마 경영』에는 그가 얼마나 낙천적인 사람인지 알 수 있는 에피소드가 실려 있다.

📇… 막 연구원 일을 시작했을 무렵, 열심히 실험에 몰두하여 기대하던 결과가 나오면 나는 "해냈다!"라고 소리치며 그 기쁨을 온몸으로 표현했다. 나를 돕던 조수는 그런 나를 늘 냉소적으로 쳐다보았다.

실험에 성공한 어느 날, 내가 소리 지르며 기뻐하면서 조수에게 "자네도 기쁘지?"라며 말을 건넸는데, 그는 자못 재미있다는 표정으로 이렇게 말했다.

"선배님, 왜 그렇게 가볍게 구세요? 해냈다고 떨 듯이 기뻐할 일은 일생에 한두 번 있을까 말까 한 일이에요. 그렇게 매번 날뛰면 경박해 보이지 않나요?"

그 말을 듣고 나는 일순간 냉수를 뒤집어쓴 듯한 느낌을 받았다. 그러나 마음을 고쳐먹고 이렇게 말했다.

"자네 말에도 일리가 있지만, 나는 아무리 사소한 성과라고 해도 단순하고 소박하게 기뻐하는 것이 좋다고 생각하네. 다소 경박해 보일 수도 있겠지만 순박하게 기뻐하고 감사하는 마음은 작고 하찮게 여겨지는 연구나 일을 계속하게 만드는 에너지가 되어주지 않나?" (이나모리 가즈오, 『카르마 경영』, 김형철 옮김, 서돌, 2005)

이들처럼 큰 실패를 경험하더라도 좌절을 최소화하고, 작은 성공에도 즐거움을 증폭시키려는 노력을 해야 한다. 그래야 우리 뇌가 더 많은 성공을 한 것처럼 인식하고, 이런 과정이 우리를 낙관적이고 적극적으로 도전을 향해 달릴 수 있도록 하기 때문이다.

멈추지 않는 도전 뒤엔 성취 경험이 있다

도전정신이 강한 학생은 아무도 해결하지 못한 난제를 해결하기 때문에 결국 창의성이 높은 결과를 얻는다. 그리고 문제에 매달려 해결될 때까지 포기하지 않는 열정이 있다. 즉 도전정신이 있는 학생은 필연적으로 열정과 창의성을 가지고 있다. 산업체의 인사담당자들을 만나보면 거의 이구동성으로 "우리가 원하는 사람은 도전정신, 열정 그리고 창의성을 가진 인재이다!"라고 이야기한다. 산업체에서는 오랜 기간 일을 하다 보면 결국 도전정신, 열정, 창의성이 있는 사람들이 중요한 문제를 모두 해결한다는 것이다.

따라서 대학과 같은 교육기관에서는 어떻게 교육을 해야 학생들이 도전정신, 열정 그리고 창의성을 가진 인재로 성장할 수 있을지에 대해서 고민해야 한다. 그렇다면 어떻게 교육해야 도전정신이 발달할까?

우선 셀리그만의 실험 결과로부터 유추해보자. 그가 발견한 것처럼 무기력이 '노력해도 소용없다!'는 경험을 반복함으로써 학습되는 것이라면, 무기력과 정반대 개념인 도전정신은 '노력했더니 성공했다!'는 경험을 반복하면 생긴다고 유추할 수 있다. 즉 다음과 같은 가설을 세울 수 있다.

"도전정신을 발달시키려면 도전에 대한 성공 경험이 많아야 한다."

우리의 모든 경험은 전두엽에 저장된다. 이때 그 경험에 수반되는 감정에 의해 변형을 거쳐 저장된다고 알려져 있다. 도전해도 실패를 거듭하면 도전에 대한 부정적인 감정이 기억되어 도전을 피하려는 소극적인 성향을 갖게 될 것이다. 반대로 성공을 거듭하면 긍정적인 감정이 기억되어 도전에 대한 거부감보다는 호감이 발달할 것이다. 이처럼 적극적인 성향과 소극적인 성향은 타고나는 게 아니라 경험으로 형성된다. 이처럼 예전에는 선천적이라고 믿었던 것들이 모두 후천적으로 결정된다는 사실을 고려하면 결국 경험이 우리를 만들어간다고 할 수 있다. 따라서 행복하고 성공적인 삶을 살려면 이를 위한 좋은 경험을 많이 해야 한다.

그렇다면 도전정신을 키우기 위한 가장 교육적인 경험은 무엇일까? 바로 다음과 같은 경험일 것이다.

"처음에는 도저히 못할 줄 알았는데 혼신의 노력을 다해서 결국 해냈다!"

다시 말해 처음에는 못할 것으로 보였지만 혼신의 노력을 하면 반드시 성공할 수 있는 도전을 반복 경험하면 된다는 것이다. 똑같은 성공이라도 더욱 힘든 상황을 경험한 후에 성공할 때 값진 경험이 되고 교육적인 효과도 더욱 커진다. 이제부터 앞서 언급했던 가설에 근거하여 도전정신의 형성과 관련된 구체적인 훈련 방법을 소개하겠다.

해마다 여름이면 학부 4학년생들이 나를 찾아와 진학 의사를 밝힌다. 대학원에 진학해 우리 연구실에 들어오고자 하는 것이다. 이때부터 나는 진학 승낙을 한 학생들을 대상으로 창의성, 도전정신 그리고 몰입능력을 향상시키기 위한 '신중하게 계획된 연습'을 지도한다. 우리 연구실에 들어오기까지 남은 시간은 대략 6개월, 학생들이 내 말을 가장 잘 듣는 기간이다. 말을 듣지 않으면 내가 진학 승낙을 번복할 수도 있다고 생각하기 때문이다. 그래서 이때가 도전정신을 키우고 몰입 훈련을 시키기에 가장 이상적인 기간이다.

몰입 훈련을 위해 도전할 문제는 두 종류다. 첫 번째는 수업 내용 중 이해되지 않는 부분, 두 번째는 중·고등학교 또는 대학 과정의 수학이나 과학 문제 중에서 어떻게 풀어야 할지 모르는 문제이다. 이런 수준의 문제는 학생이 포기만 하지 않으면 끝내 풀 수 있기 때문에 '성공할 수밖에 없는 도전'이다. 수업 내용 중 이해되지 않는 부분은 교과과정에 나오는 만큼 관련 책을 읽고 차분하게 오랜 시간 생각하면 대부분 이해할 수 있다. 또한 중·고등학교나 대학 과정의 수학이나 물리 문제도 관련 내용을 공부하고 오랜 시간 고민하면 대부분 풀린다.

몰입 훈련을 할 때는 자투리 시간을 활용하게 한다. '겨우 자투리 시간'이라고 할 게 아니다. 수면과 식사에 하루 9시간을 사용하고, 업무나 정규 학습으로 8시간을 사용한다고 가정하면 자투리 시간은 무려 7시간이나 된다. 이런 자투리 시간을 활용하는 습관은 대단히 중요하다. 본격적으로 몰입도를 높이고 오랜 시간 유지하기 위해서는 자투리 시간에 생각하는 습관을 형성해야 하기 때문이다. 자투리 시간을 활용하는 또 다른 장점은 스트레스를 덜 받는다는 것이다. 어차피 버리는 시간을 활용하기 때문에 문제가 풀리지 않더라도 부담감이 적고 자연스럽게 슬로우 싱킹을 할 수 있다.

> **사례** — 창의성과 도전정신을 키우기 위한 몰입 훈련

몰입 학습에 대한 이해를 높이기 위해 몰입 훈련을 받았던 한 학생의 사례를 소개한다. 이 학생은 학부 4학년 여름부터 대략 6개월 동안 몰입 훈련을 했다. 인천에서 학교까지 버스로 총 4시간에 걸쳐 등하교했는데, 몸은 피곤할지 몰라도 이 시간을 활용할 수 있어서 몰입 훈련에는 더 유리했다. 또한 아르바이트로 고등학생 과외를 하면서 수시로 자신도 모르는 문제를 풀 기회가 있었기 때문에 이 문제와 수업 시간에 이해가 되지 않는 내용을 몰입 훈련의 도전 과제로 삼았다.

  몰입 훈련을 시작할 때 학생들에게 미지의 문제를 화두로 참선한다는 기분으로 편하고 느긋하게 그러나 자투리 시간에는 끊임없이 생각하라고 강조하지만, 학생들은 처음에는 잘 실천하지 못한다. 보통은 답답해하고 초조해한다. 그러나 이러한 양상은 훈련하면서 점차 개선되어 점차 슬로우 싱킹 방식을 배워간다. 이 학생이 몰입 훈련을 통해 6개월 동안 어떻게 변화되었는지 나에게 보낸 메일을 통하여 살펴보자.

몰입 1주째

지난 1주일간 처음으로 몰입 훈련을 해보았습니다. 아직은 학기 초라 학교 수업에서 어려운 문제는 없었지만, 월요일에 고등학생을 가

르치던 중 아리송한 문제를 발견하였습니다. '기하와 벡터'라는 교과 과정 안에 '공간도형'이라는 단원의 문제입니다. 평소 같았으면 별다른 고민 없이 바로 해설을 보고 가르쳤을 텐데, 이번에는 교수님 말씀이 생각나서 다음 시간에 가르쳐주기로 하고 인천까지 가는 약 2시간 동안 버스에서 내내 생각을 해보았습니다.

직육면체 2개를 붙여 놓고 꼬인 위치에 있는 직선과 평면의 각도를 물어보는 문제였습니다. 내용은 간단하였으나 공간상의 도형 위치가 쉽게 이해되지 않아서 선뜻 풀이가 생각나지 않았습니다. 처음에는 가슴이 답답한 것이 조바심이 나고 힘들었는데, 창 밖을 보며 여유 있게 생각하니 조금씩 실마리가 잡히는 것 같았습니다.

도대체 무슨 그림인지 모르겠던 도형이 마치 실제로 내려다보고 있는 것처럼 완벽히 이해가 되었고, 도형의 위치관계가 머릿속에 잡히자 평면의 방정식을 세우고, 문제에서 물어보던 각도까지 정확하게 계산해낼 수 있었습니다. 안 풀릴 것만 같던 문제가 버스를 타고 생각한 지 약 30분 만에 해결되니 매우 보람되고 뿌듯했습니다.

한편으로는 평소 제가 무의미하게 시간을 보냈다는 사실을 깨달았습니다. 멍하니 아무 생각도 하지 않았거나 쓸데없이 휴대전화만 만지작거렸던 것이 새삼 후회되고 그 시간이 무척 아까웠습니다.

▶▶ 안 풀릴 것만 같았던 문제가 약 30분 만에 해결되어 매우 보람되고 뿌듯하다고 표현했다. 이것이 지적인 도전에 대한 전형적인 성공 경험이다. 이러한 경험을 많이 할수록 머리가 날카로워지고 도전정신이 발달한

다. 그뿐만 아니라 자신이 평소 별생각 없이 흘려보냈던 자투리 시간을 활용해 이처럼 유익한 경험을 할 수 있다는 사실을 새삼 깨닫게 된다.

몰입 2주째

추석 명절 때 막히는 고속도로 위에서 생각할 시간을 많이 가질 수 있었습니다. 이번 주 역시 기하와 벡터 '공간도형'의 문제에 대해 생각해보았습니다. 좌표공간에서의 평면이 구와 만나서 생기는 도형의 XY평면 위의 정사영 영역이 어떤 특정한 범위 내에 포함되도록 하는 정사영 각도의 최댓값을 구하는 문제입니다.

토요일에 이 문제를 접하고 일요일 귀성길 내내 생각해보았습니다. 두 번째라 그런지 그리 답답하거나 막연함 없이 집중할 수 있었습니다. 정확하진 않지만 아마 30분 정도 여러 풀이를 떠올렸던 것 같습니다. 그러던 중 타원이 영역의 경계와 접하는 순간이라는 것을 알아차렸고, 타원의 방정식을 구하고 음함수의 미분법을 통해 도함수를 구했습니다. 풀이가 생각난 후에는 5분여의 계산 과정을 통해 접선의 기울기를 구하게 되었습니다. 그 후에는 공간상의 원과 타원을 삼각형으로 연결하여 정사영의 각도를 구해낼 수 있었습니다.

저번에도 그랬지만 어떤 해답을 찾기까지 처음의 몇 분, 몇십 분은 앞이 깜깜한 듯 아무리 생각해도 풀리지 않을 것만 같다가 아주 작은 실마리만 발견해도 한결 수월해진다는 것을 몸소 깨달았습니다.

적분과 통계에서 '경우의 수'와 관련된 문제를 또 하나 고민해서 풀어낸 것이 있는데, 이는 어제 자기 전 1시간 정도 생각해서 풀어냈습니다. 밤에 누웠는데 잠이 잘 오지 않아 낮에 얼핏 보았던 이 문제를 찾아서 다시 읽어보고 생각해보았습니다. 조용한 방 안에서 곰곰이 생각하니까 차에서보다도 훨씬 집중이 잘 되고 효과적이었습니다.

>>> 막히는 고속도로 위에서는 짜증을 내며 시간을 보내는 대신 창의적인 생각을 하는 것이 훨씬 유익할 것이다. 이처럼 몰입은 우리 의식이 부정적이거나 불필요한 생각으로 채워지도록 내버려두는 것이 아니라 내가 원하고 필요한 생각으로 채워지도록 돕는다. 이러한 의식의 통제 능력은 몰입을 하면 할수록 발달된다. 미지의 문제를 접했을 때 처음의 몇 분, 몇십 분은 앞이 깜깜한 듯 아무리 생각해도 풀리지 않을 것만 같다가 결국은 아이디어가 나오게 마련이다.

몰입 3주째

이번 주에 푼 문제 중 하나는 산술, 기하, 조화평균에 대한 기하학적 분석입니다. 이는 문제집에 나온 문제가 아니고, 전기회로 수업을 듣던 중 "산술평균은 직렬회로에서의 합성저항이고 조화평균은 병렬회로에서의 합성저항이다"라는 말에서 문득 스스로 궁금해진 부분입니다. 단순히 대소관계를 증명하는 대수학적 방법은 당연히 알고 있었고, 이를 기하학적으로 증명해보기 위해 이번 한 주 동안 약 사흘을 틈틈이 생각해보았습니다. 셔틀버스를 기다리면서, 수업 시간에 교수님을 기다리면서, 이동하면서 문득 이 문제가 떠오를 때마다 생각해보았습니다. 그 결과 2가지 방법으로 증명해낼 수 있었습니다.

늘 그렇지만 처음 힘든 과정을 거쳐서 문제에 들어맞는 해설 일부가 생각이 나면 그 이후가 술술 풀리는데, 그때는 정말이지 즐거운 마음을 감출 수가 없습니다.

▶▶▶ 셔틀버스를 기다리는 시간, 수업 시작 전에 기다리는 시간, 이동하는 시간 등 자투리 시간을 잘 활용하고 있음을 알 수 있다. 또한 스스로 생각해서 문제를 해결하는 활동이 '즐겁다'는 표현을 사용하기 시작했다는 것이 중요한 변화다. 산에 오르는 것은 분명 힘든 일이다. 그러나 산을 반복해서 오르면 내성이 생겨 산 오르기가 점점 쉬워지고, 정상에서의 희열은 점점 커져 결국에는 등산을 즐기게 된다. 마찬가지로 미지의 문제를 해결하는 경험을 반복하면 앞이 깜깜한 듯한 부정적 감정을 견딜 수 있는 내성이 생기기 시작한다. 이러한 내성이 발달되면 미지의 문제에 도전하는 것도 그리 어렵게 느껴지지 않게 된다. 또한 문제를 성공적으로 풀 때의 희열은 점점 더 커져서 결국 미지의 문제를 푸는 것을 즐기게 된다. 남들이 어렵다고 느끼는 도전을 즐기게 되는 것이다.

몰입 5주째

과외 공부를 가르치는 학생과 매주 몰입을 진행하고 있습니다. 처음에는 학생에게 적당한 난이도를 선택해주기 어려워 시행착오가 있었는데, 요즘은 난이도를 잘 선택하여 순조롭게 훈련을 시키고 있습니다. 10분쯤 생각해 풀릴 문제를 내주는데, 학생이 곧잘 합니다. 수학에 처음으로 흥미가 생겼다고 말하더라고요.

또한 전기 회로 과목에서 크기가 'r'인 저항을 랜덤하게 연결하였을 때 평균 저항의 크기를 구하라는 문제가 있었는데, 이는 계속 생각하고 있으나 아직 풀지 못하였습니다. 난이도가 꽤 높아서 푸는 데까지 얼마나 걸릴지 모르고, 풀릴지도 의문입니다. 많이 막막하더라도 틈틈이 고민해보려고 합니다.

>>> 과외 학생에게 몰입을 적용한다고 언급하고 있는데, 이 학생은 학교에서의 성적이 상위 20~30% 정도이고, 수학은 그리 잘하는 편이 아니어서 내신 성적이 3등급 정도 된다고 한다. 이 사례는 몰입 훈련을 하는 데 반드시 머리가 우수하거나 성적이 우수할 필요가 없다는 것을 방증한다. 각자의 능력에 따라 적절한 난이도의 문제만 선택하면 되는 것이다. 평소 스스로 문제를 풀어본 적 없는 학생이 이런 방법을 통해 처음으로 성공을 경험하게 되면 '나도 포기하지 않으면 되는구나!'라는 사실을 깨닫게 된다. 이것이야말로 수학 점수를 빠르고 안정적으로 올리는 가장 좋은 방법이다. 또한 이 과정에서 도전정신, 생각하는 습관, 사고력도 발달하기 때문에 암기 위주가 아닌 이해 위주의 학습을 하게 되고 그 결과 수학 외 다른 과목의 성적도 자연히 오른다.

저항의 크기를 구하는 문제의 난이도가 높아서 막막하지만 틈틈이 고민해보려 한다는 말에서 이 학생의 도전정신이 발달하고 있음을 엿볼 수 있다. 5주차에 접어들면서 도전에 대한 성공 경험을 10회 이상 했기 때문에 막막하더라도 피하거나 움츠러들지 않고 도전해보겠다고 하는 것이다.

그런데 이 문제가 뜻밖에 어려워서 이 학생이 1주일 동안 자투리 시간을 활용해 도전했는데도 풀지 못했다. 학생을 지도하는 처지에서는 학생의 역량이 빨리 길러지기를 바라기 때문에 약간 조급증이 생기기도 한다. 만약에 학생이 이처럼 난도가 높은 문제를 풀면 종전에 1시간 정도 생각해서 푸는 문제를 훈련하는 것보다 훨씬 더 가파른 기울기로 성장하게 된다.

그래서 나는 문제의 핵심이 무엇인지 먼저 찾고 그 핵심에 집중하면서 1주일 더 생각하면 풀릴 테니 포기하지 말고 계속 생각하라고 하였다. 그런데 2주일이 지나도 풀리지 않았다. 그래서 1주일만 더 생각하면 틀림없이 풀릴 테니 포기하지 말고 계속 생각하라고 하였다. 그리고 이렇게 장기적으로 생각을 지속하면 잠잘 때 놀라운 장기기억 인출능력이 활용되어 기적처럼 아이디어가 떠오를 것이라고 힘을 실어주었다. 그러나 3주가 지나도 문제는 풀리지 않았다.

그러자 무척이나 성실했던 이 학생도 점차 지쳐가는 듯 보였다. 그래서 이 문제에 도전하는 것을 잠정적으로 중단시켰다. 지금은 학기 중이라 이 문제에만 온종일 몰입할 수 없는 상황이니 나중에 겨울방학에 다시 도전하여 본격적인 몰입을 시도하기로 하였다. 그러고는 다시 1~2시간 안에 풀리는 문제를 풀기 시작하였다. 다음은 이러한 내용에 대해 언급하고 있는 10주차의 메일이다(참고로 5주차 이후로 중간고사 기간인 2주간은 시험공부를 위한 몰입을 하였다).

몰입 10주째

이번 주 목요일 저녁까지 저항 문제에 대한 난도 높은 몰입을 해왔습니다. 정체기가 찾아온 듯 답답한 마음이 들던 찰나, 때마침 교수님께서 적절한 조언을 해주셨습니다. 아직 몰입 훈련이 충분히 되지 않은 상태에서 학기 중인 지금은 좀 더 강한 몰입을 하기에 적절하지 못한 것 같습니다. 교수님 말씀대로 학기 중에는 다른 여러 문제를 통해 몰입 훈련을 열심히 하고, 장시간 투자할 수 있는 방학 때 이 문제에 본격적으로 도전해볼 생각입니다.

>> ·· 이 학생은 겨울방학 시작과 동시에 1월 말까지 여러 문제에 도전했다. 1월 중순 이후에는 3~5시간 걸리는 비교적 난도가 높은 문제들을 풀었다. 이런 반복적인 성공 경험을 통해 다시 자신감을 찾은 후 1월 말에 저항문제에 다시 도전했다.

이때부터는 온종일 이 문제만 생각하는 몰입을 시도했다. 의도적으로 한 문제에 대한 생각만 하는 극도의 몰입은 학생들 대부분이 어떻게 해야 할지 엄두를 못 낸다. 이때는 내가 매일 전화로 학생의 상태를 물어보고 어떤 방식으로 노력할지 알려준다. 며칠이고 이렇게 몰입을 지속하면 문제가 풀리지 않더라도 몰입도가 계속 올라가 삼매와 비슷한 상태를 경험하게 된다. 삶에서 가장 강한 몰입 상태를 경험하게 되기 때문에 문제가 풀리고 안 풀리고를 떠나 그 과정 자체가 매우 의미 있는 경험이 되는 것이다.

이 학생은 결국 이런 강한 몰입을 시도한 끝에 6일 만에 이 문제를 풀었다. 그 즉시 내게 메일을 보내왔는데 그 시간이 새벽 1시였다.

몰입 21주째

방금 드디어 풀어냈습니다. 막상 풀고 나니 단순하게까지 느껴지는데 지금껏 왜 이렇게 오랜 시간이 걸렸는지 모르겠습니다. 그래도 일주일간의 무거운 짐이 벗겨지는 듯한 매우 홀가분한 기분과 흥분과 기쁨이 몰아칩니다. 아주아주 뿌듯합니다. 지금 메일을 보내는 이 순간에도 기쁜 마음을 숨길 수 없습니다.

풀고 난 후 그리 어려운 문제가 아닌데 왜 시간이 오래 걸렸는지에 대해 스스로 생각해보았습니다. 우선 몰입을 시작한 약 2~3일가량은 문제의 핵심을 이해하는 데 실패했습니다. 교수님께서 핵심을 먼저 파악하라고 하셨지만 핵심을 짚어내는 일이 어려웠던 것 같습니다. 제대로 된 우물을 파야 하는데, 엉뚱한 옆자리에서 깊게 파기만 하다 보니 시간은 시간대로 걸리면서 올바른 풀이를 얻지 못했던 것 같습니다.

오늘까지 6일 정도를 몰입했는데, 처음 하루 이틀은 완전한 몰입 상태에 들어가기까지 시행착오도 겪고 낭비되는 시간도 있었습니다. 또한 중간에 일정이 있는 날에는 온전히 몰입하지 못하고 집중력이 떨어졌던 것도 사실입니다. 제 생각에는 만족할 만한 몰입도에 이른 것은 수요일 밤쯤이 아니었나 싶습니다. 이때부터는 의식적으로 큰 노력을 기울이지 않아도 습관적으로 생각하게 됐고 점점 재미도 느낄 수 있었습니다. 목요일 오후에는 답답한 마음에 약간의 조바심과 스트레스를 받는 듯했지만 교수님과 통화하고 바로 정상 컨디션을 회복해 금요일에는 절정의 집중을 하였습니다.

실은 이전까지만 하더라도 몰입이 좋은 건 알겠어도 그 즐거움까지는 이해하지 못했습니다. 하지만 이번 기회를 통해, 특히 금요일부터 토요일 오전까지, 그리고 지금 이 순간만큼은 몰입의 즐거움이 무엇인지 여실히 깨달을 수 있었습니다.

한편으로는 조금 전까지 금요일 못지않은 최상의 컨디션을 유지하며 생각에 깊게 빠져들고 있었는데, 덜컥 해결되어 살짝 아쉬운 마음도 듭니다. 문제가 더 어려웠다면 훨씬 오랜 시간을 몰입하고, 100% 몰입도를 달성할 수도 있었을 텐데, 80~90%까지 도달한 채로 끝난 것 같아서입니다. 그래도 돌이켜보면 이번 한 주가 제 생에서 가장 활발하게 두뇌를 가동하면서 최대한 활용할 수 있었던, 값진 한 주였다고 단언할 수 있습니다. 이 경험을 통해 앞으로는 더욱 어려운 문제를 더욱 오랜 기간 집중하여 풀어낼 수 있겠구나, 하는 자신감이 생겼습니다.

>>> ·· 어려운 문제를 오랜 도전 끝에 해결한 희열을 언급하고 있는데, 이것은 세상 무엇과도 바꿀 수 없는 경험이다. 몰입 훈련을 하는 학생들의 말을 들어보면 막상 대학에 들어와 그동안 하고 싶었던 걸 다 해보고 실컷 놀아도 보지만 별 재미를 못 느낀다고 한다. 자유가 주어지면 마냥 신나고 재미있을 줄 알았는데 실제로는 정말 그럴 일이 별로 없다는 것이다.

그런데 몰입 훈련을 통해 난도 높은 문제에 도전하고 그것을 풀고 난 뒤에는 오히려 놀면서도 경험할 수 없었던 깊은 희열을 느꼈다고 한다. 문제해결과 같은 생산적인 활동을 하면서도 이처럼 깊은 희열을 느끼는 것은 분명 가치 있는 경험이다.

보통 한두 시간 만에 풀리는 문제를 생각하는 동안에는 몰입도를 10~20%까지도 올리기 어렵다. 그러나 이처럼 장기간 오로지 이 문제만 생각하려고 노력한 경우에는 이 학생이 이야기하는 여러 상태로 판단해보면 몰입도가 80~90% 정도에 이른 것으로 보인다. 학생은 이번 한 주가 자기 생에서 두뇌를 가장 활발히 가동하고 최대한 활용했던 한 주였다고 자신 있게 말하고 있다. 이렇게 몰입도가 높을수록 그에 비례하여 빠른 속도로 머리가 우수해지고 문제해결력이 발달한다. 내가 생각하는 영재교육은 이처럼 두뇌가동률을 높인 상태를 자주 경험하게 하는 것이다.

이 문제는 이 학생이 학기 중에 3주 동안 도전했다가 해결을 못하고 방학 중에 종일 이 문제만 생각하는 몰입을 한 끝에 6일 만에 풀었다. 아마도 이 학생이 평생 풀었던 문제 중에 가장 어려웠을 것이다. 그럼에도 주눅이 들기는커녕 이보다 더 어려운 문제도 더욱 오랜 기간을 집중하면 풀어낼 수 있는 자신감이 생겼다고 한다. 이는 몰입 훈련을 통해 이 학생의 도전정신이 한층 더 높아졌다는 증거다.

이런 훈련을 받은 학생들은 거의 예외 없이 도전정신이 발달한다. 그래서 대학원에 들어와 연구하면서 어려운 상황에 직면하면 좀처럼 포기하지 않고 끈질긴 노력을 한다. 물론 훈련 기간이 고작 6개월이라 사고력은 발달해도 평범한 학생을 영재로 바꿀 정도는 못 된다. 그러나 단기간에 이보다 더 효과적인 교육은 없을 것이다.

창의력과 도전정신을 키우기 위한 몰입 훈련은 가정에서도 얼마든지 할 수 있고 지능이나 성적과 관련 없이 누구나 할 수 있다. 각자의 능력에 따라 적절한 난이도의 도전 과제를 선택하면 된다. 수학과 과학 문제가 좋은 점은 난이도가 쉬운 것부터 어려운 것까지 다양해서 누구나 자신의 능력에 맞는 적절한 지적 도전을 할 수 있다는 것이다. 어린 시절부터 이러한 몰입학습법을 적용하면 포기하지 않고 생각하는 시간을 점진적으로 늘려갈 수 있다. 익숙해짐에 따라 포기하지 않고 생각하는 시간이 자연스럽게 증가하게 된다.

예를 들어 취학 전 아이라면 5분 이내면 답을 구할 수 있는 문제에 도전할 수 있을 것이다. 초등학생 저학년이라면 5~10분 정도, 고학년은 10~20분 정도 생각하면 답을 구할 수 있는 난이도의 문제에 도전할 수 있을 것이다. 이렇게 학습한 아이가 중학생이 되면 30분 정도 생각해서 답을 구할 수 있는 난이도의 문제가 나와도 크게 어려워하지 않을 것이다. 이 학생이 고등학생이 되면 한두 시간 생각해야 답을 구할 수 있는 어려운 문제도 쉽게 도전할 수 있을 것이다. 간혹 어떤 문제는 한두 시간을 생각해도 풀리지 않았는데 다음 날 도전해 보니 풀리는 경험도 할 것이다. 또한 이런 경험을 계속하다 보면 며칠이 걸려서 풀기도 하고 심지어 몇 주일이 걸려서 풀기도 할 것이다. 그러면서 포기하지 않고 계속 노력하면 결국 풀린다는 것을 반복해서 경험할 것이다. 그러면 '내 사전에는 불가능이란 없다!'라는 자신감과 도전정신이 자연스럽게 형성된다.

이런 학습방식을 처음으로 시도하는 중학생이나 고등학생이라면 대략 5~10분 정도 생각하면 풀리는 난이도의 수학 문제로 시작하는 것이 적절하다. 이때 종이에 무언가를 쓰면서 문제 풀이를 하게 해서는 안 된다. 이런 방법은 속도가 빨라 시험을 칠 때는 유리해도 생각을 거의 하지 않고 풀 수도 있어 몰입 훈련에는 적당하지 않다. 따라서 처음에는 연필을 책상 위에 내려놓고 생각만 해야 한다. 그리고 어떻게 하면 될지 판단이 서면 그 이후에 연필로 필요한 계산을 하도록 유도해야 한다.

나는 이런 훈련이야말로 지적 능력 향상을 위한 신중하게 계획된 연습이라고 생각한다. 왜냐하면 이 방법은 자신의 지적 한계를 넘는 도전을 하는 것이고, 문제의 답이 명확하기 때문에 해답을 보고 내가 구한 답이 맞는지 틀리는지에 대한 피드백을 받아 오류가 있다면 수정할 수 있기 때문이다. 그래서 이 훈련을 1만 시간 이상 하면 틀림없이 영재로 성장할 것이라 믿는다.

인문학적인 문제에 대해 생각을 해도 사고력이 발달한다. 인문학적인 문제 속에는 삶과 관련된 우리의 관심사가 많아 자연스럽게 의구심을 불러일으킨다는 장점이 있다. 그래서 생각을 즐기기가 쉽다. 그러나 수학이나 과학 문제와 같이 답이 명확하지 않다는 단점이 있어 오류를 즉각적으로 수정할 수 없으므로 신중하게 계획된 연습의 조건에는 부합되지 않는다. 이는 코치 없이 테니스나 골프를 연습하는 것과 비슷하다. 수정하지 않고 계속 잘못된 방식으로 연습할 수도 있는 것이다. 따라서 명확한 답이 있고 난이도 조절이 용이한 수학이나 과학 문제로 훈련해서 논리적인 사고력을 충분히 발달시킨 뒤에 인문학적인 사고를 하는 것이 효과적일 것이다.

머리가 좋아지는 몰입 훈련

나는 지도 학생들에게 실험실 문마다 눈에 보이는 위치에 "Think"라는 팻말을 써 붙이고 늘 생각하라고 강조를 한다. 그러나 아무리 강조를 해도 학생들은 좀처럼 생각을 하지 않는다. 한마디로 몰입을 하지 못한다. 이런 학생 중에는 대단히 성실해서 남들보다 현저하게 많은 시간을 실험에 매달리는 학생도 많다. 그래서 논문을 많이 발표하기도 한다. 그럼에도 미지의 문제해결능력과 창의성은 좀처럼 향상되지 않는다. 학생 각 개인의 몰입능력의 차이는 이미 대학원에 진학한 시점에서 결정되는 것 같이 보이고, 마치 선천적인 능력의 차이처럼 보인다.

앞에서 언급했듯이 재능은 후천적인 것이 분명하다. 그러면 왜 이런 차이가 극복되지 않을까? 그리고 어떻게 교육하면 문제해결능력이 탁월한 학생으로 성장할까? 이는 교육과 관련하여 매우 중요한 문제다.

이 문제에 대한 나의 결론은 적어도 문제해결능력이 부족한 학생들에게는 대학원 과정의 연구활동이 문제해결능력을 향상시키기 위한 가장 효율적인 방법이 아니라는 것이다. 학위 논문을 위한 연구과정에서는 해결해야 할 문제의 난도가 너무 높거나 혹은 너무 낮아서 난이도 조정이 어렵다. 학생들이 졸업하기 위해서는 국제 학술지에 논문을 발표해야 하는데 연구를 하다가 막히게 되면 깊이 생각해보기보다는 실험을 하려고 한다.

생각하는 것보다 몸으로 때우는 것이 마음도 편하고 가시적인 성과를 보장해주기 때문이다. 이러한 상황에서 지도 교수가 학생들에게 자나 깨나 자신의 연구에 대하여 깊이 생각을 하라고 해도 학생으로서는 실천하기가 어려운 것이다. 그래서 앞서 소개한 학생의 몰입 훈련 21주째의 메일에 나타난 것과 같은 높은 두뇌가동률을 경험할 일이 거의 없다. 그러나 학창 시절 미지의 문제에 도전해서 성공경험을 많이 한 학생은 다르다. 자신의 연구에 대하여 지도 교수가 강조한 대로 자나 깨나 생각하기를 실천한다. 그래서 문제가 나타나면 며칠 혹은 몇 주일 이상을 고민한다. 그리고 마침내 문제를 해결한다. 창의적인 성과를 내고 성공 경험을 하는 것이다. 이러한 성공 경험에 힘입어 또 도전하고 성공을 반복한다. 따라서 대학원에 들어왔을 때 학생 간의 문제해결능력 차이가 학위 과정에서 좁혀지기보다는 오히려 더 커지게 된다.

문제해결능력이 부족한 학생에게 필요한 것은 미지의 문제에 대한 도전과 성공 경험을 더욱 많이 하는 것이다. 대학원 과정은 이러한 필요성을 효율적으로 충족시키지 못한다. 난이도 조정이 어려울뿐더러 실험결과에 대한 피드백을 받는 데 몇 개월 이상이 소요되는 경우가 흔하기 때문이다. 결과적으로 도전하고 성공을 경험하는 빈도가 너무 낮다. 반면 초중고 과정 혹은 대학교 과정에서 난제에 도전하여 해결하는 성공 경험은 하루에도 몇 번이고 할 수 있다. 문제의 난이도가 다양해서 각자의 능력에 따라 조정이 가능하기 때문이다. 따라서 문제해결능력, 창의력과 도전정신을 발달시키는 데 있어 초중고 및 대학 과정의 미지의 수학이나 과학 문제를 푸는 것이 연구활동보다 훨씬 더 효과적일 수 있다. 미지의 문제를 스스로 풀어본 경험이 적거나 없으면 이를 보완할 다른 방법은 거의 없어 보인다. 그래서 이 상태에서 벗어나기 어렵다. 결국 석·박사 학위를 받더라도 평생 두뇌가동률을 별로 높이지 못한 채 살아가게 되어 진정한 의미에서의 고급 인력이 될 수 없다.

　이러한 사실을 깨닫고 몇 년 전부터 지도하는 대학원생들에게 사고력 향상을 위하여, 여유가 있을 때 중·고등 및 대학 과정의 수학이나 과학 문제 중에 미지의 문제를 풀어보라고 권유한다. 학생들 대부분 학위 논문을 위한 연구활동에 쫓겨서 이것을 실천하기가 쉽지 않다. 그런데 간혹 이것을 실천하는 학생들이 있는데, 6개월 이상 훈련하면 문제해결능력과 도전정신이 현저하게 발달한다. 그러면 원래 몰입능력이 없던 학생도 졸업 후 회사에 가게 되면 많은 문제를 해결할 수 있다. 다음은 이러한 훈련을 6개월 이상 한 다음, 박사 학위를 받고 기업에 취직했던 한 졸업생이 보내온 메일이다.

> 저는 지난 9월 1일에 입사했습니다. 10월 1주까지 교육을 받고 10월 2주부터 정식으로 A팀에 발령을 받아 1년간 현장교육을 받고 있습니다. 출근한 첫날에 그룹장님이 해결해야 할 문제가 있는데 혹시 해볼 수 있느냐고 물어보셔서 일단 해보겠다고 했고, 2일 만에 답을 찾아서 보고했습니다. 그리고 그다음 주에 또 다른 문제를 해결해줄 수 있느냐고 물어보셔서 3~4일 정도 생각한 후 답을 찾아 보고했습니다. 제가 생각할 때는 논리적으로 문제가 없었고, 그분들도 문제가 없다고 말씀을 하셨습니다. 그리고 2주 후에 현재 하루에 10~30장 정도 생기는 불량이 있는데 이 추세가 점점 증가하고 있어서 해결하면 좋을 것 같다고 하셔서 일주일 정도 생각해서 5가지 방안을 도출하여 보고하였고, 최선은 첫 번째 방안이지만, 가장 비용이 적게 드는 것은 다섯 번째 방안이라고 말씀드렸습니다. 그리고 이것을 결정하는 동안 외국에 있는 저희 회사 공장에서도 같은 불량이 하루에 50장 이상씩 발생하고 있어서 상무님에게까지 보고가 들어가고 있었습니다.
>
> 그래서 다섯 번째 방안을 먼저 한 곳에서 적용했는데 불량이 전혀 없었습니다. 그래서 나머지 장비에서도 서서히 적용을 해가서 현재는 꽤 많이 적용된 상태입니다. 지난주에는 상무님께 보고하는 간부회의에서 발표했고, 상무님은 무엇보다도 비용이 들지 않는 방법으로 문제를 해결해서 아주 좋다고 말씀하셨습니다. 그리고 그룹장님께서도 아주 잘하고 있고

또 좋은 아이디어를 잘 내고 있다고 전체 메일로 세 번이나 칭찬을 하셨습니다.

생각을 통해서 좋은 기회를 얻은 것 같습니다. 앞으로도 깊은 생각을 꾸준히 하도록 하겠습니다. 그리고 교수님께서 회사에 가서 1년에 한 번씩 박사 학위를 받는다는 생각으로 회사생활을 하라고 하셨는데, 현재는 공정에서 나타나는 불량 문제를 통하여 1년 동안 깊게 생각할 예정입니다.

회사에서 마주치는 문제 혹은 원인 모르는 불량 등에 대하여 며칠을 포기하지 않고 생각한 끝에 결국 답을 구하는 성공 경험을 자주 하고 있다. 이 졸업생은 거주지에서 회사까지 회사 통근버스로 1시간 이상 걸리는데, 출퇴근 통근버스 안에서 주로 생각을 한다고 한다. 이러한 도전정신과 문제해결능력은 앞에서 언급한 6개월 이상의 훈련이 결정적인 도움이 되었을 것이다. 따라서 나는 문제해결능력을 발달시키고 싶어 하는 모든 사람에게 이 훈련을 권하고 싶다. 초중고생, 대학생, 대학원생, 대학교를 졸업한 사회인 그리고 심지어 석사 및 박사 학위를 소지한 사람에게도 도움이 될 것이라고 생각한다. 이 훈련을 100시간만 해도 효과가 나타난다. 1000시간을 하면 확연한 차이가 나서 어디에서 무엇을 하든 두각을 나타낼 것이다. 1만 시간을 하면 문제해결의 달인이 되어 무엇을 하든 세계 최고의 경쟁력을 가질 것이다.

단, 이런 훈련을 어렸을 때는 과도하게 시키지 않을 것을 당부한다. 또한 며칠을 연속해서 생각하는 강한 몰입은 뇌가 충분히 안정화되는 청소년기 이후에 했으면 한다. 화두선을 하는 사람도 '상기(머리가 아프고 생각하는 게 매우 힘들어지는 상태)'라고 하는 부작용이 일어날 수 있다고 한다. 혹시 발생할 수 있는 부작용이 개인에 따라 다르겠지만, 초등학교 3학년까지는 하루에 1시간을 넘기지 않으면 좋을 것이다. 초등학교 4학년부터 6학년까지는 하루에 2시간, 중고등학교 시절에는 하루에 2~3시간 정도면 적당할 것이다. 초중고 시절에 사고훈련을 위하여 더 많은 시간을 투자하고 싶다면 책을 읽고 토론을 하라고 권하고 싶다. 미지의 문제를 푸는 훈련을 1만 시간 채우고 싶다면 대학 시절에 부족한 시간을 보충하여 1만 시간을 채우면 좋을 것이다. 그 이유는 다음에 소개할 과도한 조기교육의 부작용이 있을 수 있기 때문이다.

TIP — 창의성을 기르는 조기교육

1. 조기교육, 과도하게 시키면 오히려 독이 된다

혹시 몰입 훈련으로 아이를 천재로 만들겠다며 과도하게 욕심을 부릴 부모가 있을까 걱정이다. 몰입학습을 어린 시절부터 과도하게 시킬 경우 어떤 부작용이 생길지는 아직 확인이 안 된 상태다. 역사적으로 과도한 조기교육은 성공한 경우도 있지만 심각한 부작용이 발견된 예도 많다.

앞서 중산층 이상의 가정환경에서 부모의 조기교육을 통해 성장한 천재들 사례를 소개했는데, 이들 중 상당수는 지나친 조기교육 탓에 정서적 어려움을 겪었다.

보리스 시디스는 미국으로 이주한 유대계 러시아인 이민자로, 하버드대학의 심리학과 교수로 재직했다. 그는 교육이 지능과 재능에 결정적 영향을 미친다고 확신하였고 아들 시디스에게 조기 영재교육을 시켰다. 그 결과 시디스는 생후 6개월 만에 단어를 읽기 시작했고 18개월 만에 「뉴욕타임스」를 읽을 수 있었다. 만 6세에 그리스어 외에 6개국어를 구사할 수 있었으며 만 11세에 역대 최연소로 하버드대학에 입학하였다. 앞에서 소개한 노버트 위너는 그와 하버드대학 동기였다. 1910년에는 수많은 교수와 학생들 앞에서 하버드대학의 수학클럽에서 사차원 물체에 대한 설명을 하였다. 이에 깊은 감명을 받은 MIT의 다니엘 컴스톡 교수는 시디스가 미래에 과학계를 이끌 석학이 될 것이라고 예견했다. 그는 16세에는 수학과를 우등생으로 졸업했고 2년 후 다시 하버드에서 법학을 공부하기도 했다.

현재 추정되는 그의 지능지수는 250~300 정도여서 20세기 최고의 신동이라고 평가받고 있다. 그러나 그는 심각한 정서불안을 겪었고 심한 대인기피증에 시달렸다. 20세에 텍사스대학의 수학강사가 됐지만 몇 개월 만에 그만두고 불안정한 삶을 살았다. 그런 와중에도 학문적인 활동을 게을리하지 않아 다양한 분야에 수많은 책과 논문을 저술하여 17권의 저서와 50편의 논문을 발표하였다. 그의 저서들 중에서는 1925년에 나온 물리학과 천체물리학에 관한 책이 가장 중요한데, 그는 여기서 블랙홀의 존재를 예견했다. 그는 불과 마흔여섯 살에 심장마비로 사망했다.

윌리엄 제임스 시디스는 과도한 조기교육의 희생자로 생각된다. 그뿐만 아니라 과도한 조기교육을 받은 모차르트, 존 스튜어트 밀, 노버트 위너도 빛나는 업적은 이루었을지언정 정작 본인들은 심각한 정서장애와 대인기피증 등으로 불행한 삶을 살았다.

상대적으로 칼 비테는 정서적 어려움이나 사회성 문제가 없었던 것으로 알려져 있다. 이런 차이는 어디서 생긴 것일까? 칼 비테는 아버지가 아이가 배우는 것을 좋아하도록 유도하고 아이가 싫어할 때는 전혀 강요하지 않았다고 한다. 반면 모차르트, 존 스튜어트 밀, 노버트 위너, 윌리엄 시디스 모두 아버지가 상대적으로 엄격하게 시킨 것으로 알려져 있다. 이런 역사적 사실에 비추어볼 때 아이를 천재로 만들겠다는 욕심으로 과도하게 조기교육을 시키는 것은 바람직하지 않은 것 같다. 어릴 때는 아이의 정서적 안정과 정신적 성숙에 더 신경을 쓰고, 커가면서 점점 발달할 수 있도록 교육하는 것이 좋다.

2. 칼 비테의 조기교육

칼 비테는 조기교육과 영재교육을 주창한 위대한 교육가이며, 페스탈로치가 적극적으로 신뢰한 가정교육의 선구자이다. 그는 19세기 독일의 유명한 천재인 칼 비테의 아버지로 유명하다.

19세기엔 지식인들 대부분 재능이나 지능은 선천적인 것이라 믿었다. 선천적으로 우수한 아이는 무엇을 가르쳐도 잘하는 반면 선천적으로 열등한 아이는 무엇을 가르쳐도 잘 못한다는 것이다. 이때 칼 비테는 "영재는 태어나는 것이 아니라 교육에 따라 만들어진다"는 주장을 펼쳤다. 그의 믿음은 그 당시 사람들과는 달랐기 때문에 주위로부터 많은 비평을 받기도 했다. 그는 자기 주장을 증명하기 위해, 일부러 시골의 평범한 여자와 결혼한다. 선천적인 효과를 최소화하기 위해서다. 그리고 그의 나이 52세인 1800년 7월에 아들 칼 비테가 미숙아로 태어났다. 그는 나이에 맞는 조기교육을 실천하였다. 아이가 잠에서 깨어나 기분이 좋을 때 가능한 한 말을 많이 걸어주었다. 가령 아기가 눈을 뜨면 칼 비테는 자기 손을 아기의 눈앞에 보여주면서 "손, 손, 손"이라고 발음을 되풀이하는 식으로 가르쳤다.

이러한 아버지의 철저한 교육 때문에 아들 칼 비테는 9세가 될 무렵 6개 국어를 자유롭게 구사하였고 10세에 괴팅겐 대학에 입학하였고 13세에 기젠 대학에서 철학 박사 학위를 받았다. 이는 최연소 박사 학위 기록으로 현재까지 기네스북에 기재되어 있다고 한다. 16세 때 하이델베르크대학에서 법학 박사 학위를 받은 후 베를린 대학의 법학부 교수로 임명되었다. 그는 83세까지 장수하였고 언제나 활동적이고 가정생활과 대인관계 면에서도 원만하였으며 사회에 많은 공헌을 하였다고 한다. 후에 아버지 칼 비테는 이러한 교육 방법을 상세하게 적어 『칼 비테의 교육』이라는 책을 펴냈는데, 이 책은 국내에서 『칼 비테의 자녀교육법』으로 번역되었다. 한편 아들 칼 비테는 아버지의 책을 보완한 『공부의 즐거움』을 저술하였다. 이 교육은 현대의 유아교육인 몬테소리와 프뢰벨 교육법 등에 많은 영향을 미쳤다고 한다.

적용 사례

『칼 비테의 교육』을 읽고 영국 글래스고 대학의 제임스 샘슨 교수는 자신의 두 아들에게 비테식 교육을 적용했다. 교육은 성공적이어서 큰아들은 12세, 둘째 아들은 10세에 글래스고대학에 입학했다. 졸업 후에 형은 토목 공학 분야의 권위자가 되었다. 동생은 절대온도 개념을 만들고 열역학을 확립하는 데 크게 기여한 캘빈 경이다. 캘빈 경 역시 83세까지 장수하였고 최후까지 수많은 훌륭한 업적을 남겼다.

그 후 칼 비테의 교육법은 한동안 잊혔다. 그러다가 20세기 초 미국 하버드대학 서고에서 발견되어 터프트대학의 유대계의 학자들인 발 박사와 레오 위너 교수가 자신들의 자녀들에게 칼 비테의 교육법을 적용하였다. 결과적으로 발 박사의 4남매 모두 천재로 성장하였는데, 큰딸은 15세에 레드그리프대학에 입학했고 아들은 13세에 하버드대학에 입학하여 3년 만에 졸업한 후 저명한 변호사가 되었다.

언어학자이었던 레오 위너 교수는 아들인 노버트 위너에게 이 교육법을 적용했을 뿐 아니라 1913년에 칼 비테의 책의 핵심을 요약하여 『칼 비테식 교육』이라는 영역본을 출판하였다. 노버트 위너는 10세에 터프트대학에 입학하였고 14세에 졸업한 후 하버드대학에 입학하여 18세에 철학 박사 학위를 받았다. 그 후 영국으로 건너가서 버트런드 러셀에게 수리철학을 배우고 정수론 분야의 저명한 수학자인 고드프리 하디에게 수학을 배운 후 나중에 미국 MIT 대학의 교수가 되었다. 그는 사이버네틱스의 창시자이고 많은 훌륭한 업적을 남긴 천재로 기억되고 있다. 참고로 우리 뇌의 '자동목표지향 메커니즘'을 처음으로 발견한 사람이 노버트 위너이다. 그러나 그는 학교와 사회에 잘 적응하지 못하여 많은 어려움을 겪었다고 한다.

이제까지 알려진 조기 영재교육의 사례를 보면 한 가지 분명한 것이 있다. 창의성과 지적 재능은 선천적으로 결정되는 것이 아니라 후천적으로 발달시킬 수 있다는 것이다. 그러나 과다한 조기 영재교육을 하다 보면 여러 가지 문제가 발생할 수 있다는 것을 간과해서는 안 된다. 첫째는 자연스럽게 또래 아이들과 같이 보낼 기회를 잃게 되면서 사회성 결여와 같은 문제를 야기할 수 있다. 두 번째는 아이가 원치 않는 학습을 과다하게 시키다 보면 나중에 심각한 정서장애가 나타날 수 있다는 것이다. 조기 영재교육보다는 올바른 정규교육을 통해서 창의성과 지적 재능을 발달시키는 방향으로 가는 것이 더 바람직할 것이다. 뒤에 소개하겠지만 선진국 교육, 특히 유대인 교육은 이미 이러한 방향으로 나아가고 있다.

사례 ─ 산만한 아이를 위한 몰입 훈련

몰입 훈련은커녕 책상에 앉아 있는 것조차 힘든 아이들이 있다. 이렇게 유난히 산만하고 집중을 못하는 아이들은 학교 수업에도 집중하지 못해 대체로 학업 성취도가 낮다. 이런 때 갑작스러운 개선은 매우 어렵다. 그러나 점진적으로 노력해 작은 변화가 쌓이면 결국 큰 변화가 일어난다. 아이의 고질적인 문제를 개선하려면 부모가 상당한 인내심으로 꾸준히 점진적 변화를 꾀해야 한다.

사실 우리 둘째도 유난히 산만한 아이였다. 성실하고 모범적인 첫째와는 너무나 딴판이었다. 첫째는 세상 모든 일에 대하여 해야 할 일과 하지 말아야 할 일로 구분했다. 하지 말라는 일은 좀처럼 하지 않았고, 하라는 일은 대체로 착실하게 수행했다. 반면 둘째는 세상만사를 재미있는 일과 재미없는 일로 구분했다. 재미있는 일이면 아무리 뜯어말려도 기필코 했고, 재미없는 일이면 아무리 하라고 해도 소용없었다. 같은 부모에게서 태어난 자식인데 어떻게 이리도 다를 수 있는지 의문이 들 정도였다. 말다툼을 좀체 하지 않던 우리 부부도 둘째를 키우면서는 종종 의견충돌을 일으켰다. 주로 아이가 이렇게 문제투성이가 된 것이 우리 부부 중에 도대체 누구 탓인지에 대한 언쟁이었다. 아이가 성적표를 가져올 때나 문제를 일으킬 때마다 우리 부부는 서로 "나는 어릴 때 전혀 저러지 않았어!"라며 주장을 했다. 결론은 항상 "그러면 저 애는 도대체 누구를 닮아서 저러냐?"로 끝났다.

둘째는 극도로 산만해 잠시도 차분하게 앉아 있질 못했다. 돌이켜 보면 거의 주의력결핍 과잉행동장애ADHD 수준이었던 것 같다. 그러나 조금씩 점진적인 변화를 추구한 끝에 한결 차분하고 집중력 있는 아이가 될 수 있었다.

우리 둘째와 같은 아이를 키우느라 고민하고 있을 부모들을 위해 내가 둘째에게 시도했던 방법을 단계별로 소개하려 한다. 그 전에 알아두어야 할 사항은 부모가 아이 입장을 잘 이해해줘야 한다는 것이다. 전두엽이 발달해 자기통제 능력이 높은 어른들과 달리 아이들에게는 그런 능력이 거의 없다. 따라서 어른에겐 쉬워도 아이에게는 너무나 힘들 수 있다는 것을 항상 명심해야 한다. 아이가 잘 따라주지 않는다고 답답해하지 말고 인내심을 갖고 지켜보길 바란다. 또한 단번에 좋아질 거라는 기대를 접고 점진적인 변화를 추구해야 한다는 사실도 잊지 말자.

1단계: 아이 곁에서 지켜보며 칭찬하기

우선 학습지를 하나 정해 매일 일정한 분량을 학습하게 했다. 물론 아이가 자발적으로 공부하는 경우는 없었다. 그래서 아이 옆에 앉아 아이가 공부하는 과정을 지켜보았다. 이때 문제 풀이를 도와주지는 않고 아이를 관찰하면서 적절한 칭찬과 격려를 해주었다.

처음에는 무조건 잘했다고, 자주 칭찬을 해주어야 한다. 칭찬을 들으면 아이의 뇌에서는 도파민이라는 쾌감물질이 분비된다. 다른 활동에서는 칭찬을 못 받다가 공부하는 활동에서 잦은 칭찬을 받으면 아이는 공부를 은근히 즐기게 된다.

그러나 칭찬 때문에 공부를 하는 것이 몸에 배면 곤란하다. 따라서 점차 칭찬의 빈도를 줄여가야 한다. 그러면서 무조건적인 칭찬에서 선별적인 칭찬으로 바꿔나간다. 이전에는 아이가 문제를 풀 때마다 칭찬해주었다면 이제는 아이가 오랫동안 학습을 했거나 다소 난이도 있는 문제를 해결했을 때만 한다.

학습 분량은 아이가 힘들어하지 않을 정도로 정하되 하루에 한 시간 정도, 매일 규칙적으로 하는 것을 목표로 했다. 아이가 공부에 싫증을 내고 하기 싫어할 때도 있었지만 될 수 있으면 정해진 시간 동안 학습하도록 유도했다.

가끔은 너무 하기 싫다며 울음을 터뜨릴 때도 있었다. 이런 경우는 상황에 따라 다른 방식을 취했다. 오늘은 너무 힘드니 다음에 하자고 할 때도 있었고, 울더라도 정해진 시간만큼 공부를 시키는 때도 있었다. 어떤 방식을 택할 것인지는 아이의 상태나 상황을 봐서 융통성 있게 결정했다. 아이가 너무나 싫증을 느끼는 상황이 계속되면 목표가 아이의 능력에 비해 너무 높은 것은 아닌지 점검하고 조정해줄 필요도 있다. 하지만 공부를 정말 하기 싫어할 때야말로 아이가 인내력을 한 단계 뛰어넘을 기회이기 때문에 아이가 운다고 무조건 양보하지는 않았다.

이렇게 하루에 일정 시간 자리에 앉아 머리를 쓰는 일을 규칙적으로 하면 아이에게 조금이나마 변화가 일어나기 시작한다. 아무리 쉬운 학습 활동이라도 집중력과 몰입도를 필요로 하기 때문이다. 특히 일정 시간 앉아 있기도 어려운 산만한 아이들이 규칙적인 활동을 반복하면 어렵고 힘든 일에 대한 내성이 자연스레 몸에 습득된다.

문제를 풀 때마다 격려하고 칭찬해주지 않아도 아이 혼자 정해진 분량을 풀어내고 부모는 이를 곁에서 지켜만 보는 단계가 되면 1단계가 마스터된 것이다.

2단계: 아이 곁에서 과제를 상기시켜주기

이제부터는 부모가 아이 곁에 앉아 있되 아이 스스로 정해진 분량을 학습하고 부모는 자기 일을 할 수 있게 된다. 아이가 학습하는 동안 곁에서 책을 읽든 신문을 보든 하는 것이다. 그러다가 아이가 딴청을 부리고 있으면 손가락으로 풀어야 할 문제를 가리키며 무언의 지시만 해주면 된다.

아이는 집중력이 약해 딴생각하기 쉽다. 따라서 아이를 야단치지 말고 그저 문제집을 계속 풀어야 한다는 사실만 상기시켜준다. 그러면 아이는 "아차, 내가 딴생각을 하고 있었구나!" 하면서 어렵지 않게 다시 문제에 집중하게 된다.

사실 아이들도 나름대로 많은 노력을 기울인다. 아이들에게는 부모가 거의 신적인 존재라 최선을 다해 부모 말을 따르고 싶어 한다. 그런데도 아이들이 하라는 공부를 안 하는 이유는 그만큼 집중이 어렵고 힘든 일이기 때문이다. 아이들에게는 몰입의 장벽을 스스로 넘을 능력이 없으므로 자꾸만 집중력이 떨어지고 산만해진다. 아이가 몰입의 장벽을 넘지 못하고 힘들어할 때 아이를 살짝 들어주는 역할을 바로 부모가 해주어야 한다.

이런 방식으로 대략 한 달 이상 학습하면 이제는 부모가 옆에서 상기시키지 않아도 아이 스스로 집중력 있게 공부하는 단계가 된다. 그러면 3단계로 넘어갈 수 있다.

3단계: 아이와 약간 떨어져서 가끔 체크하기

이제는 아이의 옆자리가 아니라 아이와 다소 떨어진 자리에 있다가 가끔 아이 곁으로 와서 잘하고 있는지만 체크한다. 이때 가끔 "아빠가 옆에 없으면 혼자 공부하기 어려울 텐데 아주 잘하고 있구나" 하고 격려해주면 좋다.

지켜보는 사람 없이 아이 혼자 공부에 집중하기란 매우 어려운 일이다. 부모의 격려나 칭찬 등의 피드백이 거의 없기 때문이다. 하지만 아이도 점차 이런 공부 패턴에 익숙해지게 마련이다.

아이가 잘하고 있는지 점검하는 빈도를 점차 줄여나가다가 마침내 아이가 아주 가끔만 점검해도 스스로 집중할 수 있는 정도가 되면 4단계로 넘어간다.

4단계: 아이 혼자 과제 완수하게 하기

부모가 집에 없고 아이만 홀로 있는 상황에서도 정해진 분량을 스스로 학습하는 단계다(집에 아이를 돌보는 할머니나 보모가 있을 때에도 아이의 학습 활동에 관여하지 않는다면 아이 혼자 공부한다고 봐야 한다). 경험에 따르면 바로 이 단계가 아이에게는 가장 힘들다. 낮 동안에 학습해야 할 분량을 정해주고 출근했는데도 집에 돌아와 보면 아이는 주어진 분량을 채우지 못하기 일쑤였다. 이럴 때도 아이를 야단치지 않았다. 그저 "오늘 하기로 했던 분량을 다 못했네" 하고 아이에게 사실을 인지시킨 다음, "오늘은 못했지만 내일은 꼭 성공해보자" 하고 격려해주었다. 그러면 아이는 마음을 굳게 먹고 고개를 끄덕였지만 다음 날이 되어도 결과는 마찬가지였다.

이런 일이 2주일이나 반복됐다. 그래도 야단을 치는 대신 인내심을 갖고 기다려주었다. 그랬더니 아이는 약속을 지키지 못한 데 대한 미안함과 아쉬움이 점차 커지는 모양이었다. 이처럼 후회스럽다는 감정을 느끼는 것은 아이의 정신적 성숙에 매우 중요한 기회다.

그러던 어느 날 아이가 낮 동안 자기에게 전화를 해달라고 부탁했다. 자기가 공부하는 걸 자꾸만 잊으니 내가 중간에 확인 전화를 해달라는 것이었다. 아이가 부탁한 대로 하자 정해진 분량을 학습하는 빈도가 점차 늘어났다. 그리고 내가 확인 전화를 하지 않은 날도 공부를 끝내는 경우가 생겼다. 이런 날은 스스로도 대견했던지 내가 퇴근하자마자 달려나와 "아빠, 오늘 아빠가 집에 없었는데도 나 혼자 공부를 다 끝냈어" 하고 자랑하곤 했다.

5단계: 과제 체크 기간을 점차 늘려나가기

이제까지는 하루 단위로 아이를 체크했다면, 5단계부터는 3일에 한 번만 한다. 그리고 일주일에 한 번 정도로 그 기간을 점차 늘려간다.

이런 오랜 과정을 통해 아이는 스스로 집중해 공부하는 법을 터득하고 인내심을 기를 수 있다. 또한 학년이 올라갈수록 능동적인 학습 태도를 익히게 되어 좋은 성적을 거두게 된다. 그뿐만 아니라 학창시절 자율적으로 공부하는 습관은 사회인이 되었을 때 자율적으로 업무를 수행하는 태도로 이어진다.

한계를 향한 도전

앞에서 소개한 몰입 훈련은 장기간에 걸쳐 점진적으로 해나가야 하지만, 가끔은 아주 힘든 단계를 극복하는 경험도 필요하다. 한계를 넘는 체험은 사람을 불연속적으로 발전시키고 도전정신과 자신감을 키워주기 때문이다.

고등학교 3학년 시절, 필요한 만큼 자되 깨어 있는 시간은 늘 공부하자는 다짐을 실천하며 비교적 쉽게 공부하고 있을 때였다. 하루는 머리와 눈이 너무도 아프고 컨디션이 극도로 나빠져 수업에 집중할 수가 없었다. 내가 경험한 거의 최악의 상태였다. 그냥 집에 돌아가 쉴까도 했지만, 매일 11시까지 도서관에 남아 공부하겠다는 스스로와의 약속을 깨기가 싫어 일단 도서관으로 향했다.

하지만 머리와 눈이 너무도 아픈 나머지 도무지 공부에 집중이 되지 않았다. 그래도 죽을힘을 다해 버텼다. 간신히 책만 읽을 수 있을 정도로 의자와 책상 사이를 멀리 유지하고 이완된 자세를 취했더니 공부에 대한 거부감이 다소 덜해지는 것 같았다. 이 상태로 한두 시간을 견디니 신기하게도 머리와 눈의 통증이 말끔하게 사라지는 게 아닌가. 이후로는 평상시처럼 11시까지 공부에 집중할 수 있었다.

마치 '마라토너 하이(마라톤을 하다 보면 지극히 힘든 상태를 경험하게 되는데 이 고비를 넘기면 다시 충만한 자신감과 힘이 생겨서 계속 달릴 수 있게 되는 현상)'와 같은 일이 일어난 것이다. 이처럼 최악의 상태를 피하지 않고 정면 도전을 해서 극복한 경험은 이후에 엄청난 도움이 되었다. 특히 공부에 대한 극도의 자신감이 생기고 공부에 대한 무서움이 사라졌다. 그리고 하나의 깨달음을 얻었다.

'공부를 한다는 것은 전혀 어려운 일이 아니다. 단지 의자에 앉아 있는 것에 불과하다. 서 있는 것보다 훨씬 편하다. 그런데 계속 앉아 있기만 하면 심심하니까 앞에 책을 펼치고 그것을 보는 것이다.'

자신의 한계를 뛰어넘는 경험은 이처럼 자율적으로 노력해 얻는 때도 있지만, 엄청난 고통이 뒤따르기 때문에 대부분은 타율적으로, 때로는 내가 원하지 않는 상태에서 얻어진다. 강제적인 하드 트레이닝은 비록 자율적 노력에 의한 것은 아니지만 자신의 한계를 제대로 알게 해주고 이를 확장할 기회를 준다.

몇 년 전, EBS TV에서 청소년들의 체험 학습을 소개하는 프로그램을 방영한 적이 있다. 예를 들면 연극에 관심 있는 학생들을 유명 연극인에게 소개한다. 그리고 일정한 훈련 뒤 정식 무대에서 함께 출연할 기회를 준다고 이야기한다. 처음에 아이들은 자신들의 우상과 함께 공연한다는 사실에 자신들의 꿈이 현실이 되었다면서 진정 좋아한다. 그러나 뒤이어 혹독한 훈련이 시작된다. 아이들은 이 과정에서 대체로 두 번 운다. 혹독하고 엄격한 훈련 과정이 너무나 힘들어 울고, 무대에 올라 성공적으로 공연을 마친 뒤 감격해서 운다. 아이들에게는 이 과정이 하드 트레이닝이다. 그런데 힘든 훈련 과정보다는 무대에 올랐을 때의 희열과 감격이 더 컸기 때문에 나쁜 기억보다 좋은 기억으로 남을 것이다. 우리의 뇌는 과정보다는 최종 결과만을 강하게 기억하는 경향이 있기 때문이다.

만일 하드 트레이닝이 너무도 힘들어 도중에 포기했다면 나쁜 기억만이 남겠지만, 끝까지 견디고 버텨낸 희열을 맛보면 좋은 기억으로 남아 앞으로도 쉽게 포기하지 않고 꾸준히 도전하는 자세를 갖게 된다. 따라서 학생들은 이러한 프로그램을 통해서 교육적으로 아주 좋은 경험을 하게 된다.

나도 살면서 몇 번의 하드 트레이닝을 경험했다. 돌이켜보면 이런 혹독한 훈련을 통해 강제적으로나마 내 한계에 도전할 수 있었고, 이 과정에서 불연속적으로 성장했던 것 같다. 특히 대학원 과정에서의 하드 트레이닝은 나를 몇 단계 더 성장시킨 계기가 되었다. 앞에서도 말했지만 내 지도 교수님은 학생들에게 자기 연구 분야에서는 세계 최고 수준이 되라고 요구하시는 분이었다. 특히 한국학생들이 외국

학생들보다 상대적으로 약한 커뮤니케이션 능력을 상당히 강조했다.

잠재력은 쓸수록 빛을 발한다

교수님은 학생들이 별다른 계획이나 준비 없이 발표하는 것을 굉장히 싫어했다. 학생들이 실험실의 그룹미팅에서 발표할 때도 실제 학회에서 발표하듯 혼신의 노력을 기울여서 준비할 것을 요구했다. 자신이 전달하고자 하는 메시지를 쉽고 간결하며 명료하게 전달하려면 끊임없이 생각해야 한다고 강조하셨다. 예를 들면 잘 생각해서 준비하면 5분이면 명확하게 전달할 수 있는 내용인데, 생각을 충분히 하지 않아 10분 걸려서 이야기하는 것을 절대 허락하지 않았다.

"여기 모인 사람들이 각자 하던 일을 중단하고 자네의 발표를 들으려고 왔는데, 그렇게 성의 없이 준비해서 발표하면 되는가?"라는 말씀은 흔히 듣는 핀잔이었다. 교수님은 준비가 미흡하다고 판단하시면 발표를 중단시키고 이렇게 얘기하셨다.

"준비가 미흡한 것 같은데, 준비를 더 잘해서 다음에 발표하지."

그러면 발표를 중단하고 자리로 들어가야만 했다.

한번은 이런 적이 있었다. 교수님 사무실에서 여름방학 동안 실험한 내용을 보고하는데 교수님이 갑자기 내 말을 가로막으시며 "자네가 하는 이야기가 무슨 말인지 전혀 모르겠으니 처음부터 다시 말해보게나"라고 하셨다. 당황한 나는 처음부터 다시 이야기했다. 그랬더니 고개를 설레설레 흔들면서, "준비해서 다음에 이야기하지!"라는 것이었다. 보고를 중단하고 사무실을 나서는데 얼굴이 화끈거렸다. 그다음부터는 교수님께 불려 갈 때마다 벽을 향하여 보고 연습을 하고 들어가곤 했다.

교수님은 주어진 내용을 어떻게 구성해야 청중들에게 잘 전달할 수 있는지 생각에 생각을 거듭해서 "바보라도 알아들을 수 있게 쉽게 발표하라!"고 강조하곤 하셨다. 학생들의 발표가 국내 또는 국제학회의 참석자들 중 단연 최고였다는 평가를 받길 원하셨다. 세계 최고 수준에 대한 지도 교수의 눈높이는 확고했던 것이다.

이렇게 혹독한 훈련을 받으면 그 순간은 괴롭지만 시간이 흐르면 엄청난 속도로 발전한다. 같은 실험실에 엄창범이라는 동기가 있었다. 이 친구는 석사를 마치고 어떤 대기업에 취직했는데 그다음 해에 내게 연락을 해왔다. 연말에 그룹사 전체 부서마다 대표적인 실적 사례를 발표하는 행사가 있었는데 그룹의 회장을 포함한 그룹사 사장, 임원과 주요 간부들이 모두 참석하는 자리였다고 한다. 그 자리에서 자신이 가장 발표를 잘해서 그룹사를 통틀어 1등을 했고, 상금과 함께 회장상을 받았다는 것이다. 그는 자신이 1등이라는 결과 발표를 듣는 순간, 바로 지도 교수님 얼굴이 눈앞에 스쳐가더라고 했다.

엄창범 박사는 현재 미국 위스콘신 대학교 교수로 재직 중인데 얼마 전에 지도 교수 뒤를 이어 호암상을 받았다. 또 몇 년 전에 한국인 최초로 국제재료연구학회 이사회 멤버로 선출되었다.

이렇게 하드 트레이닝을 받으면 최선을 다해서 발표 준비를 하는 것이 습관이 되고 눈높이가 올라간다. 그래서 중요한 학회 발표가 잡히면, 혼신을 다해서 준비한다. 국제학회에 발표할 때는 출발하기 전 며칠 전부터 준비를 하고 10시간이 넘는 비행시간 내내 발표준비와 연습을 한다. 호텔에 도착해서도 내내 발표연습만 한다. 세수를 하거나 샤워를 할 때도 연습을 하면서 불완전한 부분을 보완해나간다. 학회 중간, 쉬는 시간에도 계속 발표준비를 한다. 목숨을 건 전투를 하듯이 치열한 준비를 하는 것이다.

그리고 드디어 내 차례가 되어 단상에 서면 발표에 완전히 몰입한다. 최선을 다했고 후회는 없다. 전투는 끝났다. 온몸에 힘이 빠진다. 그렇지만 속은 후련하다. 참석했던 동료나 지인 혹은 초면인 청중으로부터 '발표 좋았다'라는 이야기를 듣는다. 더할 나위 없이 기쁘다. 이제부터는 마음에 여유가 생겨서 학회에서 주관하는 관광도 가고 학회에 참석한 사람들과 이야기도 나누고 나름대로 즐긴다. 이것이 혼신을 다해서 몰입한 후에 따라오는 긍정적 감정이고 최선의 맛이다. 이 맛에 중독되어야 한다.

그런데 사정이 생기거나, 똑같은 내용을 반복해서 연습하는 것이 너무 지겨워서 충분한 준비나 연습을 못할 때가 있다. 그럼에도 '어떻게 잘 되겠지' 하는 생각으로 지나친다. 그럭저럭 준비하고 발표했는데 전혀 내가 원하는 수준이 아니다. 이때는 속이 쓰리고 내가 미워진다. 후회하게 되는 것이다. 이 쓰라린 후회는 몇 개월 심지어 1년이 넘도록 나를 괴롭힌다. 평소에 잊고 있다가도 갑자기 그 발표만 생각나면 속이 쓰리고 괴로운 것이다. 이러한 심각한 후회를 경험하다 보면 차라리 힘들더라도 최선을 다하는 것이 훨씬 마음이 편하다는 것을 깨닫게 된다. 게으른 상태에서 보내다가 지옥에 가까운 경험을 하느니, 차라리 죽을 만큼 힘들더라도 최선을 다해서 나중에 천국에 가까운 경험을 하는 게 낫다고 생각하는 것이다.

잠재력은 사용하지 않을수록 녹이 슬고 퇴화하고, 쓰면 쓸수록 드러난다. 그래서 가능한 한 최대로 끄집어내서 갈고닦아야 한다. 만약 어떤 스포츠 선수가 평소에는 연습도 안 하고 느슨하게 지내면서, 시합 때 최선을 다하겠다고 마음먹는다고 해서 과연 높은 기량이 발휘될 수 있을까? 평소에 최선을 다해 연습해두지 않으면 시합 때라고 해서 절대로 높은 기량이 발휘되지 않는다.

한계를 확장시켜라

특히나 윤덕용 교수님은 논문 쓰기 훈련에서 대단히 엄격했다. 당시는 컴퓨터가 없던 때라 타자기를 써야 했는데, 그러다 보면 어김없이 오자가 나오곤 했다. 나는 논문의 내용을 타자로 칠 때에 철자 틀린 것이 몇 개 나오는 것은 피할 수 없는 일이라고 생각하고 있었다. 논문을 위한 그림을 그리려면 곡선자 등의 레터링 도구를 사용해 온종일 매달렸다. 이런 대단한 노력 끝에 가까스로 논문을 완성해 교수님께 가져가면 교수님께서는 대강 훑어보시고는 퇴짜를 놓으셨다. 철자가 틀렸다는 것이다.

이렇게 몇 번의 퇴짜를 거치며 본문의 철자를 완벽하게 수정해 보여 드리면 이번에는 그림 제목, 참고문헌 등의 오자를 찾아 지적한 뒤 또 퇴짜를 놓으셨다. 나 같은 아마추어가 어디를 소홀히 하는지 잘 알고 계셨던 것이다. 그러면서 이렇게 말씀하셨다.

"프로 기사들이 바둑 둘 때 한 수 잘못 두었다고 물러달라고 하면 물러주나?"

저널의 심사위원들이 이런 사소한 실수 하나를 발견하면 실험도 이렇게 엉성하게 했을 것이라고 선입견을 품는다는 일침도 잊지 않으셨다.

철자를 완벽하게 수정했다고 끝이 아니었다. 본격적인 수정은 그 다음부터다. 서론이 잘못되었다거나, 결과 제시가 잘못되었다고 지적받으면 부분적인 수정이 아니라 거의 처음부터 논문을 다시 써야 한다. 빨간 줄이 좍좍 그어져 있는 수정본을 받아 들면 암담하고 우울하다. 마음을 진정시키고 다시 완성해서 제출하고 퇴짜 맞기를 수차례 반복한다. 가장 지적을 많이 받은 것이 논리적 비약과 명확하지 않은 표현이었다. 내가 전달하려는 내용을 독자에게 논리적이고 명확하게, 그러면서도 가장 쉽게 전달할 수 있는 완벽한 논문을 요구하는 것이다.

이를 위해서 논문의 구성과 논리 전개가 완벽해야 하는 것은 물론이고, 불필요한 문장이나 단어가 하나라도 들어가서도 안 되며, 필요한 문장이나 단어는 하나라도 빠져서는 안 된다는 것이다. 마치 주어진 메시지를 전달하는 가장 완벽한 논문이 하나 존재하는데, 그 논문을 내가 찾아서 쓰라는 것처럼 들렸다. 나로서는 거의 불가능한 수준을 교수님은 단호하게 요구했다.

내가 생각해도 내 능력의 한계를 넘어서는 요구사항이라 정신적인 고통이 이루 말할 수 없었다. '내가 전생에 도대체 무슨 죄를 지었길래 이런 까다로운 지도 교수를 만났나!'라며 내 인생을 한탄했다. 논문 한 편을 완성하는 데 몇 년이 걸렸고, 그 과정에서 무려 여덟 번 이상 퇴짜를 맞았다.

고된 훈련 끝에 학위를 마치고 연구소에 취직한 나는 몇 년 뒤 니스트(NIST, 미국표준기술연구소)로 포스트닥(Post-Doc, 박사 후 연구원)을 가게 됐다. 그곳에서 몇 개월 동안 실험한 내용을 논문으로 정리하다가 문득 지도 교수님에게 논문을 제출하지 않아도 된다는 사실에 하나님께 진심으로 감사했다. 완성된 논문은 니스트의 규정에 따라 그룹 리더에게 제출했다.

내 논문을 읽고 난 그룹 리더가 내 사무실에 직접 찾아와서 이 논문을 누가 썼냐고 물었다. 내가 썼다고 하자 그는 놀라는 표정을 지었다. 자신이 몇 가지 사소한 부분을 수정했지만, 영어가 모국어가 아닌 사람이 이렇게 잘 쓸 수 있다는 사실이 도무지 믿기지 않는다는 것이었다. 자기들보다도 더 잘 썼는데 어떻게 이것이 가능하냐는 것이었다. 그 이야기를 듣고, 나 역시 믿기지 않았다. '논문 쓰는 실력이 언제 이렇게 늘었지?'라는 생각이 들었다. 그 순간 눈앞에 지도 교수님의 얼굴이 스쳐갔다. 나를 지도하시던 모습들이 짤막짤막하게 파노라마처럼 펼쳐지면서.

그러자 그분의 가르침을 이해하지 못하고 불만에 차서 원망했던 내 자신이 부끄러웠다. 이 일을 계기로 '교육의 힘'을 믿게 되었다. 그리고 교육에서 무엇을 추구해야 하는지도 분명히 알게 되었다. 교육을 통해서 자기 능력의 한계를 체험하게 하고, 그렇게 함으로써 자기 능력의 한계가 확장되는 것을 경험하는 것만큼 사람을 빠르게 성장시키는 것도 없다. 그리고 삶에서 이보다 더 가치 있는 순간도 없을 것이다.

한계를 뛰어넘으면 자신감이 커진다

사실 하드 트레이닝의 이런 순기능에 대해 절감은 해도 자식에게 이를 적용하기란 쉽지가 않다. 자신의 한계를 뛰어넘는 일이 얼마나 고되고 힘든지 알기 때문이다.

우리 둘째 아이는 먹성이 좋은 편이다. 처음에는 잘 먹어 예쁘다고만 생각했는데 날이 갈수록 살이 쪄 누가 봐도 비만인 상태가 되었다. 일단 살이 찌니 육체 활동은 줄어들고 먹을거리만 찾아서 더 살이 찌는 악순환이 계속되었다. 아이에게 먹는 것을 줄이고 운동을 하라고 수없이 타일렀지만 소용없었다.

그러다 아이가 초등학교 5학년이 되었을 때, 마침내 특단의 조치가 필요하다는 결론을 내렸다. 매주 일요일에 테니스를 포기하고 아이들과 집 근처 야산에 오르기로 마음먹었다. 아이들에게는 첫 산행인

만큼 20분 정도의 코스를 목표로 삼았다.

첫째는 몸이 가벼워 산길을 뛰어오르다시피 했다. 반면 둘째는 6월 중순 날씨에 땀을 비 오듯 흘리며 힘들어했다. 둘째가 자꾸 처지니 첫째가 올라갔다 내려오기를 반복했다. 태어나 처음 겪는 육체적 고통에 마침내 둘째가 짜증을 내기 시작했다. 잠시 휴식시간을 가졌지만, 출발한 지 얼마 안 되어 또 힘들다고 짜증을 냈다. 쉬고 난 다음 얼마를 걸으니 또 쉬었다 가자고 하였다.

아이에게 인내심이란 거의 찾아볼 수 없는 것을 보고 아이를 너무 나약하게 키웠다는 생각이 들었다. '이래서 나중에 어떻게 세상을 살아갈까?'라는 걱정이 들 정도였다. 이제까지 막내라고 귀여워만 하고 아이의 인성 발달에는 전혀 신경을 쓰지 않은 것에 대해 반성도 하고 후회도 했다.

그러다 목표 지점 부근의 계단에 도착했다. 계단 100개 정도를 오르면 곧 목표 지점이었다. 아이는 목표 지점이 어딘지 모른 채 계단을 오르다가 갑자기 철퍼덕 주저앉아 울음을 터뜨렸다. 나는 아무 말도 하지 않고 아이가 울음을 그치기를 기다렸다. 하지만 아이는 울면 아빠가 포기할 거라 생각했는지 계속해서 울어댔다. 바로 여기가 아이가 견딜 수 있는 한계였던 것이다.

순간 나는 지금까지 온 만큼 더 갈 경우 아이에게 얼마만큼 무리가 될까, 머릿속으로 빠르게 계산을 했다. 큰 무리가 없을 거라는 판단이서 이번 기회에 아이에게 자신의 한계를 넘는 체험을 시키자고 마음먹었다. 가까스로 울음을 그친 아이를 데리고 본래 목표를 수정하여 이제껏 온 만큼의 거리를 더 걸었다.

걷는 내내 아이는 아무 말도 하지 않았다. 집으로 돌아온 후 아이는 2주일이 지나도 아빠에 대한 서운함을 조금도 누그러뜨리지 않았다. 말을 걸기는커녕 쳐다보지도 않으려 했다. 내가 요전에 강행해서 산에 오르게 한 것은 인내심을 길러주기 위해서 일부러 그렇게 했다고 이야기해주었다. 그러자 아이는 그 당시 어찌나 서운했던지 "그러면 아빠는 아들이 죽어도 좋아?"라고 물었다. 아이는 그렇게 힘들게 걷다가는 죽는 줄 알았던 모양이다.

하지만 그 일을 계기로 아이는 자신의 인내심과 체력이 얼마나 약한지 절감했던 모양이다. 누가 시키지도 않았는데 검도 도장에 다니며 인내심을 길러보겠다고 나서더니 2년 동안 꾸준히 검도를 배웠다.

그리고 중학교 2학년 겨울방학이 되자 드디어 아이가 살을 빼기 위해 자발적인 노력을 하기 시작했다. 인터넷 검색으로 살을 빼기 위한 전략을 터득한 아이는 매일 오후 4시 30분에 이른 저녁을 먹고 집 근처 갑천변의 왕복 7km 거리를 달리기 시작했다. 어른더러 하라고 해도 못할 이 엄청난 강행군을 아이는 하루도 빠짐없이 실천했다.

방학이 끝날 즈음이 되자 아이는 몰라볼 만큼 살이 빠졌다. 아이 주변의 모든 사람들이 깜짝 놀랄 정도였다. 지금도 둘째는 우리 가족 중에서 제일 날씬하다.

이 일을 통해 아이가 얻은 성공은 체중 감량만은 아니었다. 아이는 하드 트레이닝을 통해 자신의 한계를 인지하고, 그것을 뛰어넘는 체험을 한 것이다. 그리고 이 성공 경험을 바탕으로 자신감과 도전정신을 키울 수 있었다. 이후 둘째는 공부에도 의욕을 보이기 시작했고 성적도 올라 지속적인 발전을 보여주었다.

어떻게 노력할 것인가, 어떻게 살아갈 것인가

고통은 인간을 생각하게 하고, 생각은 인간을 지혜롭게 만든다.
그리고 지혜는 인생을 견딜 만하게 해준다.
- 존 패트릭

어떤 상황에도 노력을 끌어내는 동기부여의 기술

앞에서 언급했듯이 재능에 대하여 집중적으로 연구한 사람들의 첫 번째 결론은 노력 없이 위대해진 사람은 없다는 것이다. 이는 앤더스 에릭손 교수의 '1만 시간의 법칙'에서도 명확하게 드러난다. 문제는 왜 어떤 사람은 그렇게 많은 노력을 하는데 왜 다른 사람들은 그러한 노력을 하지 않느냐는 것이다. 이 차이가 어디에서 오는가?

   스티븐 코비는 그의 저서 『성공하는 사람들의 7가지 습관』에서 일의 종류를 중요한 일과 중요하지 않은 일 그리고 급한 일과 급하지 않은 일로 나누었다. 그는 성공하는 사람들의 특징 중 하나는 급하지는 않지만 중요한 일에 많은 시간을 쏟는 것이라고 한다. 급하고 중요한 일은 누구나 열심히 한다. 그래서 각 개인 간에 큰 차이를 만들지 않는다. 그렇다면 각 개인 간의 차이는 어떻게 생기는 걸까? 주목해야 할 점은 급하지 않은 상황을 어떻게 보내느냐가 각 개인의 차이를 만든다는 것이다. 보통 사람들은 급하지 않은 상황에서는 노력하지 않지만, 성공한 사람들은 급하지 않은 상황에서도 중요한 것을 찾아 열심히 노력한다. 이는 성공한 사람들은 급하지 않은 상황에도 최선의 노력을 기울이는 구동력을 갖고 있다는 것을 의미한다. 그렇다면 급하지 않은 상황에서 노력하게 하는 요인이 과연 무엇일까? 이 요인이 바로 이번 장에서 소개할 동기부여와 정신적 성숙이다.

무언가를 잘하려면 노력이 뒤따라야 하고, 그러려면 반드시 동기가 있어야 한다. 학업 성적만 봐도 공부 잘하는 아이는 공부를 잘하려는 동기가 강하고, 그렇지 못한 아이들은 동기가 부족하다. 따라서 무언가를 잘하게 하려면 이를 위한 동기가 충분한지를 먼저 살펴야 한다.

동기는 크게 외적 동기와 내적 동기로 나뉜다. 외적 동기는 말 그대로 외부에서 강제적으로 주어지는 동기를 가리킨다. 2003년도 조사에 따르면 우리나라 학생들의 하루 평균 공부 시간은 8시간 55분으로 일본과 핀란드와 비교하면 압도적으로 많은데, 이것은 학부모의 높은 교육열과 사회분위기 등이 외적 동기로 작용했기 때문이다.

반면 내적 동기는 만족이나 보람, 소명의식 등 주로 자신의 내부에서 일어나는 동기를 가리킨다. 외적 동기는 수동적인 노력을 유도하는 경향이 있지만, 내적 동기는 능동적인 노력을 기울이게 한다. 성공한 사람들은 공통적으로 내적 동기가 발달했으며 행위의 능동성이 강하다. 따라서 무언가를 잘하고 싶다면 내적 동기에 주목해야 한다.

동기는 그것이 당근 형태로 주어지느냐, 채찍 형태로 주어지느냐에 따라 보상과 압력으로 나뉜다. 외적 동기 중에서도 외적 보상은 월급, 외적 압력은 실패에 따른 불이익 등을 말한다. 내적 동기 중에서 내적 보상은 목표 추구, 소명의식, 만족감, 보람, 몰입의 즐거움 등이 있고 내적 압력은 자신을 스스로 분발시킬 수 있는 목표 추구, 소명의식, 눈높이, 정신적 성숙 등이다(목표 추구와 소명의식은 내적 보상과 내적 압력 둘 다에 해당한다). 이 가운데 자율적인 노력을 유도하는 가장 큰 구동력은 바로 내적 압력이다. 즉 목표 추구, 소명의식, 눈높이, 정신적 성숙 등이 동기로 작용해야 가장 치열하게 노력할 수 있고 성공 가능성도 크다.

내적 압력 가운데 눈높이가 얼마나 큰 동기로 작용하는지 자세히 짚어보자. 눈높이는 자신이 당연하다고 믿는 내적 기준이다. 이 기준이 높을수록 내적 압력도 커진다. 눈높이는 자연스럽게 강력한 목표 지향을 만든다. 어떤 아이가 자신은 당연히 학교에서 1등을 해야 한다고 확고하게 믿고 있다면 그것이 곧 아이의 눈높이다. 그런데 시험에서 5등을 했다면 이 아이는 다음에 반드시 1등을 하기 위해 분발할 것이다.

'피어 프레셔(peer pressure, 또래나 동료로부터 받는 압력)'도 일종의 눈높이로 작용한다. 주변에서 다들 열심히 하는데 나만 놀기도 어렵고, 다들 노는데 나만 열심히 하기도 어렵다. 또래 친구들이 하는 경향이나 정도가 자신의 눈높이가 되는 것이다. 이런 이유로 공부 잘하는 아이들과 어울리면 공부를 잘하게 될 확률이 올라가고 반대로 공부 못하는 아이들과 어울리면 공부를 못하게 될 확률이 올라가는 것이다. 우리나라 초중고 학생들은 같은 학년의 선진국 학생들보다 공부하는 시간이 훨씬 많은데, 치열한 입시경쟁 속에서 다들 열심히 하는 피어 프레셔가 큰 역할을 하기 때문이다.

눈높이가 얼마나 강력한 동기 부여가 되는지는 역사적으로도 확인할 수 있다. 해방 이후 공산당에게 재산을 몰수당한 이북의 지주들이 1·4 후퇴를 전후로 대거 남한에 내려왔다. 이들은 대부분 빈털터리였고 남한에 친척이나 친구도 없어서 남한 토박이들보다 훨씬 불리한 조건이었다. 그럼에도 이들은 피나는 노력을 했고 대부분이 경제적으로 성공을 거두었다. 이들이 치열한 노력을 했던 이유는 바로 눈높이 때문이었다. 남한에서의 비참한 삶은 진짜 자신들의 것이 아니며 예전처럼 부유하게 사는 것이 정상이라고 믿은 것이다. 이 믿음이 돌처럼 확고해서 강력한 동기로 작용한 것이다.

소프트뱅크의 손정의 회장의 아버지는 매우 특별한 교육법을 가지고 있었다. 자식이 재일교포로서 겪을 어려움을 잘 알고 있었기에 손정의에게 우월감과 자신감을 심어주려고 노력했다. '정의正義'라는 이름도 늘 정의롭게 살아가라는 의미로 지어주었다. 그래서 그는 손정의에게 "너는 탁월한 천재이니 무슨 일이든지 잘할 수 있다", "넌 반드시 위대한 인물이 될 것이다"라는 이야기를 수시로 했고 기회가 있을 때마다 칭찬을 아끼지 않았다. 아버지의 이런 이야기를 귀가 따갑게 들으면서 자란 손정의는 자신이 최고라는 걸 당연하게 받아들였고 그러한 자부심이 무의식 속 깊이 자리 잡고 있었다. 또한 그러한 눈높이가 최선의 노력을 기울이는 구동력을 만든 것이다.

철든 사람이
공부도 잘한다

눈높이 못지않게 강력한 내적 압력으로 작용하는 것이 바로 정신적 성숙이다. 정신적 성숙은 성공한 사람들의 가장 중요한 특징 중의 하나이자 최선의 노력을 유도하는 강력한 동기다.

정신적으로 성숙했다는 것은 철이 들었다는 의미다. 철이 들지 않은 사람은 생각이 깊지 못하고 기분대로 행동한다. 그래서 자기밖에 모르고 쾌락을 추구하며 삶을 낭비하는 경향이 있다. 반면 철이 든 사람은 생각이 깊고 남을 배려하며 보다 가치 있는 삶을 추구한다.

내가 지도하던 학생 중 아주 우수한 학생 하나가 국제학회에 참석했다가 내게 이메일을 보내왔다. 학회 분위기를 언급하며 "이번 학회 참석을 계기로 최선을 다해 연구해야겠다는 것을 절실하게 느꼈습니다" 하고 비장한 각오를 적어 보냈다. 이 학생은 학회를 마치고 한 대학을 방문하는 도중에 또 메일을 보냈다. 그런데 대학에서 경험한 일을 서술하면서 이전 메일과 마찬가지로 "그래서 저는 최선을 다해야겠다고 다시 한 번 다짐했습니다" 하는 것이었다. 이 메일을 읽고 나도 모르게 웃음을 터뜨렸다. 이 학생은 어떤 경험을 해도 최선을 다해야겠다는 동기부여로 바꾸는구나, 싶었기 때문이다.

이처럼 우수한 학생들의 특징은 스스로 최선의 노력을 위한 동기나 자극을 끊임없이 찾는다는 것이다. 즉, 스스로 구동력을 만드는 것이다. 이러한 차이는 어디에서 올까? 나는 바로 정신적인 성숙의 차이 때문이라고 생각한다. 왜냐하면 정신적으로 성숙하지 않은 학생은 어떤 좋은 경험을 하더라도 감동을 하거나 동기를 찾지 못하기 때문이다.

중요하고 급할 때는 최선의 노력에 대한 구동력이 명백히 존재하므로 누구나 최선을 다한다. 그러나 정신적으로 성숙한 사람은 급하지 않을 때도 최선의 삶을 산다는 점이 다르다. 문제는 급하지 않을 때는 최선에 대한 구동력이 없다는 것이다. 정신적으로 성숙한 사람은 이를 잘 알기에 부족한 구동력을 스스로 끊임없이 만드는 노력을 하는 것이다.

정신적으로 성숙하다는 것은 생각이 깊다는 의미이기도 하다. 우리가 살아가면서 언제 생각이 깊어졌는지 한번 생각해보자. 그것은 다름 아닌 고통스럽고 힘들 때다. 즉, 힘들고 고통스러운 상황이 정신적으로 성숙하는 데 도움이 되는 것이다. 어느 유행가 가사처럼 아픈 만큼 성숙해지는 것이다. 이것이 고통의 순기능이다. 진화론적으로 보면 고통을 경험할 때 우리 뇌는 생존을 위협받는 것으로 받아들인다. 그래서 우리 뇌를 최대로 활성화한다. 이는 위기를 모면하기 위한 우리 뇌의 반응으로 일종의 '도전과 응전'이다. 따라서 고통의 의미에 대하여 더욱 깊이 생각하게 된다. 이러한 과정을 통하여 그 고통에서 벗어나는 능력이 형성되는데 이것이 바로 정신적 성숙이다.

헬렌 켈러는 인간의 정신은 편안한 생활 속에서는 발전할 수 없다고 하였다. 시련과 고생을 통해서 인간의 정신이 단련되고 어떤 일을 올바로 판단하는 힘을 길렀을 때 비로소 더욱 큰 야망을 품고 그것을 성공시킬 수 있다는 것이다.

소프트뱅크의 손정의 회장은 어린 시절부터 남달리 정신적으로 성숙했는데, 이는 그가 경험한 고통 때문이었을 것이다. 재일교포 3세로 일본에서 유년을 보내면서 경험한 차별과 서러움은 자연스레 정신적 성숙으로 이어졌다.

그런데 요즘 아이들은 고통을 경험할 일이 별로 없다는 데 문제가 있다. 예전보다 경제적 여건도 좋아졌고 한 가정에 아이가 한둘밖에 안 되기 때문인지 아이를 과보호하며 키우는 경향이 있다. 간혹 아이가 경험할 수 있는 고생을 일일이 대신해주려는 부모들이 있는데 이는 교육적으로 대단히 좋지 않다. 자칫 부모가 전혀 원하지 않는 방향으로 성장할 수 있다. 이런 이유 때문인지 요즘 아이들의 정신적 성숙도는 부모 세대보다 훨씬 낮다. 조금만 힘이 들어도 못 견디고 정신상태도 나약하다. 그렇다고 해서 철이 들게 한다며 아이들을 일부러 고통스러운 상황에 빠뜨릴 수도 없는 노릇이다. 남자아이들이 군대에 가서 철이 드는 경우가 많다고 하는데 이는 군 생활을 하면서 상대적으로 많은 고생을 하기 때문이다.

아이들이 자연스럽게 고통을 경험하도록 유도하는 방법 중 하나는 운동을 시키는 것이다. 운동은 육체적 고통을 자연스레 경험하게 하고 정신력을 강화시킨다. 마라톤은 인간이 경험할 수 있는 최대의 고통 상황을 준다. 축구나 농구도 땀 흘리며 뛰어다니는 활동이라 고통스럽기 그지없다. 다만 열심히 경기에 몰입한 나머지 고통을 잊을 뿐이다. 하드 트레이닝 시키는 것도 고통이 된다. 하드 트레이닝의 내용이 육체적이면 육체적 고통이 되고, 정신적이면 정신적 고통이 된다.

정신적인 성숙을 위해서는 육체적 고통보다도 정신적 고통이 더 효과적이다. 그렇다면 자연스럽게 경험할 수 있는 정신적인 고통으로는 어떤 것이 있을까? 미지의 문제에 도전하여 포기하지 않고 푸는 것도 자연스럽게 정신적 고통을 경험하는 것이다. 문제가 어려울수록 정신적 고통은 심해진다.

간접고통에 의한 정신적 성숙

고통 중에는 직접적인 것도 있지만 간접적인 것도 있다. 나는 요즘처럼 편안하고 안락한 양육 환경 속에서 정신적으로 성숙한 아이로 키우는 방법으로 간접고통을 경험하게 할 것을 강력하게 추천한다.

역사적으로 수치스럽고 비극적인 사건이 일어났을 때 직접 수모를

당하거나 치명적인 피해를 본 사람들은 그 사실을 평생 잊지 못할 것이다. 그리고 정신적으로 성숙할 것이다. 그러나 이러한 사건을 직접 겪지는 않았더라도 그것을 생생하고 실감 나게 공부하면 직접 경험한 만큼은 아니더라도 상당한 효과를 볼 수 있다. 즉, 수난의 역사를 가르치는 것이다. 나는 이보다 더 효과적인 방법이 없다고 생각한다. 어린 시절부터 조상들의 수난의 역사를 가르치는 것은 유대인 교육에서 매우 강조되고 있는데, 이에 대하여 좀 더 살펴보자.

유대인의 정신교육

전 세계에 흩어져 사는 유대인을 모두 합쳐도 1,400만 명 정도로 세계 인구의 0.2%에 불과하다. 인구는 우리 한국의 3분의 1 정도밖에 되지 않는데, 놀랍게도 유대인은 전체 노벨상 수상자의 22.3%를 차지한다. 매년 노벨상 수상자 중에 유대인이 포함되지 않은 해는 거의 없다고 한다.

최근 케이블 방송인 IT 채널에서 3부작으로 방영한 「청년! 후츠파로 일어서라」라는 프로그램에 의하면, 현재 이스라엘의 인구는 750만 명인데 1년에 만들어지는 기업의 수를 비교하면 이스라엘이 유럽 전체보다 더 많다고 한다. 또한 미국 나스닥에 상장한 기업 수가 유럽 전체의 2배에 달하고, 국민 1인당 벤처펀드 규모가 세계 1위인 세계 최고 수준의 창업국가임과 동시에 세계의 첨단기술산업을 주도하고 있다. 세계적인 경기침체 속에서도 단 한 개의 은행도 망하지 않은 유일한 나라이다. 많은 기업이 만들어지는 와중에도 결코 경제에 거품이 끼어 있지 않은 나라라는 것이다.

이러한 눈부신 발전은 유대인들의 교육 방식에 기인한다. 그들의 교육을 관심 있게 살펴보면 정말 성공적인 영재교육을 시킨다는 생각이 든다. 그들은 도대체 어떻게 교육을 하길래 인재를 그렇게 많이 배출할 수 있었을까?

유대인 교육의 중요한 특징 중 하나는 어린 시절에 처절한 고통의 역사를 사실 그대로 가르친다는 것이다. 초등학생이나 중고생 시절에 아우슈비츠 수용소를 의무적으로 방문해야 한다고 한다. 아우슈비츠 수용소를 방문한 아이들은 그 당시 사용했던 독가스 통이나 수감자들이 남긴 소지품들을 보게 된다. 또한 나치에 의해서 발가벗겨진 채 가스실에서 고통스럽게 죽어가는 처참한 장면을 있는 그대로 보는 것이다. 이곳을 방문하는 학생들의 상당수가 울음을 터뜨린다고 한다. 그들이 느끼는 정도는 관광객이 느끼는 정도와는 사뭇 다른 것이다.

관람이 끝나면 인솔자는 "다시는 이러한 불행한 일이 반복돼서는 안 된다"고 이야기한다. 유대인들은 무엇보다 중요한 것은 인간의 정신이라고 믿고 있다. 조상이 겪은 수난을 잊고 역사를 망각하는 민족에게는 내일이 없다고 가르치는 것이다. 이러한 가르침은 비단 유대인에게만 해당하는 이야기는 아닐 것이다. 여기에서 중요한 한 가지는 고통의 역사를 생생하게 가르치는 목적이 정신교육을 위한 것이기 때문에 가해를 한 상대 국민에 대한 적개심이 생기지 않도록 노력한다는 것이다. 그래서 그들은 "용서는 하되 잊지는 말자!"고 강조한다.

아마 우리 부모들은 아이에게 너무 가혹한 장면이어서 혹시 충격이라도 받지 않을까 걱정이 되기도 하고, 아이에게 영원히 숨기고 싶은 수치스러운 사실이라고 생각해서 감추는 것이 더 좋다고 생각할지도 모른다. 그러나 한번 생각을 해보자. 선조들이 고통받았던 모습을 있는 그대로 본 아이가 무엇을 생각하게 될까? 물론 처음에는 아이가 충격을 받을 수도 있고 견디기 어려운 심적 고통을 경험할지도 모른다.

그러나 시간이 지나면서 선조들이 왜 그런 아픔을 겪어야 했는지에 대해서 깊이 생각할 것이다. 그리고 선조들의 아픔을 마치 자신이 겪은 것처럼 느끼면서 그 아픔이 가슴 깊이 사무칠 것이다. 그리고 다시는 그러한 일이 일어나지 않으려면 내가 어떻게 살아야 할까에 대하여 고민할 것이다. 최선을 다해야 할 명백한 이유가 생기는 것이다. 결과적으로 정신적으로 성숙해지고 철이 드는 것이다.

나는 이 효과가 사람의 인생을 완전히 바꿀 수 있을 만큼 크다고 생각한다. 어려서부터 정신적으로 성숙했기에 유대인들이 그렇게 많은 노벨상 수상자를 배출하고 여러 분야에서 성공적인 삶을 사는 것이라고 믿는다. 선조들의 뼈아픈 고통을 가슴 깊이 새기고 있는 아이가 어떻게 온라인 게임이나 채팅, TV 시청으로 시간을 가치 없이 보내면서 안이하고 태만한 삶을 살려고 하겠는가?

아이에게는 미래에 잘 먹고 잘 살기 위해서 열심히 공부하라는 이야기는 전혀 설득력이 없다. 미래의 만족을 위하여 내가 지금 당장 하기 싫은 공부를 하기는 어려운 것이다. 나중에 훌륭한 사람이 되기 위해서 열심히 공부하라는 것도 커다란 동기를 만들지 못한다. 아이에게 그 어떤 설득도 '고통의 역사'를 가르치는 효과에는 미치지 못한다. 아이 스스로 마음속 깊이 최선의 삶을 살아야 할 명확한 이유를 찾게 하는 것보다 더 좋은 교육은 없다.

학생들 중에는 "왜 열심히 공부해야 하는지 그 이유를 잘 모르겠습니다"라고 이야기를 하는 경우가 종종 있다. 나는 "그래야 높은 경쟁력을 가질 수 있다"고 이야기를 한다. 그러면 "왜 높은 경쟁력을 가져야 하는지 모르겠습니다"라고 대답한다. 나는 "경쟁력이 없으면 약자가 된다"고 이야기한다. 그러면 "약자가 되면 왜 안 됩니까?"라고 되묻는다. 나는 "약자가 되면 억울하고 분한 일을 자주 당한다"고 대답한다. 이 학생은 아마도 이 말의 의미를 모를 것이다. 우리가 역사적으로 힘이 없고 약했을 때 주위로부터 얼마나 처절하게 당했는지를 생생하게 공부하고 느껴보지 않은 학생은 이 말의 진정한 의미를 이해하기 어렵다. 정신적인 성숙은 몇 마디 대화로 얻을 수 있는 것이 아니다. 체계적인 노력이 이루어져야 한다.

이스라엘의 성지 마사다 방문

예루살렘에서 열린 국제학회에 참석했다가 학회의 주선으로 단체관광을 한 적이 있었다. '마사다'라는 곳에 간다는 것이다. 히브리어로 '요새'라는 뜻의 마사다는 사해 동쪽에 위치한다. 높이 434m, 정상의 길이는 620m에 폭이 넓은 곳은 250m에 이르는 마름모형으로 우뚝 솟아 있고, 요새의 사면은 가파른 경사의 절벽으로 되어 있어 누구나 쉽게 정복하기 어려운 곳이다. 마사다에 가 보니 많은 미국의 고등학생들이 단체로 뜨거운 햇볕 아래 정렬하여 앉아 있었다. 사막지역인 데다가 한여름이라서 날씨가 살인적으로 더운데 왜 이렇게 많은 미국 고등학생들이 이곳으로 단체관광을 왔을지 궁금했다. 인내심이 없는 미국 학생들이 관광을 목적으로 여기에 올 이유가 없었기 때문이었다. 그런데 얘기를 들어 보니 유대계 미국 학생들이라는 것이다. 미국에 한인회가 있는 것처럼 유대인회가 있는데, 그곳에서 재정을 지원해 유대계 미국 학생들이 방학 때 이스라엘을 방문해서 조상의 아픈 역사를 배우도록 한다는 것이다.

마사다는 신앙의 자유를 억압당하자 로마군에게 반기를 들었던 유대인들의 일부가 항복하지 않고 끝까지 버텼던 요새다. 로마군은 2년에 걸쳐 여러 번 요새 탈환을 시도했지만 실패했다. 적군을 섬멸하지 않으면 전쟁에서 승리하지 않은 것으로 간주하는 로마군은 마사다를 끝까지 포기하지 않았다.

유대인 지도자 엘라자르는 로마군의 공격을 막을 수 없게 되자 사람들을 모아놓고 이렇게 연설했다.

> ▄… 이제 새벽이 오면 우리의 저항은 끝날 것이다. 그러나 우리는 명예로운 죽음을 선택할 수 있는 자유를 지금 갖고 있다. (중략) 우리의 손이 자유롭고 아직도 칼을 잡을 힘이 있을 때, 우리의 적에 의해 노예가 되기 전에, 우리의 아내와 아이들과 함께 자유인으로서 이 세상을 떠나자.

먼저 남자들이 가족과 작별의 포옹을 나눈 뒤 칼을 들었다. 그리고 회의장에 다시 모인 전사들은 제비뽑기를 했다. 뽑힌 열 사람을 제외한 나머지는 집으로 돌아가 자기 손으로 죽인 처자식 옆에 누웠다. 남은 열 명의 전사들은 성 안을 돌며 전우의 목숨을 거뒀다. 그리고 다시 제비뽑기를 해서 같은 방식으로 서로의 명예로운 죽음을 도왔다. 최후까지 남은 한 사람은 자신을 스스로 찔렀다. 이렇게 해서 로마군에게 함락당하는 순간 유대인 반란군 967명 가운데 960명이 집단 자살했다. 이때 살아남은 사람은 다섯 명의 아이들과 함께 지하 동굴에 숨어 있던 두 명의 여인뿐이었다.

그 역사적인 장소는 현재 이스라엘군 장병들의 수료식과 함께 선서식장으로 쓰이고 있는데, 장병들은 절벽 길을 구보로 올라가 "마사다는 두 번 다시 함락되지 않을 것이다!"라는 구호를 외친다고 한다.

유대인 교육의 또 다른 특징은 자신들이 선택된 민족이라는 선민사상을 기반으로 어릴 때부터 자부심과 긍지를 심어주고 기회가 있을 때마다 민족의 위인들에 관하여 이야기하는 것이다. 다시 말해 민족적 긍지와 우월성을 강조하는 것이다. 오랜 기간 나라를 잃고 살아온 유대인들이 정체성을 유지할 수 있었던 힘은 바로 이러한 민족적 긍지와 우월성 교육 때문으로 생각된다. 나는 이러한 교육이 고통의 역사를 가르치기 전에 반드시 이루어져야 한다고 생각한다. 자신감과 우월감이 의식 깊은 곳에 먼저 뿌리내려야 앞으로 다가올 난관을 극복하는 회복 탄력성이 발달하기 때문이다. 따라서 먼저 민족적 우월감을 뿌리 깊게 형성시킨 후에 고통의 역사를 가르치면 정신적 성숙의 효과가 크게 나타날 것이다. 손정의 회장의 아버지도 의도적으로 어린 손정의에게 우월감과 자신감을 심어주었다. 이 때문에 어린 손정의가 온갖 어려움을 경험하면서도 주눅이 들거나 어긋난 방향으로 성장하지 않고 오히려 어려운 환경이 도전으로 작용하여 그것에 응전하면서 더욱더 발전해나가는 높은 회복 탄력성을 발휘한 것이 아닌가 생각된다.

죽음준비교육

평소에는 잊고 있지만 가장 고통스러운 사실이 하나 있는데, 우리는 언젠가는 틀림없이 죽는다는 사실이다. 따라서 이 사실을 일깨우게 되면 효과적으로 간접고통을 경험하게 된다. 어린아이들이 고통의 역사를 배우면서 정신적으로 성숙한다면, 청소년 시기부터는 죽음에 대한 통찰이 한 차원 높은 정신적 성숙으로 이끈다. 죽음에 대해 관심을 기울일수록 가치 있는 삶을 생각하게 되기 때문이다.

　죽음에 대한 통찰을 좀 더 체계적으로 유도하는 방법으로 '죽음준비교육'이라는 것이 있다. 이는 우리가 언젠가는 죽는다는 사실을 직시하게 함으로써 정신적으로 성숙하게 만들어 의미 있는 삶을 살도록 하고 죽음을 한층 더 편안하게 맞이하도록 돕는다. 그와 동시에 자살을 예방하는 교육이기도 하다.

　현재 미국과 독일, 일본 등에서는 초·중·고등학교 교육과정에 죽음준비교육을 포함시키고 있다. 거기엔 여러 가지 의미가 있겠지만, 한 가지 분명한 것은 학생들에게 죽음에 대해 충분히 생각할 기회를 제공한다는 것이다. 그런데 과연 아이들에게 죽음에 대해 어떤 내용을 소개할까? 예컨대 독일의 중학교 교과서인 '죽음과 죽어가는 과정'에서는 '죽음과 장례식', '청소년의 자살', '인간답게 죽는 방법-윤리적인 문제', '생명에 대한 위협-죽음과의 대결', '죽음의 해석' 등의 주제를 다루고 있다.

　일본은 2002년부터 학교 교육에 죽음준비교육을 포함시켰고 죽음준비교육의 연구를 위해 해마다 수백만 달러의 예산을 책정한다고 한다. 일본 게이오고등학교에서 1996년부터 죽음준비교육을 가르치고 있는 다카하시 마코토 씨는 죽음준비교육이 학생들의 정신적 성장에 커다란 효과가 있을 뿐만 아니라 모든 과목 중에서 가장 중요하다고 역설한다. 죽음은 진실로 생명과 문화의 가장 건설적이고 긍정적이고 창조적인 요소 중 하나이기 때문이라는 것이다. 그의 주장에 따르면, 죽음준비교육은 학생들에게 내적 변화를 일으킬 뿐만 아니라 청소년 비행을 예방하는 효과가 크다고 한다.

내가 조사한 바로는 국내 학교에서는 죽음준비교육이 정규 프로그램에는 포함되어 있지 않다. 그러나 일부 대학에서 이에 대한 강좌를 운영하고 있다. 또한 임사체험과 같은 프로그램을 운영하는 사설단체나 종교단체도 많다. 이중 인상적이었던 내용을 간략하게 소개한다.

대학생을 대상으로 하는 한 죽음준비교육 강좌인데, 끔찍한 범죄로 한동안 매스컴을 떠들썩하게 했던 사형수가 마지막 증언을 하는 동영상을 보여준다. 사형수는 참회의 눈물을 흘리며 "당신들은 제발 나 같은 삶을 살지 마십시오!"라며 간절히 증언한다. 이 모습을 지켜본 학생들은 '저렇게 순수한 영혼을 가진 사람이 어떻게 그런 끔찍한 범행을 저질렀을까?'라는 생각을 한다고 한다. 그러면서 삶과 죽음에 대해서 많은 생각을 하게 된다는 것이다.

임사체험 프로그램에서는 죽음이 임박한 상태에서 죽는 순간까지를 생생하게 체험시킨다. 가족에게 유서를 쓰고 수의를 갈아입은 뒤 입관을 한다. 많은 사람들이 유서를 쓰면서 눈물을 흘리며 가족과 함께하는 것과 살아있음의 소중함을 새삼 깨닫는다고 한다. 쇼펜하우어는 "당신을 인간으로 만드는 데는 훌륭한 임사체험만큼 유익한 것이 없다!"라고 했다.

최근 예일대학에서 17년 연속 최고의 명강의 'DEATH'의 강의 내용을 토대로 한 책이 발간되었다. 바로 셸리 케이건 교수의 『죽음이란 무엇인가』이다. 셸리 케이건은 하버드대학교의 마이클 샌델과 더

불어 미국을 대표하는 현대 철학자라고 한다. 아이러니하게도 언젠가는 반드시 죽을 것이라는 사실을 항상 명심하는 것만큼 삶의 방향을 올바로 잡아주는 것은 없다.

독서를 하다 보면 꼭 기억하고 싶은 귀중한 문구를 만나게 된다. 이런 문구에는 밑줄을 친다. 살아가면서 분명 도움이 되고 항상 기억하고 싶은 주옥같은 문구가 너무도 많다. 반면 우리의 작업기억 용량은 너무나 적다. 한번에 고작 숫자 7개 정도를 처리할 수 있는 정도여서 전화번호가 7개 이상의 숫자로 되어 있으면 불편하다고 한다. 작업기억의 용량이 적으므로 우리가 의식할 수 있는 내용은 극히 제한된다. 그래서 우리의 의식은 보통 현재 경험하는 내용으로 가득 채워진 상태로 보낸다. 삶에 아무리 좋은 경구라고 해도 그것을 의식하면서 살아가기가 무척 어려운 것이다. 그럼에도 항상 의식 속에 띄워놓고 살면 좋은 내용이 하나 있다. 그것은 바로 내가 영생을 살 수 있는 것이 아니고 언젠가는 삶의 마지막 날을 맞이할 것이라는 '삶의 한시성'이다.

이처럼 삶의 한시성을 항상 의식하고 살아간 대표적인 사람이 다름 아닌 스티브 잡스다. 스탠포드대학교 졸업식 축사에서 밝혔듯이 그는 17살 때부터 매일 아침 거울 앞에서 "오늘 당장 죽는다면 이 일을 할 가치가 있는가?"라고 자신에게 물었다고 한다. 그렇다면 과연 스티브 잡스가 가치 있는 삶을 추구했을까? 그의 삶에 대한 태도를 간접적으로 유추할 수 있는 사실이 하나 있다. 그가 애플을 창업한 후 1983년 당시 펩시콜라 부사장인 존 스컬리를 영입할 때의 일이다.

존 스컬리가 그의 제안을 거절하자 그는 이렇게 말했다.

"그곳에서 설탕물을 팔며 여생을 보낼 겁니까? 아니면 여기에 와서 나와 함께 세상을 바꾸기를 원합니까?"

간접고통은 어떤 의미에서 고생을 사서 하는 것이다. 그러나 정신적 성숙을 위해서는 이보다 더 좋은 대안이 없는 것 같다. "젊었을 때 고생은 사서도 한다"는 말이 생긴 이유는 고생을 통한 정신적 성숙이 좀 더 행복하고 성공적인 삶으로 이끌기 때문이다. 따라서 고통을 본능적으로 무조건 피하려고만 하지 말고, 그 고통의 의미를 깊이 생각할 필요가 있다. 몰입도를 올리는 과정 역시 고통을 수반한다. 그러나 그 고통을 이겨내면 몰입도가 올라가 좋은 시간을 보낼 수 있다. 결국 우리가 누릴 수 있는 행복의 양이 훨씬 많아지는 것이다. 고통을 견뎌내는 능력 역시 훈련으로 형성된다. 이 능력과 관련된 뇌 부위가 바로 전두엽이다.

TIP — 뇌과학으로 본 정신적 성숙과 앞쪽형 인간

정신적으로 성숙하였다는 것은 뇌과학적으로 접근하면 전두엽이 발달하였다는 의미다. 삼성서울병원의 나덕렬 교수가 집필한 『앞쪽형 인간』은 전두엽이 발달한 사람과 그렇지 않은 사람의 특징을 상세하게 다루고 있다. 그는 앞쪽 뇌의 발달이 성공적인 삶에 결정적인 역할을 한다고 주장한다.

뇌에는 앞쪽과 뒤쪽이 있는데 뒤쪽 뇌는 인간의 희로애락을 담당하는 곳으로 충동과 욕구를 느끼고 감각을 통해 정보를 받아들이고 저장한다. 반면 앞쪽 뇌는 뒤쪽 뇌에 저장된 정보를 종합 편집하는데 크게 계획 센터, 동기 센터, 충동억제 센터가 있다. 계획 센터에서 상황을 종합적으로 판단하고 계획하면 동기 센터에서는 이를 행동으로 옮겨 실천하게 하고, 충동억제 센터에서는 충동이나 욕구를 조절한다.

어릴 때는 뒤쪽 뇌가 발달하기 때문에 충동적이고 여러 면에서 미완성된 인간의 특징을 갖게 된다. 어른이 되어서도 앞쪽 뇌가 발달하지 못한 채 뒤쪽 뇌만 발달하였다면 충동을 통제하지 못해 큰 문제가 된다. 그들은 소위 철이 들지 않은 행동을 해 주위 사람들을 안타깝게 하고 경우에 따라서는 동물적 충동을 억제하지 못해 우발적 범죄 행위를 저지르기도 한다. 범죄의 상당수는 충동을 억제하지 못하기 때

문에 일어난다.

  그러나 성장 과정 중에 앞쪽 뇌가 잘 발달하면 모범적인 사회의 구성원이 될 것이고, 가정을 이루면 책임감 있는 가장이 될 것이다. 공자나 소크라테스와 같은 성현은 앞쪽 뇌가 이상적으로 발달한 경우라고 볼 수 있다. 이처럼 인간은 동물로 태어나지만 앞쪽 뇌를 잘 발달시키면 성현의 상태에 가까워질 수도 있고, 앞쪽 뇌를 잘 발달시키지 못하면 사회에 해악을 끼치는 사람으로 성장할 수 있다. 이러한 것을 고려하면 삶과 교육의 방향이 명확해진다.

  나 교수가 앞쪽 뇌의 중요성을 깨닫게 된 것은 앞쪽 뇌에 해당하는 전두엽이 손상된 환자들을 관찰하면서부터다. 교통사고나 알코올 중독 등으로 전두엽 손상을 입은 전두엽 치매 환자들의 행동적인 특징을 보면 주위 사람의 말을 자기도 모르게 따라 하거나 주위 사람의 행동을 그대로 모방한다. 예를 들면 엘리베이터를 탔을 때 남들이 내리면 따라 내리고 지하철에서 사람들이 우르르 내리면 따라 내리기도 한다. 아이들이 모방은 잘하지만 충동억제는 잘 못하면서 우유부단한 이유가 앞쪽 뇌가 덜 발달했기 때문이다. 앞쪽 뇌가 손상된 성인도 이와 비슷한 행동을 보인다.

  전두엽만 손상되지 않으면 뇌의 다른 부위에 치매가 왔더라도 가족들이 크게 어렵지 않다고 한다. 본인 스스로 문제가 있다는 것을 잘 인지하고 적절히 대응하기 때문이다. 그러나 전두엽 치매환자와 함께 지내기가 가장 어렵다고 한다. 주위 사람들을 가장 힘들게 하는 병이 전두엽 치매라는 것이다.

나 교수는 현대인들이 생각하기를 싫어하고 충동이나 욕구에 좌우되는 삶을 사는 것은 앞쪽 뇌를 점점 쓰지 않기 때문이라고 한다. 현대인이 TV와 인터넷, 온라인 게임과 같은 자극의 홍수에 노출될수록 앞쪽 뇌를 발달시키기가 어렵다. 앞쪽 뇌가 발달하지 않고 뒤쪽 뇌만 발달한 사람의 전형은 아침에 일어나서 무의식적으로 TV를 보다가 외출한 후 지하철에서 뭔가 번쩍거리는 화면이 있으면 별생각 없이 그것을 쳐다본다. 그러다 휴대폰 화면을 보면서 노래가 나오면 거기에 정신이 팔리게 되고, 어떤 사람의 옷이 멋지게 보이면 그것을 쳐다본다. 이처럼 앞쪽 뇌가 발달하지 않으면 뚜렷한 자기의 주관이 없고 남의 행동이나 의견을 따른다.

TV나 인터넷, 온라인 게임 등은 자극을 유발해서 우리의 관심을 끌지만, 앞쪽 뇌의 발달에는 불리하다. 나 교수는 앞쪽형 인간이 되려면 텔레비전을 끄고 신문이나 책을 읽어야 하며, 읽기보다는 쓰기를, 듣기보다는 발표를 하라고 권한다. 적절한 단어와 표현 찾기, 그림 그리기, 조립하기 등의 창작활동도 도움이 된다.

뒤쪽형 인간은 문제를 해결하는 데 자신의 고유한 해결 방법보다는 남들의 풀이를 더 궁금해하므로 수학 문제가 주어지면 조금 생각하다가 이내 해답지를 본다. 반면 앞쪽형 인간이 수학 문제를 푼다면 자기 나름의 풀이 방법을 먼저 생각해낸 다음 다른 사람의 풀이를 참고한다. 따라서 미지의 문제가 나오더라도 포기하지 않고 끝까지 생각해서 해결하는 학습방식이 앞쪽 뇌를 발달시켜 앞쪽형 인간으로 이끌 것이다. 그뿐만 아니라 정신적 성숙을 위한 노력은 분명 앞쪽형 인간으로 이끌 것이다. (참고: 나덕렬, 『앞쪽형 인간』, 허원미디어, 2008)

앞서 소개한 '경영의 신' 이나모리 가즈오 회장은 대표적인 앞쪽형 인간이다. 그렇다면 전두엽이 발달하지 않은 뒤쪽형 인간은 어떻게 다를까? 일단 뒤쪽형 인간은 부를 축적하기 어렵다. 인내심이 부족하고 자기통제력이 부족하기 때문이다. 그런데 이런 사람이 큰 재산을 갖게 될 때가 간혹 있는데 대표적인 사례가 복권에 당첨되는 경우다. 2011년 8월 17일자 「서울신문」에 "'170억 복권당첨' 9년 만에 자살시도 '비운 男'"이라는 제목의 기사가 소개되었다. 이 기사는 앞쪽 뇌가 충분히 발달하지 않은 사람이 갑자기 엄청난 재력을 갖게 될 때 어떠한 일이 일어날 수 있는지를 잘 시사해주기에 기사의 일부를 소개한다.

영국 대중지 「데일리메일」에 따르면 노퍽 주에 사는 마이클 캐럴이 지난 13일(현지시각) 자살을 시도해 정신을 잃은 것을 친구가 발견, 간신히 목숨을 구했다. 캐럴은 19세 젊은 나이에 유로밀리언 잭팟을 터뜨려 백만장자가 돼 유명세를 얻은 주인공이었다.
캐럴이 자살을 시도한 건 이번이 두 번째. 환경미화원으로 성실히 살았던 캐럴의 인생은 2002년 복권당첨으로 뒤바뀌었다. 순식간에 엄청난 재력을 거머쥔 캐럴은 매춘, 섹스파티, 마약 구입 등에 돈을 펑펑 쓰는 방탕한 생활에 중독되게 됐다.

돈이 마르지 않을 것 같던 캐럴의 은행계좌는 불과 6년 만에 바닥을 드러냈다. 2004년 코카인 소지와 음주운전으로 징역형을 받고 나온 캐럴은 2년 만에 빈털터리가 됐고 부인은 아이 2명만 남긴 채 떠났다. 그동안 캐럴은 정부 보조금으로 근근이 살아온 것으로 전해졌다.

새로운 인재를 키우는 공부 혁명

가르침이란 생각할 수밖에 없는 상황으로 유도하는 것이다.
- 윌리엄 스파크

지식을
'스스로' 창출하는 두뇌

지난 반세기 동안 우리 경제는 눈부신 발전을 해왔다. 1953년만 해도 1인당 국민소득이 254달러에 불과해 세계 250여 개국 가운데 가장 빈곤한 국가였지만 2010년도에는 1인당 국민소득이 20,510달러를 기록하기에 이르렀다. 인구 4천만 명 이상인 국가 중에 1인당 국민소득이 2만 달러 이상인 곳은 8개국밖에 없다.

우리나라의 연간 수출액 또한 1950년대만 해도 1백만 달러가 안 되었다가 점차 늘어나 1980년에는 175억 달러로 폭발적 성장을 하고, 2010년에는 4,674억 달러에 달해 세계 7위를 차지했다. 그야말로 기적과 같은 성장이다. 우리가 이런 놀라운 성장을 할 수 있었던 이유는 무엇일까? 앞으로도 이런 지속적인 발전을 이루기 위해서는 이 질문에 대한 해답을 찾아야 한다.

사람들은 높은 교육열과 헝그리 정신을 그 이유로 꼽는다. 이 둘이 조화를 이루어 국가경쟁력을 높였다는 것이다. 일면 옳은 말이지만, 그것이 전부는 아니다.

우리나라는 다른 개발도상국들과 달리 지속적인 고성장을 오랜 기간 유지할 수 있었다. 1990년대부터 다른 개발도상국들과는 구별되는 주목할 만한 변화들이 나타나기 시작했다. 반도체, 조선, 디스플레이, 통신, 철강, 자동차 산업 등의 분야에서 세계 1위를 하거나 선두그룹에 속하게 된 것이다. 이런 첨단산업 분야들은 고도의 기술력을 필요로 하므로 단순히 근면하다고 해서 앞서 갈 수 없다. 세계적으로 경쟁이 치열한 여러 분야에서 1위를 하거나 선두 그룹에 있다는 것은 단지 높은 교육열과 헝그리 정신으로는 설명되지 않는다.

이 문제는 정말 깊이 생각해볼 만한 가치가 있다. 1980년 중후반부터 국내에서 고급두뇌가 대량 배출되기 시작한 것이 가장 큰 원인 중의 하나라고 본다. 1980년 중반부터 국내 대학들이 대학원 중심제로 바뀌면서 석박사들을 대량으로 배출하기 시작했다. 이들이 본격적으로 산업체에서 활약하기 시작한 것이 1980년대 말부터다. 이 고급두뇌들이 수행한 연구개발 없이 반도체, 디스플레이, 통신, 철강, 조선, 자동차 분야에서 세계 선두를 달린다는 것은 불가능한 이야기다.

대학원 과정은 대학 과정과 무엇이 다른가?

이 차이점을 이해하는 것은 "교육을 어떻게 해야 하는가?"라는 문제와 관련하여 매우 중요하다. 예를 들어 같은 대학 같은 학과에 다니고 능력이 같은 두 학생 A와 B가 있는데 A는 대학을 졸업한 후 회사에 취직하고 B는 대학원에 진학했다고 하자. A는 회사에 다니면서 많은 것을 배운다. 그리고 열심히 일한다. 월급을 받는 사람으로서 적어도 대학원생인 B보다 더 열심히 일한다. 대학원에 들어간 B는 한 5~6년을 연구실에서 보낸다. 어떻게 보면 대학을 졸업하고 회사에 들어간 A가 불리할 것이 없다는 생각이 든다. 오히려 회사에 다녔던 A가 세상 물정은 더 잘 안다. 그런데 어떤 면에서 대학원과정을 보낸 B가 경쟁력이 있을까? 왜 박사 학위를 받으면 고급인력인가?

대학원에서 전문지식을 더 배워서 그런가? 그렇지 않다. 유럽 대학은 대학원에서 강의를 들을 의무가 없다. 대학원에서 강의는 별로 중요하지 않다. 초등학교에서 대학교 과정까지 교육과 이후의 대학원 과정의 교육에는 근본적인 차이점이 있다. 그 차이를 살펴보자.

대학을 졸업할 때까지는 이미 알려진 지식을 배운다. 교과과정에 나와 있는 지식을 내 것으로 만드는 것이 목표이다. 그런데 대학원 과정에서는 두 가지를 더 훈련한다. 하나는 필요한 지식을 스스로 습득할 수 있는 능력이고 다른 하나는 필요한 지식을 스스로 창출하는 능력이다. 이것이 아주 중요한 차이이다.

필요한 지식을 스스로 습득할 수 있는 사람은 지식을 보유한 사람보다 당연히 경쟁에서 더 유리할 것이다. 인터넷이나 스마트폰이 발달한 지금 필요한 정보나 지식은 쉽게 접근할 수 있기 때문에 특정한 지식을 보유했다고 해서 특별히 유리한 점은 많지 않다. 대학에서 배운 지식이 실제 현장에서는 별로 쓸모가 없다는 것은 너무나 자주 듣는 이야기이다. 이러한 양상은 빠른 속도로 발전하고 있는 분야일수록 더 심하다. 따라서 어떠한 전문지식을 보유하고 있다는 효용성은 시간이 지나면서 급격하게 떨어진다. 그보다 더 중요한 것은 필요할 때마다 그에 맞는 지식을 스스로 습득할 수 있는 능력이다.

한편 대학원 과정에서는 지식을 습득하는 능력보다 훨씬 더 중요한 것이 있는데 바로 필요한 지식을 스스로 창출하는 능력이다. 대학까지는 교과서나 노트에 있는 내용을 머릿속에 집어넣을 것을 요구받는다. 알아야 할 지식을 머리에 넣었는지 그렇지 않은지 확인하는 것이 시험이다. 그래서 교과서나 노트 없이 시험을 보게 한다.

하지만 필요한 지식을 창출해야 하는 상황에서는 모르는 지식은 얼마든지 조사해서 볼 수가 있다. 도서관에 있는 문헌이나 인터넷 등을 통하여 필요한 지식이나 정보는 얼마든지 활용하는 대신 지금 당장 필요한 해결책이나 지식을 창출하라는 것이다. 길이 없는 곳에 스스로 길을 만들어가는 능력, 소위 창의성과 문제해결능력이 필요한 것이다.

그러면 창의성과 문제해결능력이 대학원 과정에서 어떻게 길러지는지 살펴보자. 다시 앞에서 소개한 A와 B를 비교하자. A는 회사에서 열심히 이것저것 업무를 수행하는 동안, B는 도대체 무엇을 했기에 그토록 우수해져서 고급인력이 되었을까? 석사 논문을 쓴다는 것은 대략 1년에 하나의 문제를 해결하는 것이고, 박사 논문을 쓴다는 것은 대략 3년에 하나의 문제를 해결하는 것이다. 따라서 A가 회사에서 많은 종류의 일을 하는 동안 B는 한 가지 문제만 해결하는 방식으로 보낸다는 것이 가장 큰 차이다. 대학원 과정에서는 어려운 한 문제에 몰입하여 깊이 파고들어 가는 지적 도전을 하는 것이다. 이러한 과정에서 창의성과 사고력이 발달하고 필요한 지식을 스스로 습득하고 창출하는 능력을 발달시킬 수 있다.

주목할 점은 대학원을 졸업했다고 해서 모두 고급인력이 아니고 사고력과 창의력을 발달시킨 사람만이 고급인력인 것이다. 실제로 대학원 과정에서 깊은 생각은 거의 하지 않고 열심히 실험만 하다가 졸업하는 경우도 있다. 이런 사람은 새로운 지식을 창출하는 능력이 거의 발달하지 않는다. 따라서 대학원 과정의 교육을 어떻게 받느냐에 따라 사고력, 창의력 그리고 문제해결능력이 현저하게 달라진다. 오로지 크고 작은 지적인 도전을 할 때만 우리는 빠른 속도로 능력이 발달하는 것이다.

중요한 사실은 이러한 지적인 도전이 반드시 대학원 과정에서만 할 수 있는 것이 아니라는 것이다. 지적인 도전은 학벌과 관계없이 누구나 가능하다. 손정의는 대학을 졸업하고 나서 지적인 도전을 계속한 결과 일본 최고의 재벌이 되었다. 스티브 잡스와 빌 게이츠는 모두 대학을 중퇴했지만, 지적인 도전을 계속한 결과 어마어마한 성공을 거두었다. 현대그룹을 일으킨 정주영 회장은 초등학교만 졸업했지만, 지적인 도전을 계속한 결과 신화를 일구어냈다. 지적인 도전은 꼭 어른이 되어서야 할 수 있는 것이 아니다. 유치원 아이도 할 수 있고 심지어 손가락으로 셈을 하는 어린아이도 할 수 있다.

치열한 경쟁의
순기능과 역기능

앞에서 소개한 대로 우리나라가 지속적인 고성장을 유지하려면 미래를 이끌 학생들에게 지적인 도전을 통해 창의력과 사고력을 기를 기회를 충분히 주어야 한다. 그렇다면 현재 우리의 교육 시스템은 지적인 도전에 얼마나 적합할까?

미국 조지 부시 행정부 시절에 백악관에 제출된 한 보고서에서는 머지않은 미래에 세계에서 가장 발전할 나라가 한국이라는 내용이 있다고 한다. 그들이 이런 결론을 내린 근거는 바로 우리나라의 교육열이었다. 교육이 국가의 미래를 좌우한다는 것을 기정사실로 받아들인 것이다.

그러나 우리의 높은 교육열과 치열한 입시 경쟁에는 분명히 명암이 공존한다. 그 순기능과 역기능을 분명히 알아야 올바른 교육의 방향을 모색할 수 있을 것이다.

모든 경쟁에는 순기능이 있다. 경쟁은 일종의 도전이고, 최선을 이끌어내는 동기다. 우리 아이들은 어릴 때부터 치열한 입시 경쟁에 노출되어 있어서 최선을 다하는 법을 쉽게 습득한다. 이런 개인의 경쟁력이 모여 조직의 경쟁력, 나아가 국가 경쟁력이 되는 것이다.

치열한 입시 경쟁 탓에 우리 아이들은 세계 어느 나라 학생들보다 더 많은 시간을 공부에 투자한다. 물론 기꺼이 좋아서 하는 아이들은 많지 않다. 미래의 만족을 위해 하기 싫어도 참고 하는 것이다. 이러한 능력을 심리학 용어로 '만족지연능력' 또는 '자기통제능력'이라고 한다.

베스트셀러였던 『마시멜로 이야기』는 이 능력에 대해 자세히 다루고 있다. 미국 스탠퍼드대학의 월터 미셸 교수가 600명의 아이들을 대상으로 유혹을 견디는 실험을 했다. 마시멜로 하나가 놓인 탁자에 아이를 홀로 앉혀놓고 15분 동안 이것을 먹지 않고 참으면 마시멜로 하나를 더 주겠다고 했다. 600명의 아이들 중 단 30%만이 먹고 싶은 유혹을 참았다. 그로부터 15년 뒤, 이 아이들을 추적 조사했더니 유혹을 견뎌냈던 30%의 아이들의 대입수능시험SAT 평균 점수가 그렇지 않은 아이들에 비해 무려 210점이나 높았다. 또한 마시멜로의 유혹을 15분간 참아냈던 아이들은 스트레스를 효과적으로 조절하는 능력과 사회성이 월등하게 높았다. 반면 마시멜로를 금세 먹어치웠던 아이들은 비행청소년으로 성장한 사례가 많았다. 성인이 되어서도 마시멜로의 유혹을 견뎌낸 쪽은 그렇지 않은 쪽에 비해 더 성공적인 삶을 산 것으로 조사되었다. 마시멜로의 유혹을 견디는 능력은 아이큐나 학업 성적보다도 더 성공적 삶과의 상관관계가 높았다고 한다.

입시 경쟁을 통해 우리 학생들은 이 만족지연능력 혹은 자기통제 능력을 놀랄 만큼 발전시키고 있다. 몇 년 전 『회복 탄력성』의 저자, 김주환 교수가 SBS「그것이 알고 싶다」제작팀의 요청으로 309명의 '회복 탄력성 지수'를 측정한 일이 있다. 이 검사 결과 한국인은 낙관성, 원인분석력, 공감능력 등에서 미국인과 거의 비슷한 수준을 보였으나 '자기통제능력'에 해당하는 '충동통제능력'은 현저하게 높았다.

결국 한국인은 현재의 욕구를 참아가며 목적한 바를 이루는 능력은 가히 세계적인 경쟁력을 갖고 있다는 것이다. 물론 이러한 '자기통제능력'은 치열한 입시 경쟁이라는 도전과 이를 응전한 결과로 얻어진 것이다. 그리고 월터 미셸 교수가 증명했듯이 이 능력은 IQ나 성적 등 그 어떤 능력의 척도보다도 성공적인 삶을 보장해주는 요소다. 바로 이 능력이 우리의 경쟁력을 만든 주요한 요소 중의 하나다.

미국 뉴욕의 대표적 빈민가인 맨해튼 할렘에 위치한 '데모크라시 프렙스쿨'의 세스 앤드류 교장은 한국식 교육을 도입해 최하위 수준의 학교를 뉴욕시 최우수 학교로 탈바꿈시켰다고 한다. 분명 높은 교육열과 이로 인한 치열한 경쟁의 순기능이 있는 것이다.

그렇다면 입시 위주의 교육이나 학습의 역기능은 무엇일까? 이를 논하기 전에 먼저 장기기억, 외현기억, 암묵기억에 대하여 알아보자.

장기기억, 외현기억 그리고 암묵기억

우리의 모든 능력은 장기기억long-term memory에 저장되어 있다. 유전적인 능력뿐 아니라 어렸을 때부터 듣고 보고 배우고 경험한 모든 것이 장기기억으로 저장되어 있다. 이 장기기억은 외현기억explicit memory과 암묵기억implicit memory으로 나뉜다. 외현기억은 친구의 이름, 우리 집 전화번호 또는 '사과는 빨간색이다'와 같이 의식적으로 떠올릴 수 있고 말로 표현할 수 있는 기억이다. 인지한 정보를 회상할 수 있는 기억인 것이다. 반면 암묵기억은 의식적으로 감지할 수는 없지만 몸에 배서 자동으로 인출되는 기억으로, 운전이나 운동을 하거나 악기를 다룰 때 관여하는 기억이다. 암묵기억은 의식하지는 않지만 현재의 행동에 영향을 주는 기억이다.

한편, 의식을 만드는 기억은 주로 작업기억working memory인데 용량이 대단히 적다. 우리가 작은 용량의 작업기억을 가지고도 고도로 어려운 행위를 할 수 있는 이유는 관련된 암묵기억 덕분이다. 예를 들면 양손으로 피아노를 치는 것은 초보자에게는 대단히 어려운 일이다. 그러나 연습을 반복하면 관련된 암묵기억이 발달하여 우리 뇌가 자동으로 처리하기 시작한다. 이처럼 암묵기억이 대부분의 작업을 자동으로 처리해주기 때문에 아주 작은 작업기억의 용량으로도 고도로 어려운 행위를 능숙하게 할 수 있다.

암묵기억을 다루는 뇌 영역에는 다양한 뇌 시스템이 관여한다. 우리 뇌에서 암묵기억의 용량은 거의 무한할 정도로 크지만 외현기억의 용량은 상당히 제한된다. 따라서 암묵기억에 의한 실력향상은 외현기억에 의한 것에 비해 훨씬 제한이 적고 거의 무한하다고 보아도 무방하다. 외현기억은 해마가 관여하므로 해마가 손상되면 외현기억 능력이 상실되지만 암묵기억능력은 상실되지 않는다.

  어떤 문제를 접했을 때 그 문제를 푸는 방식을 기억해서 풀었다면 외현기억에 의한 것이라고 볼 수 있다. 그러나 문제를 접했을 때 어떻게 풀어야 할지 모를 때가 있다. 이때는 외현기억으로는 풀지 못하는 상황이다. 그러나 생각을 계속하면 관련된 기억들이 다양하게 조합되기 시작하는데 이 과정은 의식되지 않는다. 의식되지 않은 채 자동으로 작동하는 일련의 과정을 거쳐 마침내 해결책을 얻는다. 그러므로 미지의 문제를 푸는 과정은 외현기억보다는 암묵기억의 역할이 크다는 것을 알 수 있다. 사고력이나 창의성은 분명 외현기억은 아니지만 기능적인 암묵기억과도 다르다. 따라서 사고력과 창의성을 기능적인 암묵기억과 구별할 필요가 있는데, 이를 '암묵적 지혜'라고 부르겠다.

시험 위주 학습의 역기능

시험으로 외현기억을 테스트하기는 쉽지만 암묵기억을 테스트하기는 어렵다. 이런 이유로 시험은 주로 외현기억을 테스트하게 된다. 특히 문제가 쉬우면 더욱 그렇다. 참고로 TV에서 소개되는 장학퀴즈가 전형적인 외현기억 테스트다. 외현기억의 테스트는 스마트폰 사용만 허용된다면 누구나 대부분 맞출 수 있다. 그러나 필기시험으로 암묵기억을 테스트하는 경우를 생각해보자. 가령 세계에서 바이올린을 가장 잘 연주하는 사람이 있다고 할 때, 그 사람의 연주실력을 필기시험으로 테스트하는 것은 불가능하다. 연주실력은 암묵기억이기 때문이다. 그렇기 때문에 시험 위주의 교육이나 학습은 자연스럽게 암묵기억보다는 외현기억에 치우치게 된다. 그런데 과연 외현기억은 얼마나 중요할까?

일류대학교 교수들을 모아놓고 선발고사를 치르게 하면 점수가 얼마나 나올까? 노벨상 수상자들을 모아놓고 선발고사를 치르게 하면 점수가 얼마나 나올까? 점수가 형편없을 것이다. 그들이 형편없는 점수를 받았다고 해서 실력이 없는 것은 전혀 아니다. 결국 외현기억은 잊어버려도 큰 문제가 없고, 실제 실력을 발휘하는 것과는 별 관계가 없다는 것을 알 수 있다. 아인슈타인은 "교육은 배운 모든 것들이 잊힌 후에 남아 있는 것이다."라고 했다. 외현기억은 잊혀지지만, 암묵기억은 남게 되어 암묵적 지혜를 만든다. 아인슈타인은 뇌과학 지식이 없었음에도, 교육에서 외현기억보다는 암묵기억을 중시해야 한다는 놀라운 통찰을 이미 오래전에 했던 것이다.

컴퓨터와 휴대전화가 발달한 지금 외현기억과 관련된 상당수의 지식이나 정보는 인터넷 등을 통하여 금방 알아낼 수 있다. 따라서 외현기억의 용도는 점점 떨어지고 있다. 그럼에도 시험 위주의 학습을 하다 보면, 어쩔 수 없이 외현기억에 치중하게 된다. 입시경쟁이 치열한 우리의 현실에서는 많은 시간을 공부하는 데 쏟지만, 필기시험으로 테스트가 어려운 암묵기억의 습득은 등한시하고 외현기억의 습득, 즉 주입식 및 암기 위주의 학습이 주를 이루고 있는 것이다. 이것이 시험 위주 교육과 학습의 역기능이라 할 수 있다.

교육하는 사람들뿐만 아니라 교육을 받는 학생들도 이 사실을 인지해야 한다. 그래서 외현기억 위주의 학습에서 벗어나 암묵적 지혜를 위한 학습에 치중할 때 비로소 입시제도의 치명적인 역기능과 단점을 보완할 수 있다.

암묵기억은 어떻게 형성되는가?

암묵기억이 어떻게 형성되는지 이해하려면 암묵기억이 주가 되는 악기 연주나 스포츠를 잘하려면 어떻게 해야 하는지를 생각해보면 되는데, 무엇보다 반복해서 연습해야 하고 훈련하는 시간이 많아야 한다. 즉 암묵기억은 가르쳐서 얻어지는 것이라기보다는 자기 자신이 연습하고 경험함으로써 형성된다. 학습은 지적 능력을 향상시켜야 한다는 점에서 악기 연주와 스포츠 같은 기능적 암묵기억의 습득과는 다른 방법을 사용해야 한다. 학습에서 암묵적 지혜를 발달시키려면 암기 위주의 학습에서 이해 위주와 생각 위주의 학습으로 바꾸고, 자기주도학습 위주가 되어야 한다. 미지의 문제라도 스스로 생각해서 문제를 푸는 경험을 반복해야 한다. 또한 질문, 독서, 토론, 실습도 암묵적 지혜 형성에 중요한 역할을 한다.

암묵적 지혜의 장점은 시간이 흘러도 잘 잊어버리지 않는다는 것이다. 의식되지 않은 채 우리 몸에 배서 필요할 때 실력을 발휘하도록 도와주는 것이다. 똑같은 정보가 주어진 상황에서 항상 남들보다 더 좋은 판단을 내린다면 그 사람은 관련 분야의 암묵기억 혹은 암묵적 지혜가 발달하였기 때문이다. 바둑을 둘 때 고수가 하수보다 더 좋은 판단을 내리는 것도 암묵적 지혜가 차지하는 비중이 상대적으로 크기 때문이다.

내신 때문에 중간고사와 기말고사에서 좋은 성적을 거두어야 하는 고등학교 3학년이라면 몰라도 초등학교, 중학교, 그리고 최소한 고등학교 2학년까지는 철저히 암묵적 지혜를 발달시키는 학습을 할 것을 권한다. 각종 시험 점수에 연연하지 말고 사고력과 창의력을 발달시킬 수 있는 방식으로 학습해야 한다. 그래야 진정한 실력을 키울 수 있고 공부에 흥미를 느낄 수 있다. 또한 시간이 지날수록 사고력, 창의력 그리고 문제해결력이 발달할 것이다.

몰입을 지도하다 보면 암기 위주의 학습을 최소화하고 이해 위주 그리고 사고 위주의 학습을 하는 것이 수험생에게도 절대 불리하지 않다는 것을 알게 된다. 대부분의 시험문제는 암기하여 푸는 장학퀴즈식의 문제보다는 훨씬 더 수준이 높기 때문이다. 특히 암묵적 지혜 위주로 공부한 학생이 한 문제를 만들기 위하여 많은 노력을 기울이는 선발고사에 유리하다. 심지어 고등학교 3학년이라도 선발고사를 위해서는 이해 위주의 학습과 미지의 문제를 스스로 해결하는 방식의 학습이 더 유리한 것이다.

   외현기억과 암묵기억을 구분해서 학습해야 할 가장 중요한 과목 중의 하나가 영어인데 암묵기억을 중시하는 영어학습법에 대해서는 부록에서 자세히 살펴보자.

질문하는 공부,
토론하는 공부

앞서 우리나라 교육 시스템의 장단점을 짚어보았으니 이제는 교육 선진국들의 교육 방법을 자세하게 살펴보자. 이들이 어떤 방식으로 아이들을 교육하는지 알아보면 교육에서 무엇을 가장 중요하게 다뤄야 할지 선명하게 보일 것이다.

토론식 수업을 강조하는 이스라엘

유대인들은 질문과 토론 위주의 교육을 하기로 유명하다. 앞서 언급한 IT 채널에서 방영된 「청년! 후츠파로 일어나라」라는 프로그램에서는 이러한 유대인들의 교육법을 상세하게 소개하고 있다. 화면은 서로 마주 보고 앉아 열심히 토론하고 있는 하임토렌초등학교 아이들을 비추었다. 교사는 인터뷰에서 "아이들을 가르칠 때 가장 중요한 것은 생각하는 법을 가르치는 겁니다. 스스로 생각하는 방법을 배우는 거죠."라며 토론식 수업의 강점에 대해 강조했다.

EBS의 「세계테마기행」 2부 '역사의 땅 이스라엘'에 소개된 예시바 대학의 수업 광경 역시 이와 크게 다르지 않았다. 커다란 강당에 학생들이 두 명씩 마주앉아 끊임없이 토론하는 모습이었다.

결국 유대인 교육의 특징은 질문과 토론을 통하여 어려서부터 사고력과 창의력을 발달시키는 것이다. 토론하다 보면 상대에게 지지 않으려는 묘한 경쟁심이 생긴다. 그래서 더욱더 수준 높은 논리로 설득하고 더 깊게 생각하려고 노력하게 된다. '도전과 응전'의 효과가 자연스럽게 나타나는 것이다. 토론은 부단한 생각을 유도하는 효과적인 자극제가 된다. 이처럼 토론은 논리적인 사고를 발달시키는데도 효과적일 뿐 아니라 자기 생각을 남에게 정확하게 전달하는 커뮤니케이션 능력을 발달시키고, 혼자만의 생각으로 외곬으로 빠지는 위험을 막아주고 상대방의 이야기에 경청하는 습관과 남을 이해할 수 있는 능력을 발달시킨다. 토론을 통하여 사회성도 발달하는 것이다.

어릴 때부터 미지의 문제를 포기하지 않고 계속 생각해 푸는 습관을 들이면 자연스레 도전정신이 발달할 수밖에 없다. 이스라엘 국민성을 대표하는 '후츠파'는 도전정신, 당돌함, 뻔뻔함 등을 뜻한다고 한다. 도전을 많이 하다 보면 결과보다는 과정을 중시하게 된다. 따라서 실패하더라도 좌절하는 경우는 거의 없다. 이런 훈련을 충분히 받았으니 유대인들이 노벨상을 휩쓸고 세계 경제를 쥐락펴락하는 것은 조금도 이상한 일이 아니다.

창의력 교육에 주안점을 두는 핀란드

교육 선진국이라 하면 핀란드를 빼놓을 수 없다. 핀란드는 3년마다 치러지는 OECD 학업성취도 국제비교PISA에서 2003년 이래 줄곧 종합 1등을 하고 있다. 그뿐만 아니라 학습 부진아를 집중적으로 따로 교육해 학습낙오자도 거의 없다. 이처럼 성공적인 교육 신화를 이루게 된 배경은 과연 무엇일까?

2차 세계대전 직후만 해도 핀란드는 유럽에서 가장 가난한 농업국가였다. 그러나 머지않아 산업사회가 도래할 것을 인지하고 교육에 집중적으로 투자하여 국가를 부흥시키고자 하였다. 이러한 노력이 30년이 지난 후부터 결실을 보기 시작하여 커다란 성공을 거둔 것이다. 참고로 40년 전에 대부분의 북유럽 국가들이 이와 비슷한 정책을 선택해 성공을 거두었다. 아시아에서는 싱가포르가 이런 정책을 펴고 있다.

핀란드의 교육비 공공지출 총액은 국민총생산GNP의 6%로 OECD 국가 중 최고 수준이다. 핀란드 교육의 성공 비결 중 가장 중요한 하나는 교사의 질이 높다는 것이다. 핀란드에서 교사가 되려면 석사 과정 이상을 이수해야 한다. 교사의 처우가 의사와 변호사에 버금가며 권한도 매우 크다. 그러니 양질의 인력이 교직에 몰리는 것은 당연한 일이다. 헬싱키 대학의 교원 양성 과정은 경쟁률이 15대 1 이상이다. 우리 아이들이 의사나 변호사가 되려고 치열한 경쟁을 하듯이 핀란드 아이들은 교사가 되려고 경쟁을 하는 것이다. 그리고 국가가 이런 분위기를 정책적으로 유도하고 있다.

핀란드에서는 한 반에 교사가 최대 3명이다. 2명의 교사는 교육 지도에 집중하고, 1명의 교사는 수업을 따라가지 못하는 학생들을 지도한다. 그 결과 학업 낙오자가 거의 없다. 핀란드에서는 숙제를 많이 내주는데 숙제도 일종의 교과과정 안에 있는 것처럼 운영된다. 아이 스스로 학습하는 것을 교육과정에서 대단히 중시하는 것이다. 그래서 학교에서 학부모에게 아이의 숙제를 도와줄 것을 부탁한다. 부모가 도와줄 형편이 못 되면 아이는 학교에서 운영하는 숙제 클럽에 가입하여 숙제 클럽을 담당하는 교사로부터 도움을 받는다.

사교육 없이 일주일에 7시간의 수업만으로 세계 최고의 수학 성적을 거두고 있는 핀란드식 수학 교육법이 최근 국내에서도 관심을 끌고 있다. 얼마 전 핀란드 초등 수학교과서를 번역한 『핀란드 초등 수학교과서』 시리즈가 출판되었다. 핀란드 수학 교과서는 단원마다 숙제와 심화학습이 있어 숙제를 상당히 강조하는 것으로 보인다. 난이도는 대체로 우리보다 더 쉽게 출발해 더 어려운 수준의 문제까지 다룬다. 흥미와 사고를 유발하는 응용문제의 비중이 높고 특히 마지막 단원은 주로 스토리텔링 방식의 응용문제들이다. 관련된 사진이나 그림과 함께 하나의 이야기를 소개한 다음 이와 관련된 일련의 문제들을 주는 식이다. 이 스토리텔링 방식의 문제는 자연스럽게 역사, 지리, 과학 등을 수학과 접목하는 효과가 있다. 예를 들어 3학년 2학기 교과서 102쪽에 나와 있는 응용학습의 문제를 소개하면 다음과 같다.

📖… 〈비행의 역사〉

비행의 역사는 1783년 11월 21일에 파리에서 한 프랑스 후작과 그의 과학자 친구가 열기구를 타고 날았던 것에서 시작되었어요. 열기구는 9km를 날았고, 비행시간은 25분이었어요.

1903년, 미국의 라이트 형제는 첫 비행기를 만들었어요. 그 비행기는 단 몇 초밖에 날지 못했어요.

6년 후에 비행기는 기술적으로 꽤 발달해서 프랑스인 블레리오는 비행기를 타고 도버 해협을 건넜어요. 비행기는 38km를 날았고, 비행시간은 37분이었어요.

블레리오가 영국 해협을 건넌 지 18년 후에 찰스 린드버그는 혼자서 뉴욕에서 파리까지 대서양 횡단 비행에 성공했어요. 그 거리는 5800km였고 비행시간은 33시간 30분이었어요.

1. 프랑스 후작이 그의 열기구를 만든 해는 언제인가요?
2. 블레리오가 비행기를 타고 처음 도버 해협을 건넌 해는 언제인가요?
3. 린드버그가 혼자서 대서양 횡단 비행에 성공한 해는 언제인가요?
4. 블레리오가 도버 해협 횡단에 성공한 비행의 비행시간은 한 시간에서 몇 분이 모자라나요?
5. 린드버그의 비행은 하루하고도 몇 시간 더 지속되었나요?
6. 블레리오의 도번 해협 횡단 비행시간은 프랑스 후작의 열기구 비행시간보다 얼마나 더 긴가요?
7. 라이트 형제의 첫 비행에서 린드버그의 대서양 횡단 비행까지는 몇 년

이 걸렸나요? (핀란드 교과서 출판사, 『핀란드 초등 수학교과서 Laskutaito 3-2』, 오수현·도영 옮김, 솔빛길, 2012)

이 문제들을 풀려면 단순히 공식을 적용하는 게 아니라 읽고 이해하고 생각하는 능력이 있어야 한다. 다시 말해 지적인 도전과 논리적 사고를 유도하는 문제들이다.

아이 스스로 창의성을 계발하도록 유도하는 독일

독일식 교육은 EBS TV의 「지식채널」과 「세계의 교육현장-무터킨더 박성숙 씨의 독일 교육 이야기」를 통해 국내에 널리 알려졌다. 박성숙 씨는 남편의 유학을 계기로 독일에 가게 됐는데, 독일 교육과 관련해 『독일교육 이야기』와 『꼴찌도 행복한 교실』이라는 책도 펴냈다.

독일 초등학교에서는 1년 동안 1부터 20까지의 덧셈과 뺄셈을 수없이 반복한다. 그런데 그 방법은 가르쳐주지 않는다. 손가락을 사용하든 발가락을 사용하든 순전히 아이들의 자유다. 아이 스스로 해결할 때까지 어른들은 그저 지켜볼 뿐이다. 더디더라도 아이 스스로 생각해 자기만의 방법을 찾아야 한다고 생각하기 때문이다. 아이들에게 지적인 도전을 시키는 것이다.

두 아이를 독일 학교에 보낸 경험이 있는 박성숙 씨는 독일 학교에서는 예습이란 있을 수 없는 일이라고 말한다. 교사가 첫 학부모회의 때 예습은 절대 시키지 말라, 아이를 가르치는 일은 교사의 몫이니 집에서 제2의 선생님 노릇은 하지 말아 달라고 신신당부한다는 것이다. 예습은 아이 스스로 생각할 기회를 빼앗을 뿐 아니라 다른 아이들의 수업도 방해한다는 게 그 이유였다. 교사가 아이들에게 질문했을 때 예습한 아이가 답을 말해버리면 나머지 아이들이 생각할 기회까지 빼앗는 셈이 되기 때문이다.

EBS TV의 「세계의 교육현장: 무터킨더 박성숙 씨의 독일교육 이야기」에서 한 고등학교 역사 수업 모습을 보여주었다. 역사과목은 독일의 입시에서 가장 중요한 과목 중 하나라고 한다. 우리나라의 고등학교 3학년에 해당하는 아이들이 책을 읽고 발표하고 토론하는 방식으로 수업이 진행되었다. 이런 방식으로 수업을 받으려면 일주일에 책을 반드시 한 권 이상 읽어야 하는데, 사실 수업 시간보다는 이런 준비 과정에서 더 다양한 지식을 얻는다고 한다.

아일렌도프 몬테소리 초등학교의 알모프티 교장의 인터뷰는 독일 교육의 철학을 엿볼 수 있게 한다.

> 어린이를 일정한 수준으로 끌어올리는 것이 아니라 교육자가 아이 눈높이에 맞추어 창조적으로 생각할 수 있도록 도움을 주어야 합니다. 아이는 교사가 가르치는 것이 아니라 스스로 학습할 능력을 모두 갖췄음을 잊지 말아야 합니다.

몬테소리 학교의 교육 방법은 가르치는 것이 아니라 스스로 창의성을 계발하도록 유도하는 것이라는 이야기다.

한편 독일학교에서는 스포츠를 매우 강조해 영어 과목보다 더 많은 시간이 배정된다고 한다. 그 이유는 노드라인베스트팔렌 주의 학교 체육에 관한 규범에 소개된 내용을 보면 알 수 있다.

"전인교육을 실천할 수 있는 스포츠는 청소년기 배움의 과정에서 그 무엇과도 바꿀 수 없는 수업이다."

나는 스포츠 활동이 전인교육을 실천하는 것이라는 논리에 전적으로 동감한다. 특히 단체경기는 팀워크가 얼마나 중요한지 깨닫게 되는 계기가 된다. 단체경기에서 승리하려면 혼자 잘해서는 소용없고 전체가 서로 협력하면서 조화를 이루어야 하기 때문이다. 단체경기를 통해 팀워크의 중요성을 알게 되면 자연스럽게 리더십이 무엇인지도 배우게 된다. 참고로 하버드대학에 입학할 때 가장 중요하게 보는 덕목이 리더십이라고 하는데 학생회장이나 운동팀의 주장 경력이 있으면 리더십 평가에서 큰 점수를 얻는다고 한다.

논술 교육으로 유명한 프랑스

프랑스에서는 모든 교과가 토론이나 논리 중심으로 이루어진다. 이처럼 창의력과 논리력을 키우는 교육 덕분에 예술과 더불어 수학, 화학 등 기초 과학이 발달했다고 한다.

창의성을 중시하는 프랑스에서는 특히 논술 교육이 유명하다. 중학교 시험에서 외국어와 수학을 제외한 나머지 과목 대부분을 논술식으로 낼 정도다. 평가 기준은 주로 이해력과 논리력이다. 한 과목당 문제를 푸는 데 주어지는 시간은 2~4시간 정도라고 한다. 충분히 생각해서 답을 쓸 수 있게 배려하는 것이다.

프랑스 논술 시험의 최고봉은 모든 고등학교 졸업생들이 치르는 '바칼로레아'다. 바칼로레아 논술은 우리나라의 수능처럼 일종의 대학입학자격시험인데, 실제로는 고등학교 졸업자격시험이라고 한다. 1808년에 나폴레옹의 지시로 시작된 이래 200년 가까이 지속된 이 시험은 원래 아주 극소수의 엘리트를 선발하기 위한 것이었다. 그러나 시간이 지나면서 합격률이 계속 올라가 현재는 80% 정도라고 한다. 이 시험을 위해 매년 일선 교사들로 구성된 채점관 14만 명이 동원되며 총 2억 유로(약 3,000억 원)의 예산이 소요된다.

난도가 높은 시험을 며칠간 치르는데 첫날은 항상 철학 시험이다. 철학 시험은 비중이 가장 높을뿐더러 문제의 수준 역시 매우 높다. 학생들은 보통 3문제 중 1문제를 골라 4시간 동안 치른다. 철학 시험이 치러지는 날은 지식인들의 국경일이자 전 국민의 '생각하는 날'이다. 언론에서 올해 어떤 문제가 나왔는지 속보 형식으로 보도하고 토론회까지 할 만큼 온 국민의 관심이 집중된다. 이런 이유로 바칼로레아는 프랑스의 철학과 문화 수준뿐만 아니라 일반 국민의 교양과 지성을 일깨우는 역할을 한다고도 볼 수 있다.

역대 바칼로레아 철학 시험 문제를 살펴보면 '진실에 저항할 수 있는가?', '스스로 의식하지 못하는 행복이 가능한가?', '행복은 단지 한순간 스치고 지나가는 것인가?', '철학자는 과학자에게 어떤 도움을 줄 수 있는가?', '지금의 나는 내 과거의 총합인가?', '꿈은 필요한가?', '과거에서 벗어날 수 있다면 우리는 자유로운 존재가 될 수 있을까?' 등이다. 모두가 깊이 있는 사색 없이는 대답하기 어려운 물음들이다.

핀란드와 마찬가지로 프랑스에서도 초중고 교사가 되기 위해서는 석사학위가 있어야 한다. 이들 나라에서 교사의 자격으로 왜 석사학위를 요구할까? 앞에서 언급했듯이 석사 논문을 쓰려면 창의성이 요구된다. 자연스럽게 창의성이 무엇인지 알게 되고 교육에서 왜 창의성이 필요한지 알게 된다. 그러면 어떻게 교육을 해야 학생들의 창의성을 발달시킬 수 있을지 알게 되는 것이다.

질문과 토론으로 사고력을 키우는 하버드대학

최고의 명문대학, 하버드는 사고력 위주의 교육으로 정평이 나 있다. 얼마 전 미국 대형 로펌을 그만두고 27세에 서울대 최연소 교수가 된 존 라이트너 교수는 하버드 로스쿨의 경우 '소크라테스식 교수법'이라 하여 질문과 응답, 토론이 주를 이루는 수업을 진행한다고 밝혔다. 오래전 우리나라에도 방영되었던 미국 드라마 「하버드대학의 공부벌레들」은 하버드 법대생들의 이야기를 다루고 있는데, 킹스필드 교수가 학생들에게 끊임없이 질문을 던지며 수업을 진행하는, 소크라테스식 교수법 장면이 자주 나온다.

몇 년 전, 한국계 미국인 음악가 스콧 유가 서울시립교향악단을 지휘하기 위해 한국을 방문한 적이 있었다. 그는 하버드대에서 물리학을 전공했는데 기자가 물리학을 전공하고도 왜 음악을 택했느냐고 묻자 이렇게 대답했다.

▪︎… 제가 대학에서 배운 건 '맥스웰의 법칙' 같은 물리학 이론이 아니라

생각하는 방법이었습니다. 음악이든 물리학이든 생각하는 방법이 중요한 건 마찬가지죠. (「조선일보」 2007년 4월 5일)

이 대답에 하버드의 사고력 위주의 교육 방식이 잘 드러나 있다. 얼마 전 EBS TV에서 하버드 역사상 가장 인기 있는 강좌라는 마이클 샌델 교수의 '정의' 강의가 방영됐다. 세계에서 교육을 가장 잘 하는 하버드대학에서도 최고의 강의라고 알려진 마이클 샌델 교수의 강의법에 주목할 필요가 있다. 적어도 교육에 종사하거나 관심이 있는 사람이라면 그의 강의가 어떤 점에서 차별성을 갖는지 살펴볼 필요가 있다.

이 강의에서 샌델 교수는 수강생이 1,000명이 넘는 대형 강의실에서 짤막한 강의를 마친 후 학생들에게 질문을 던지고 토론을 이끌어 가면서 수업을 진행한다. 일방적인 지식 전달이나 주입식 교육이 아닌, 실전 사례를 이용한 찬반 토론을 통해 강좌에서 전달하고자 하는 메시지를 스스로 깨닫게 하는 것이다. 이때 학생들은 교수가 던진 질문에 더 좋은 답을 생각해내기 위해 노력한다. 바로 이런 과정에서 논리적인 사고가 발달하는 것이다. 훌륭한 강의가 어떤 강의인지 잘 보여준다. 나는 개인적으로 이 강의가 국내에서 '어떻게 교육할 것인가?'에 대한 명확한 답을 제공해주고 있다고 생각한다.

지금까지 살펴본 대로 선진 교육에서는 일방적인 지식 전달이나 암기 위주의 외현기억을 중시하지 않는다. 이들 나라의 교육은 공통적으로 질문과 토론 등을 통해 학생들이 깊이 생각할 기회를 제공하고 자신의 의견을 글이나 말로 표현하는 능력을 길러주고 있다. 훌륭한 교육일수록 외현기억의 비중은 낮고 체험을 통해서 배우는 암묵적 지혜의 비중이 높다. 결국 논리력, 사고력, 창의성을 키우는 데 중점을 두고 있는 것이다.

미래 교육의 답,
몰입기반학습

잠재력을 개발하고 우리의 능력을 최대치로 끌어올리는 데 필요한 것이 암묵기억·창의력·사고력이라면, 게다가 이 능력들이 후천적인 노력으로 얼마든지 개발되는 것이라면, 이를 위한 '신중하게 계획된 연습'이 필요하다. 그런데 기본적으로 반드시 알고 있어야 할 내용을 담은 교과과정의 내용을 습득하는 것 또한 중요하다. 특히 치열한 경쟁 속에서 입시를 치러야 하는 우리 아이들은 막무가내로 교과과정을 무시한 채 창의력과 사고력 훈련에만 집중할 수 없다는 데 딜레마가 있다. 따라서 교과과정을 습득하는 동시에 사고력과 창의력을 훈련할 방법을 찾아야 한다. 이 문제를 고민하다 떠오른 아이디어가 바로 '몰입기반학습 flow-based learning'이다.

나는 미래의 교육은 무엇을 가르치는 데 중점을 두는 것이 아니라 좋은 체험이나 경험을 유도하는 데 중점을 두는 방향으로 나아갈 것이라고 믿는다. 지식보다는 체험이 교육적인 효과가 더 크기 때문이다. 따라서 수업에서 지식전달에 중점을 두기보다는 좋은 체험을 유도하자는 것이 몰입기반학습의 기본철학이다. 질문을 통하여 적절한 지적 도전을 유도하고 그것에 몰입하게 함으로써 재미있게 수업에 참여할 수 있도록 하는 것이다. 몰입도를 올린다는 것은 두뇌가동률을 올리는 것이므로 기본적으로 '도전과 응전' 메커니즘을 활용한다. 이를 위해서는 적절한 질문을 하고 학생들에게 생각할 수 있는 적절한 시간을 준다. 그다음 학생들이 나름대로 생각하여 얻은 질문에 대한 답을 노트에 쓰게 하거나 손을 들어 이야기하게 한다. 학생들의 답을 확인하면, 학생들이 어느 정도 학습하고 있는 내용을 이해하고 있는지 파악할 수 있다. 학생들의 이해 정도가 파악되면 즉흥적으로 그다음 학생들에게 물어야 할 적절한 질문을 생각해낼 수 있다.

대부분이 올바른 대답을 하지 못하면 질문이 너무 어렵다는 것을 의미한다. 그러면 단계별 힌트를 준다. 단계별 힌트를 주면 올바른 답을 얻는 학생들이 늘어간다. 상당수의 학생들이 답을 이야기하면 정답을 이야기하면서 내용에 대해 설명하는 것이다.

학생들이 생각하게 하려면 우선 생각할 문제가 있어야 한다. 창의력 교육에 적절한, 특별한 문제나 학습 방법이 필요하다고 생각하는 사람들이 많다. 그러나 교과과정에서도 창의력을 키울 문제는 얼마든지 발견할 수 있다. 아이들이 반드시 익혀야 하는 교과과정을 통해 자연스레 사고력과 창의력을 키우는 것, 이것이 바로 몰입기반학습에서 추구하는 목표이다.

내가 발견한 바로는 교과과정에는 창의력을 키울 만한 문제들이 수두룩하다. 그런데 왜 교과과정을 통해서는 창의력을 키우지 못한다고 하는 걸까? 아이들이 생각할 기회를 주지 않고 학습 내용 심지어 문제를 푸는 요령과 방법을 미리 가르쳐주기 때문이다. 따라서 교과과정은 종전의 것을 그대로 사용하면 된다. 단지 사고력과 창의력을 키워줄 수 있도록 수업진행방식을 조금 바꾸는 것이다.

「진품명품」이라는 TV 프로그램이 있다. 의뢰자가 골동품을 가져오면 전문가가 그 값어치를 감정하기 전에 패널과 시청자 들이 나름대로 값을 매겨보는 프로그램이다. 이 과정에서 시청자들은 해당 골동품에 대해 더 큰 관심과 흥미를 갖게 된다. 만일 골동품을 갖고 나오자마자 전문가가 감정가鑑定價와 해설을 공개한다면 이 프로그램의 재미와 흥미는 한결 떨어질 것이다. 이렇게 공개하는 방식이 종래의 수업방식이라고 한다면 시청자들이 먼저 나름대로 값을 매겨보도록 기회를 주는 방식이 몰입기반학습의 방식이다. 즉, 먼저 학생들에게 학습할 내용과 관련된 문제를 내주고 생각할 시간을 충분히 준 다음 해설을 해주는 것이다. 그런 의미에서 몰입기반학습은 일종의 질문식 수업이다. 지식을 전달하기에 앞서 그것을 문제로 만들어 학생들에게 풀어볼 기회를 주는 것이다. 즉 앞으로 배울 내용을 사고력 훈련의 대상으로 삼자는 것이다.

몰입기반학습은 독일 초등학교에서 덧셈과 뺄셈을 가르칠 때 아이들 스스로 나름의 방법을 고안하도록 유도하는 것과 거의 유사한 수업 방식이다. 단, 정해진 진도를 나가야 하므로 아이들에게 생각할 시간을 무한정 줄 수는 없고, 제한된 시간이 지나면 풀이와 정답을 설명하는 식으로 진행한다. 그러면 아이들은 자신의 풀이와 답을 선생님의 것과 비교하면서 배우게 된다. 몰입기반학습은 마이클 샌델 교수의 강의 방식과도 비슷하다. 단지 '정의'는 인문학이므로 질문이 주로 정해진 답이 없는 'open question'이어서 학생들이 자유롭게 의견을 표명할 수 있는 반면, 내가 가르치는 분야는 이공계 분야이므로 정해진 답이 있다는 것이 다르다.

미국의 저명한 교육자인 존 듀이가 주장한 것과 몰입기반학습에서 추구하는 것이 상당히 유사하다. 존 듀이는 자신의 교육 철학과 관련하여 다음과 같이 주장하였다.

> 과학자들이 주어진 문제를 해결할 때 과학적인 방법을 적용하듯이, 학생들도 스스로 생각하는 방법을 익히기 위해서는 같은 방법을 사용해야 한다. 그러나 현재의 교육에서는 과학자들이 발견한 최종 결과들을 학습하라고 요구한다. 과정을 무시하고 결과만 가르치는 것이다. 문제가 몸소 체험되지 않으면, 어떠한 흥미나 동기부여도 생길 수 없고 교육은 가식에 불과한 것이다.

존 듀이는 교실에서의 교육과정은 과학적인 탐구과정을 모델로 삼아야 한다고 제안했다. 그리고 교사들은 학생들이 활발하게 생각하도록 해야 할 뿐만 아니라 독립적이고 풍부한 상상력을 가진 다양한 생각을 하도록 유도해야 한다고 강조했다.

몰입기반학습에 의한 수업의 성공 여부는 선생이 수업 전에 얼마나 적절하고 좋은 질문을 준비해 오느냐에 달려 있다. 질문을 잘 준비하면 학생들은 그 질문에 대하여 생각하면서 자연스럽게 학습해야 할 내용을 터득하게 된다. 난이도가 적절하면 학생들은 선생과 피드백을 주고받으며 점점 수업에 빠져든다.

버트런드 러셀은 "사람들은 생각하는 것을 죽기보다도 싫어한다!"고 했다. 한 가지 문제에 집중하여 생각하는 것은 의식의 엔트로피를 낮추는 것이어서 그만큼 부담스럽고 힘들기 때문이다. 몰입기반학습의 가장 좋은 점은 좀처럼 생각하지 않으려는 학생들을 생각할 수밖에 없는 상황으로 유도한다는 것이다. 몰입기반학습을 통하여 학생들은 한 학기에 한 과목당 10~20시간 정도 생각하는 시간을 갖게 된다.

학생들이 질문에 흥미를 느낄수록 참여도와 몰입도가 커지므로 선생이 좋은 질문을 준비할수록 수업은 성공적으로 진행된다. 가르치려고 하는 내용에 적합한 좋은 질문을 생각해내려면 교사 역시 많은 시간을 투자해야 한다. 내 경험에 따르면 스토리텔링 방식의 질문을 하면 학생들이 더 흥미를 가진다. 예를 들어 중학생에게 삼각형의 내각의 합이 180도임을 증명해보라고 한다면, 먼저 파스칼이라는 천재가 12살 때 삼각형의 내각의 합이 180도임을 증명했다는 이야기를 해주면서 파스칼이 12살 때 해결한 이 문제를 학생들이 한번 해보라는 식으로 이야기하는 것이다.

수업이 성공적으로 진행되면 선생도 몰입하고 학생들도 몰입한다.

그러면 가르치는 사람과 배우는 사람이 함께 수업을 즐기게 된다. 여기에는 중요한 의미가 숨어 있는데, 학생들이 해야 할 학습을 즐겁게 할 수 있다는 것을 경험으로 확인하게 만들기 때문이다. 경험을 하면 믿게 된다. 이처럼 배움은 꿀처럼 달다는 것을 반복해서 경험하면 학생들은 내가 해야 할 일을 즐겁게 할 수 있다는 것을 알게 된다. 따라서 몰입기반학습은 행복하고 성공적인 삶의 밑거름이 된다.

몰입기반학습과 영재교육

몰입기반학습은 자연스럽게 영재교육으로 연결된다. 초등학교 시절에 약한 몰입을 통하여 생각하는 훈련을 충분히 하였으면 사고력과 창의력이 발달하고 미지의 문제를 만나더라도 포기하지 않고 생각하는 시간이 길어진다. 이렇게 학습한 학생이 중학생이 되었다고 하자. 이번에는 몰입의 강도를 조금 더 높여 중간 몰입을 필요로 하는 좀 더 도전적인 문제를 줄 수 있다. 예를 들어 선행학습을 하지 않은 상태에서 다음과 같은 문제를 내줄 수 있다.

예제 1. 삼각형의 내각의 합이 180도임을 증명하라.

▶ 이 문제는 파스칼이란 천재가 12살 때 스스로 해결한 문제이다. 이 문제를 풀기 위해서는 사전에 평행선의 성질을 배운 상태여야 한다. 평행선의 성질은 중학교 1학년 때에 나온다. 이미 평행선의 성질

을 알고 있는 초등학교 6학년이라면 도전할 수 있는 문제이다.

<u>예제 2. 연속된 자연수의 합을 구하라.</u>

▶ 이 문제는 '1 + 2 + 3 + ⋯ + n'을 구하라는 문제로 가우스라는 천재가 어린 시절에 스스로 해결한 것이다. 임의의 수인 n에 대한 개념이 없을 수 있으므로 1부터 1000까지의 합을 구하라고 해도 된다. 이 문제를 풀기 위한 별다른 사전지식이 필요 없으므로 초등학교 6학년 이상이면 가능하다.

<u>예제 3. 모든 직각삼각형은 세 변 사이에 특별한 관계가 성립한다. 이 관계를 구하라.</u>

▶ 이 문제는 피타고라스 정리라고 알려져 있고 피타고라스라고 하는 천재가 해결한 문제이다. 이 문제를 푸는 데 필요한 특별한 사전지식은 없으므로 초등학교 6학년 이상이면 가능하다.

<u>예제 4. 변위 y가 시간 t에 대하여 $y=t^3$이라는 관계를 가지고 변할 때, 이 곡선 위의 점 (2, 8)에서 순간속도 혹은 접선의 기울기를 구하라.</u>

▶ 이 문제는 미분으로 뉴턴이라는 천재가 해결한 문제이다. 이 문제를 풀기 위해서는 직선의 기울기와 접선에 대한 사전지식이 필요하다. 그리고 속도와 평균속도의 개념을 알고 있으면 도움이 된다. 중학교 3학년에 나오는 수학과 물리를 배운 상태에서는 가능하다. 참고로 이 문제는 2007년에 방영된 SBS 스페셜 프로그램「몰입, 최고

의 나를 만난다」에 참여했던 원묵중학교 3학년 10명에게 2박 3일 동안 도전할 문제로 내준 것이다. 그중에 한 학생은 2시간 정도 지나서 풀었고 다른 한 학생은 그다음 날 풀었다. 나머지 학생들은 적절한 힌트를 한 개 또는 그 이상을 듣고 풀었다.

이 문제들은 며칠 혹은 몇 주가 걸리더라도 포기하지 않고 계속 생각할 만한 가치가 있는 문제들이다. 사전에 약한 몰입을 통하여 문제의 핵심을 찾아 집중하는 것과 논리적으로 접근하는 것이 훈련되어 있다면 거의 모든 학생들이 이 문제를 해결할 수 있다. 물론 며칠이고 몇 주일이고 포기하지 않아야 한다. 이 네 개의 문제를 모두 스스로 생각해서 해결한 학생은 파스칼의 천재성, 가우스의 천재성, 피타고라스의 천재성, 뉴턴의 천재성을 가지고 있다고 이야기할 수 있다. 이로써 천재성이란 결국 포기하지 않고 얼마나 오랫동안 끈질기게 생각할 수 있느냐의 문제라는 것을 알 수 있다.

나는 시간이 오래 걸리더라도 이런 문제는 선행학습을 하지 않은 상태에서 스스로 풀도록 해야 한다고 생각한다. 왜냐하면 이들 문제를 해결한 학생들은 평생 자신감을 가지고 살아갈 수 있기 때문이다. '나는 포기하지 않고 열심히 생각한 끝에 파스칼이 해결한 문제를 해결했고, 가우스가 해결한 문제를 해결했고 피타고라스가 해결한 문제를 해결했고, 뉴턴이 해결한 문제를 해결했다! 그러니 나도 생각만 하면 어떤 문제도 해결할 수 있다!'라고 믿는 것이다. 이러한 자신감은 나중에 매우 어려운 문제에 부딪혀도 주눅 들지 않고 도전할 수 있게 만든다. 이런 학생들은 어떠한 방향으로 노력해야 이와 같은 천재들을 닮아갈 수 있는지를 알게 된다.

수학 이외의 과목

여기에서는 몰입기반학습을 다른 과목에서 어떻게 적용하는가에 대한 개념만 간략히 설명한다. 물리나 화학은 수학과 크게 다르지 않다. 적절한 단계별 질문을 통하여 아이가 스스로 배워야 할 내용을 터득할 수 있다. 그 외의 과목에서도 많은 경우 "왜?"와 "어떻게?"라는 관점으로 접근하면 적절한 질문을 만들 수 있다. 예를 들어 국사나 세계사를 공부할 때 역사적으로 중요한 사건이라면 "그 사건이 왜 일어났을까?"가 좋은 질문이 된다. 그리고 문제집의 선다형 문제를 풀 때도 4개 혹은 5개의 보기가 주어지는데 문제 중에는 주어진 보기를 보지 않고 생각해서 풀 수 있는 경우가 있다. 이런 때 선다형 문제를 단답형이나 주관식 문제로 바꾸어 먼저 충분히 오래 생각해서 자기 나름의 답을 얻은 후 자신의 답과 주어진 보기와 비교하면 사고력을 발달시킬 수 있다.

　예를 들면 언어영역에서 주어진 지문을 주고 "이 글의 주제가 무엇인가?"라고 묻는 경우가 있다. 이때 문제를 주관식처럼 생각하고 보기를 가린 다음 지문을 반복해서 읽고 생각함으로써 주제를 생각해낼 수 있다. 그러고는 자기가 구한 답과 주어진 보기를 비교하는 것이다. 이런 방식으로 공부하면 사고력이 발달하여 빠른 속도로 실력이 향상되고 재미도 붙는다.

여기에서는 이해를 돕기 위하여 초중고 교과과정을 예로 들었지만, 나는 이러한 방법을 대학교의 모든 강의에 적용하고 있다. 처음에는 이 방법의 효과에 대하여 확신이 없어서 실험적으로 조금씩 적용하다가 학생들의 반응도 좋고 학습 성취도도 좋은 것을 확인하고, 지금은 모든 강의에 적용하고 있다.

몰입기반학습을 적용한 대학 수업

대부분의 공과대학 2학년생이 공통으로 배우는 공학수학에서 몰입기반학습을 적용한 사례를 소개한다. 수업 첫 시간에 몰입기반학습의 취지를 잘 설명하고, 학생들이 어떤 방식으로 수업에 참여해야 하는지에 대한 오리엔테이션을 한다. 일단 교재를 갖고 오지 말고 다음에 배울 내용에 대해서도 예습하지 말라고 한다. 재수강자 등의 선행학습자가 있기 때문에 문제에 대한 답을 구두로 하기보다는 노트에 적으라고 한다.

공학수학 과정의 첫 부분에는 미분방정식에 대한 일반론이 나오고, 변수분리법을 이용하여 미분방정식을 푸는 단원이 나온다. 그러면, 변수분리법에 대하여 일절 언급하지 않은 상태에서, 비교적 쉬운 변수분리 미분방정식 문제를 10분의 시간을 주고 학생들에게 풀어보라고 한다. 그러면 학생들은 각자의 노트에 풀기 시작한다. 나는 학생들 사이로 돌아다니면서 학생들이 푸는 과정을 체크한다. 대부분의 학생들은 이 간단한 방정식을 풀지 못하고 쩔쩔맨다. 푸는 학생들은 대부분 재수강을 하는 학생이거나, 이전에 비슷한 문제를 풀었거나, 수학에 관심이 있어서 선행학습을 한 경우이다. 선행학습을 하지 않은 학생들은 가장 단순한 변수분리 미분방정식도 대부분 풀지 못한다. 이는 학생들이 사고력 향상을 얼마나 등한시했는지를 단적으로 보여주는 것이다. 몰입기반학습으로 수업을 진행하면 학생들의 사고력 수준을 알게 된다.

한 10분쯤 학생들이 시행착오로 고생을 한 다음에야 비로소 변수분리법에 대하여 설명을 한다. 변수분리법을 설명하면 학생들 사이에서 감탄의 소리가 들린다. 자신들이 그렇게 고생을 해도 풀지 못했는데 변수분리라는 방식을 쓰면 아주 쉽게 풀리는 것을 보고 감탄하는 것이다. 이 예를 통하여 이야기하고 싶은 것은 학생들이 거의 문제를 풀지 못해도 상관이 없다는 것이다. 즉, 문제를 풀지 못하더라도 그 문제에 대하여 10분 정도 고생하면서 생각하는 것 자체가 교육효과가 크다는 것이다.

학생들은 변수분리법이라는 풀이 방식에 깊은 인상을 받게 되고, 이 방식이 얼마나 아름답고 편리한지를 음미하게 된다. 곧바로 변수분리법 강의를 들었을 때는 결코 경험할 수 없는 감정이다. 단지 10분간의 몰입기반학습의 수업방식이 이처럼 큰 경험의 차이를 만들어 낸다. 그뿐만 아니라, 학생들이 헤맨 10분의 시간이 사고력 발달을 위하여 결코 헛되이 보낸 것이 아님을 상기하여야 한다. 학생들은 이 시간 동안 시험을 보듯 문제를 풀려고 이렇게 해보고, 저렇게 해보고 열심히 머리를 쓴다.

이렇게 머리를 쓰는 동안은 분명히 학생들의 사고력과 창의력이 발달할 것이다. 사고력은 반드시 문제의 답을 찾을 경우만 발달하는 것이 아니라, 사고하는 과정에도 발달하기 때문에 문제의 답을 찾는 것과 상관없이 사고활동의 시간을 늘리는 것이 중요한 것이다. 그뿐만 아니라 이렇게 밑도 끝도 없이 어떻게 접근해야 할지 전혀 모르는 상황에서 10분 정도의 집중적인 사고활동을 반복하다 보면, 두뇌가 단련되어 장차 장기적이고 집중적인 사고를 하기 위한 기반이 다져진다.

위와 같은 과정을 거친 후, 변수분리법에 대한 정상적인 강의를 하고, 연습문제로 유사한 문제를 한두 개를 더 내준다. 이번에는 대부분의 학생들이 쉽게 문제를 푼다. 그다음에는 치환하여 변수분리형태로 바꾸는 내용이 나오는데, 이것도 미리 가르치지 않고 문제로 내주어야 한다. 단, 힌트를 줄 수는 있다. 예를 들어 학생들이 대략 5분 정도 생각한 후에도 일부만이 풀고 대부분이 풀지 못하면, 적당한 치환을 통하여 변수분리형으로 바꾸어보라는 식의 힌트를 주는 것이다. 그러면, 푸는 학생들의 숫자가 늘어난다. 그다음에 다시 이 내용의 정상적인 강의를 한다.

수업이 끝날 때쯤이면, 그다음 시간에 배울 내용에 해당하는 문제를 내준다. 진도 상 완전미분방정식이 된다. 이 문제 역시 학생 스스로 생각하여 풀기에는 대단히 어렵다. 그러므로 적절한 소개를 한다. 학생 스스로 생각하여 풀기는 어렵다는 이야기와 함께, 다음 시간에 배울 내용이니 안 되더라도 최선을 다해 생각해보거나, 생각해보고 도저히 안 되면 힌트를 참조하라고 한다. 힌트는 학생들에게 나누어 주는 수업자료의 마지막에 넣어두면 된다. 다양한 학생들이 있는데, 도전을 좋아하는 학생들은 힌트 없이 스스로 풀기를 원한다.

공학수학의 경우 75분 수업에 50분 정도는 이렇게 학생이 문제를 푸느라 시간을 보내고, 25분은 정상적인 진도를 나간다. 파워포인트로 수업하므로 25분의 설명으로도 칠판에 판서하는 75분의 강의 진도만큼 나갈 수 있다. 게다가 수업시간 동안 배울 내용에 대하여 학생들이 스스로 깊게 생각하기 때문에 비교적 빨리 진도를 나가도 이해를 잘 하는 편이다. 칠판 강의에서는 학생들이 필기하는 데 대부분의 시간을 보내지만, 이러한 강의에서는 파워포인트로 나가는 수업내용을 전부 파일로 받을 수 있기 때문에 학생들은 필기할 필요가 없다. 따라서 학생들은 수업시간에 필기하는 대신, 주어진 문제를 생각하는 데 많은 시간을 보내게 된다.

사실 다른 전공수업에 비해서 공학수학이라는 과목이 몰입기반학습을 적용하기가 가장 부적합하다. 그 이유는 문제의 난도가 너무 높기 때문이다. 공학수학은 난도를 적당한 수준으로 낮추기도 그렇게 쉽지 않다. 그래서 다른 과목과는 달리 대부분 학생들이 5~10분이 지나도 주어진 문제를 해결하지 못하는 경우도 빈번히 발생한다. 그럼에도 학생들은 앞으로 배울 지식의 내용을 먼저 설명해주는 것보다 그 지식을 문제화하여 자신들이 그 문제를 먼저 고민해볼 기회를 갖는 것을 더 선호한다. 몰입기반학습은 학생들의 학습 의욕도 고취하는 것으로 보인다.

몰입기반학습에 대한 학생들의 반응

이러한 방식의 수업에 대한 학생들의 반응은 강의평가를 통해서 알 수 있다. 특히 주관식 강의평가에서 강의의 좋았던 점과 아쉬웠던 점을 언급한다. 대체로 배울 내용을 바로 설명해주지 않고 질문을 함으로써 학생들이 미리 생각해볼 기회를 준 것이 좋았다고 이야기한다. 또한 이런 방식의 수업이 흥미롭고 집중이 잘된다고 이야기하는 학생이 의외로 많다.

   강의평가 외에도 학생들이 개인적으로 강의에 대한 소감을 이메일로 보내곤 한다. 이러한 메일은 전체 학생의 의견이기보다는 특정한 학생의 의견이기 때문에 주관성이 강하다. 그러나 학생들이 강의에 대한 소감을 개인적으로 보내는 경우는 흔치 않기 때문에 중요한 의미가 있고 자신의 강의에 대한 학생들의 견해를 가늠할 수 있는 중요한 정보가 된다. 학생들이 강의를 들으면서 내게 보낸 메일 중에 학부생과 대학원생이 보낸 메일을 각각 하나씩 소개한다. 다음은 공과대학 내의 타과생을 위한 '재료공학개론'의 학부 과목을 수강한 학생이 보낸 메일 내용이다.

🔲… 학부생의 강의 소감

저는 사실 공대생임에도 수업을 들으면서 전공 공부에 대한 자신감도 많이 잃고 흥미도 많이 잃었던 학생이었습니다. 그러다 보니 전공에 소홀하게 되었고, 전공 공부를 피하고 싶다는 생각이 많이 들었었습니다.

하지만 교수님 수업을 들으면서 정말 다른 전공수업도 이렇게 배웠다면 얼마나 도움이 되고 제가 이해를 잘할 수 있지 않았을까 하는 생각을 하게 되었습니다. 그러다 보니 정말 수업도 너무 재미있고 흥미 있게 참여하게 되고 듣게 되는 것 같습니다. 수업을 통해서 이해하고 얻어가는 시간이 정말 즐겁습니다.

대학원 과정에서는 학부과정보다는 진도에 구애받지 않고 나갈 수 있기 때문에 본격적으로 질문식 수업을 할 수 있다. 특히 특론이나 특강은 더욱더 시간에 대한 제약이 없어서 자유롭다. 그러면 학생들에게 미지의 문제를 해결해나가는 방식을 훨씬 구체적으로 전달해줄 수 있다. 다음은 '반도체 재료 특강'이라는 대학원 과목을 수강한 학생이 보낸 메일 내용이다.

🔲… 대학원생의 강의 소감

이번 수업을 듣기 전에 교수님 대학원 열역학 수업을 들었습니다. 그때 교수님께서 '반도체 재료 특강'을 들으면 더 심도 있게 몰입하는 연습도 하고 생각할 시간도 많다고 하셔서 이번에 듣게 되었습니다. 이번 수업을 듣고 교수님께 감사의 말씀을 전하고 싶어서 메일 드립니다.

사실 저는 대학에 와서 전공 공부도 대충했고 하기도 싫어했습니다. 재미가 없었거든요. 대학원에 오게 된 것도 공부하고 싶다는 생각이 있어서 온 것이 아니라 주변의 권유 때문에 온 것이었습니다.

그런데 교수님 수업을 들으면서 연구와 공부에 재미가 생겼습니다. 대학에 온 뒤로 문제를 해결하면서 얻는 성취감을 까맣게 잊고 지냈는데 교수님께서 다시 일깨워 주셨습니다. 덕분에 지금은 제 연구도 재밌어지고 문제 해결도 교수님께서 수업시간에 알려주신 방법대로 단순화시켜서 쉬운 것부터 한 계단씩 풀어가고 있습니다.

제가 교수님 수업을 통해 가장 많이 배운 점은 문제를 해결하는 방법입니다. 교수님께서 다이아몬드 화학증착을 연구하시면서 겪어오신 고민과 문제들, 그리고 그 문제들을 해결해나가는 사고 흐름을 그대로 수업시간에 전해주셔서 현재 공부하고 있는 학생으로서 큰 도움이 되었습니다.

전농초등학교 몰입학습 사례

2011년에 서울 동대문구 전농동에 있는 전농초등학교 유선주 교장 선생님이 학생들에게 몰입을 적용해보려고 하는데 도움을 줄 수 있느냐고 연락이 왔다. 내가 대학생과 대학원생들에게 적용하고 있는 교육방식을 초등학교에도 적용하면 좋을 것 같아서 이 요청에 응했다. 한 달에 한 번씩 방문하여 학생들, 교사들, 학부모들에게 학습에 몰입을 어떻게 적용할 수 있는지에 대하여 소개하였다.

몰입을 적용하기 쉬운 과목이 수학이므로 초등학교 수학 교과서를 살펴보았다. 내가 초등학교 다닐 때의 교과서와는 상당히 달랐다. 일방적인 설명은 별로 없고 대부분 학생들에게 생각을 유도하는 질문으로 구성되어 있었다. 그리고 교과서 앞표지 뒷면에 "왜 그렇게 생각했느냐는 질문에 대답할 수 있어야 합니다"와 "원리나 법칙과 같은 방법을 스스로 발견할 수 있어야 합니다"라는 문구가 쓰여 있었다. 교과서를 만든 사람들은 사고의 중요성을 충분히 알고 있었고 교과서에는 사고를 유도하는 질문들이 많았다. 적어도 초등학교에서는 질문식 수업을 할 수 있는 인프라는 이미 구축되었다고 볼 수 있다. 교과서의 취지를 잘 이해하고 앞에서 소개한 독일의 초등학교 수업처럼 적절한 질문을 통해 학생들이 생각하게끔 하는 방식으로 가르치는 것은 각 교사의 재량에 달린 것으로 보였다.

이런 상황에서 따로 진도를 나가면서 질문식 수업을 하기보다는 학생들에게 도전적인 문제를 주고 학생들 스스로 풀게 하는 방식으로 진행했다. 그래서 학생들에게 처음에는 풀기 어려운 문제에 도전하여 성공하는 경험을 갖는 것을 목표로 삼았다. 학생들이 생각을 포기하지 않고 지속하는 시간을 최대 10분으로 잡았다. 각자의 실력이 다르므로 주어진 문제를 10분 안에 풀면 그다음의 문제를 소개하고, 10분 만에 풀지 못하면 약간의 힌트를 주는 방식으로 진행하였다. 40분간의 수업에서 잘하는 학생은 힌트 없이 스스로 5개의 문제를 푸는 학생도 있고, 못하는 학생은 힌트의 도움을 받아 2~3개의 문제를 풀었다. 수학 문제를 풀면서 10분 정도 생각한 경험을 처음으로 한 학생들이 많았다. 학생들이 10분 정도 문제에 도전하고 나름의 성공을 체험한 후, 처음에는 힘들어하던 학생들도 대체로 만족해하며 재미있다고 말했다.

얼마 전 전농초등학교를 다시 방문했는데 교장 선생님이 학생들이 이러한 훈련을 계속하면서 변화하는 모습이 나타나기 시작했다고 했다. 학생들이 더 차분해지고 미지의 문제를 포기하지 않고 도전하는 시간이 10분에서 20~30분으로 길어졌다고 한다.

다른 수업방식과 구별하기 위하여 '몰입기반학습'이라고 이름을 붙였지만 간단하게 질문식 수업이라고 이해하면 된다. 10년 가까이 이 방법으로 수업하면서 느낀 것은 여러 가지 면에서 교육효과가 좋다는 것이다. 나는 학생을 가르치는 모든 사람들에게 몰입기반학습 혹은 질문식 수업을 적용할 것을 추천한다. 학생들에게 적절한 질문을 던짐으로써 생각하도록 유도하고 '배움이 꿀처럼 달다'는 것을 반복 체험시킬 수 있는 효과적인 수업이기 때문이다. 많은 사람들이 새로운 방식을 적용하기에는 부담이 될 수 있다. 처음부터 100% 적용하기가 부담스러우면 조금씩 적용해보고 학생들의 반응을 보고 점차 확대해나가면 좋을 것이다.

요즈음 인터넷 강의가 유행이다. 아마도 인터넷 강의는 앞으로 더 발달할 것이다. 적어도 현재의 교육 방식에서는 입담 좋은 강사를 통해 지식을 재미있고 알기 쉽게 전달하는 인터넷 강의가 인기를 끌 수밖에 없다. 이런 이유로 학생들의 학교수업에 대한 의존도가 떨어지고 있고 이는 심각한 문제가 될 수 있다. 이러한 추세는 앞으로 더욱 가속될 것이다. 국제적으로 보아도 이러한 경향이 뚜렷하다. 예를 들면 현재도 테드TED 혹은 아이튠스 유iTtunes U와 같이 세계적으로 인기 있는 강의를 누구나 무료로 들을 수 있기 때문이다. 그러나 인터넷 강의로는 몰입기반학습이 어렵다. 몰입기반학습은 학생에게 질문을 던진 뒤 돌아다니면서 학생이 문제 푸는 과정을 지켜보며 격려하고 칭찬하고 때에 따라서는 힌트도 주는 등의 피드백을 해주어야 한다. 다시 말해 몰입기반학습은 교사와 학생이 상호 소통하는 역동적인 수업 방식이다. 그러니 실제 학교 현장에서는 몰입기반학습 방식의 강의로 학생들의 사고력과 창의력을 발달시키는 데 주력하고, 여기에서 빠뜨릴 수 있는 부족한 부분을 인터넷 강의로 보완하는 방식이 이상적이라고 생각한다.

사례 ▸ **몰입기반학습**

초등학생에게 새로운 용어, 분수와 도형의 면적을 가르칠 때 어떻게 몰입기반학습을 적용할 수 있는지 좀 더 구체적으로 소개한다.

새로운 용어

학생들은 새로운 단원을 배울 때마다 새로운 용어를 배우게 된다. 배우지 않은 상태에서 아이에게 해당 용어를 어떻게 부를지 물어보는 것에는 몇 가지 교육적 효과가 있다. 아이가 새로운 용어가 어떻게 만들어지는지 이해하고 자신이 그 용어를 만드는 과정에 참여하는 느낌이 들게 할 수 있다. 그래서 그 용어를 수동적으로 배우는 것이 아니라 그 내용을 처음 만든 사람으로서 고민하도록 하는 것이다. 이렇게 하면 새로운 내용을 배울 때의 거부감이나 수동적인 자세를 버리고 조금 더 능동적으로 학습에 참여할 수 있게 된다.

예를 들면 곡선이나 직선의 이름을 바로 가르치지 말고, 곡선과 직선을 그려주고 아이에게 각각 이름을 붙여보라고 하는 것이다. 만약 아이가 구부러진 선 그리고 똑바른 선이라고 대답을 하면 사실 맞춘 것이나 다름없다. 아이에게 맞았다고 말해주고 생각을 잘했다고 칭찬을 해준다. 그런데 실제는 한자를 사용해서 더 간략하게 부른다고 이야기하고, 한자로 구부러진 것을 뜻하는 글자가 무엇이냐고 물어본다. 아이가 모르면 '곡曲'이라고 이야기해준다. 그러면 아이가 '곡선'이라고 맞출 것이다. 직선도 마찬가지이다.

    삼각형을 보여주고 "이 모양을 무엇이라고 부를까?"라고 질문을 해도 된다. 아이가 대답을 못하면 각에 대해서 설명해주고 이 도형에서 각이 몇 개 있느냐고 물어본다. 그래서 이 도형은 각이 세 개 있으니까 무엇이라고 이름을 지어주면 좋겠냐고 묻는다. 아이가 대답을 못하면 '삼각형'이라고 가르쳐준다. 그러고는 사각형을 그려주고, "그러면 이 도형은 무엇이라고 부를까?"라고 질문을 한다. 아이가 대답을 못하면 이 도형에서 각이 몇 개 있느냐고 물어본다. 이런 식으로 오각형과 육각형을 그려주면서 이름을 붙여보라고 한다. 그러다 보면 아이가 이름 붙이는 원리를 자연스럽게 터득하게 된다.

분수의 합

아이가 분수의 개념이나 약분의 개념을 충분히 파악한 상태에서 아이에게 분수의 덧셈을 가르쳐줄 차례가 되었다고 하자. 처음에는 '1/3 + 1/3 = ?'과 같은 문제를 내준다. 이것을 큰 어려움 없이 2/3라고 맞추는 아이도 있지만 2/6라고 대답하거나 맞추지 못하는 아이도 많다. 분수의 덧셈을 배우지 않고 스스로 맞추는 아이는 생각을 잘하고 있을 뿐 아니라 분수의 개념을 완전히 이해하고 있다고 보면 된다.

    맞추지 못하는 아이는 분수의 개념을 잘 이해하지 못하고 있는 것이다. 그래서 '1/3 + 1/3 = ?'와 같이 수식으로 묻는 대신, 말로 묻는다. 예를 들어 피자를 3조각으로 나눈 후 한 조각을 먹고 나서 또 한 조각을 먹었을 때 먹은 피자를 분수로 나타내보라고 한다. 말로 표현하면 아이가 답을 더 쉽게 찾는다.

아이가 답을 맞히면 이를 식으로 나타내보라고 한다. 말로는 답을 맞히더라도 식으로 나타내라고 하면 어려워하는 경우가 많다. 아이가 어려워하면 적당한 힌트를 준다. 이런 과정을 통하여 아이가 자연스럽게 분수의 덧셈을 이해하게 된다. 이처럼 분모가 같은 분수의 덧셈 문제를 몇 개 더 내준다. 그러면 아이는 분모가 같은 분수의 덧셈을 스스로 깨우치게 된다. 그다음 분모가 같은 분수의 덧셈을 할 때는 분모는 그대로 두고 분자만 더하면 된다고 설명해준다. 이처럼 아이가 먼저 자신의 힘으로 모두 터득하게 한 후 정리를 위해서 설명을 해주면 된다.

아이가 분모가 같은 분수의 합을 구하는 문제를 쉽게 해결할 수 있는 단계가 되면 이러한 문제에 대해서는 자신감이 생긴다. 예를 들어 분모가 같을 때 분수의 합을 10~20문제 이상을 맞추게 되면 아이는 어떤 문제도 풀 수 있다는 자신감이 생긴다. 이때 아이에게 "조금 어려운 문제에 도전해볼래?" 하고 도전심을 자극한다. 도전적인 문제를 내기 전까지는 아이가 자신감 넘치고 의기양양한 상태에 있는 것이 바람직하다. 아이가 자신 있게 해보겠다고 하면 다음 단계의 문제를 내준다.

분모가 다른 분수의 합 (1단계)

도전적인 문제로 분모가 다른 분수의 합에 관한 문제를 내 준다. 예를 들어 "1/4 + 1/2 = ?"와 같은 문제이다. 아이는 처음에는 쉽게 풀 수 있을 것으로 생각했다가 당황한다. 분모가 다르므로 자신의 지적 한계를 넘는 해결불가능한 문제로 보이는 것이다. 그리고는 생각을 곰곰이 하게 된다. 이 상태에서 아이는 약한 몰입을 하게 된다. 그리고 어떻게 접근해야 할지 몰라 막막한 경험을 하게 된다. 아이는 이 막막한 심리상태를 힘들어하지만 이렇게 보내는 시간이 창의성을 잉태하는 기간이므로 이러한 상황을 견딜 수 있는 능력을 발달시킬수록 좋다.

통분을 배우지 않은 상태에서 아이가 스스로 답을 내기 위해서는 아이디어의 점프가 필요하다. 이때는 창의성이 발휘되어야만 해결할 수 있다. 따라서 이 문제를 생각하면서 자연스레 창의성이 발달한다. 통분을 배우지 않은 상태에서 아이가 스스로 해결하면 아이는 분명 창의력이 있는 것이다.

이 문제는 다소 어려울 수도 있지만, 아이에게 시간을 충분히 주면 스스로 해결한다. 이때 주의할 점은 아이가 확신을 하지 않은 상태에서 아무 숫자나 대충 이야기할 수 있다는 것이다. 생각하기 싫으니 아무 숫자나 이야기하고 그것이 우연히 맞기를 바라는 것이다. 이러한 시도를 못 하게 해야 한다. 그래서 틀린 답을 이야기하면 감점 등을 주어 불리하게 만들어야 한다.

5분 이상이 지나도 아이가 구하지 못하면, 분수의 개념을 잘 모르는 것이므로 분수의 개념에 대한 더 기초적인 문제들을 내 준다. 그리고 다시 해보라고 한다. 5분이 또 지났음에도 아이가 구하지 못하면 이번에는 말로 바꾸어 문제를 낸다. 피자를 사서 1/2조각을 먹고 조금 있다가 1/4조각을 먹었으면 먹은 피자는 분수로 얼마가 되느냐고 묻는다.

  5분이 더 지나도 답을 맞히지 못하면 힌트를 주는데 이는 문제의 핵심을 물어보아 주는 것이다. 즉, 아이에게 "네가 이 문제를 풀지 못하는 이유가 무엇이냐?"고 혹은 "어떤 부분을 몰라서 못 푸니?"라고 물어본다. 아이가 분모가 달라서 풀지 못하겠다고 이야기하면 핵심을 제대로 파악한 것이다. 그러면 바로 분모가 달라서 풀지 못하고 있다는 사실에 생각을 집중하라고 이야기해준다. 아이는 계속 생각을 하다가 영감이 떠오르게 된다. 1/2이 2/4와 같다는 아이디어를 머리에서 끄집어내는 것이다. 물론 이 과정은 어렵지만 충분히 생각하면 가능하다. 그래서 '1/4 + 1/2 = 1/4 + 2/4 = 3/4'의 과정을 통하여 답을 구하는 것이다. 아이가 그림을 그려서 해결하는 때도 많다.

  곰곰이 생각한 끝에 문제를 해결하면 아이들은 즐거워한다. 힘은 들었지만, 결국 풀었기 때문에 재미가 있음을 경험한다. 일종의 '몰입의 즐거움'을 경험한 것이다. 이때 적절한 칭찬을 해주면 아이의 희열은 증폭된다. 그리고 의기양양해진다. 아이가 재미있다고 문제를 또 내달라고 조르면, 교육이 아주 잘 진행되고 있다고 생각하면 된다. 그리고 난이도의 조정은 아이가 문제를 또 내달라고 조를 정도로 조정하는 것이 좋다.

  이 문제를 해결했다고 해서, 아이가 통분의 개념을 완전히 파악한 것은 아니다. 그래서 비슷한 문제를 더 내준다. 일단 하나의 분모가 다른 분모의 배수가 되는 분수의 합을 구하는 문제를 내준다. 예를 들어 '1/3 + 1/6 =?, 2/3 + 1/6 =?, 1/5 + 1/10 =?' 등의 문제를 내준다. 분모의 숫자가 커질 때 아이가 풀지 못하거나 어려워하면, 아이가 통분의 개념이 아직 불완전하다는 것을 의미한다. 계속 비슷한 문제를 내주어 이러한 형태의 문제는 어렵지 않게 풀 수 있는 상태로 만든다. 비슷한 문제를 어려움 없이 풀면서 아이는 자신감이 생긴다.

분모가 다른 분수의 합 (2단계)

다시 더 난도가 높은 문제를 내준다. '1/2 + 1/3 = ?'과 같이 두 분수의 분모가 배수가 아닌 경우를 내주는 것이다. 이 문제는 종전의 문제보다 더 어렵지만, 앞의 문제를 힘겹게 풀어낸 학생은 비교적 쉽게 푼다. 이러한 문제는 약한 정도의 몰입적인 사고를 하지 않으면 해결하기 어렵다. 아이가 5분 이상 해결을 못하고 어려워하면 힌트를 주는데 역시 문제의 핵심을 찾으라는 것이다. 이 문제에서 왜 해결을 못하느냐고 물으면 아이는 분모가 달라서 그렇다고 대답할 것이다. 그러면 그것이 바로 문제의 핵심이고 네가 그 핵심에 생각을 집중하면 된다고 이야기해준다. 아이가 한참을 곰곰이 생각하다가 '1/2은 3/6과 같고 1/3은 2/6와 같다'는 기적과 같은 영감이 떠오르게 된다. 그래서 답을 구하게 된다. 실제는 그림으로 그려서 구하는 경우가 더 많다. 답답한 상태에서 곰곰이 생각한 끝에 답을 구한 아이는 큰 희열을 느끼게 되고 이러한 기적과 같은 아이디어를 생각해낸 자신이 대견하게 느껴진다. 적절한 칭찬을 해준다.

삼각형 넓이 구하는 문제

아이가 사각형 넓이를 배운 후 삼각형 넓이를 구하는 것을 배울 차례가 되었다고 하자. 이때 삼각형 넓이를 구하는 방법을 가르쳐주지 않은 상태에서 〈그림 2〉와 같이 높이가 4cm이고 밑변이 6cm인 직각삼각형을 그려주고 넓이를 구해보라고 한다. 아이가 배우지 않은 문제라서 당황할 것이다. 그러나 포기하지 않고, 차분하게 생각하다 보면 영감이 떠오른다. '이 직각삼각형의 넓이는 높이가 4cm이고 밑변이 6cm인 직각사각형의 절반과 같다'라는 사실을 깨닫게 되는 것이다.

• 그림 2 •

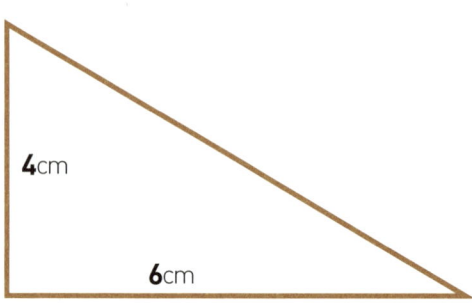

• 그림 3 •

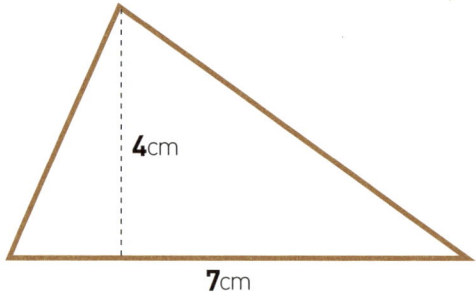

그다음 단계는 〈그림 3〉 도형과 같이 높이 4cm, 밑변 7cm인 예각삼각형을 그려주고 면적을 구해보라고 한다. 직각삼각형의 면적을 스스로 구한 학생은 예각 삼각형의 면적은 상대적으로 쉽게 구한다. 그다음 단계는 임의의 둔각삼각형을 그려주고, 높이와 밑변의 값을 준 다음 면적을 구해보라고 한다. 경험에 의하면 둔각 삼각형의 면적을 구하는 문제는 대부분의 학생들이 어려워한다. 10~20분이 지나도 해결하지 못하면 문제의 난도를 낮추기 위한 힌트가 될 수 있는 문제를 하나 내준다. 힌트 문제로 임의의 평행사변형을 그려주고 밑변과 높이 값을 주고 면적을 구해보라고 한다. 평행사변형의 면적은 비교적 쉽게 구한다. 일단 평행사변형의 면적을 구하는 법을 터득한 다음 둔각삼각형의 면적을 구하라고 하면 대부분 쉽게 구한다.

사다리꼴 넓이 구하는 문제

이번에는 아이가 사다리꼴 넓이를 배울 차례라고 하자. 사다리꼴 넓이를 구하는 방법이나 공식을 가르쳐주지 않은 상태에서 아이 스스로 넓이를 구하는 방법을 터득할 수 있게 한다. 아이의 능력에 맞게 난이도를 조절해야 한다.

먼저 쉬운 문제부터 시작한다. 〈그림 4〉 도형과 같이 윗변의 길이가 4cm, 밑변의 길이가 6cm, 높이가 5cm인 사다리꼴 넓이를 스스로 생각해서 구하라고 하는 것이다. 그러면 아이는 배운 적이 없으므로 생각을 할 수밖에 없다. 이 궁리 저 궁리를 하다가 이 도형을 〈그림 5〉와 같이 삼각형과 사각형으로 나눌 수 있다는 것을 발견하게 된다. 그래

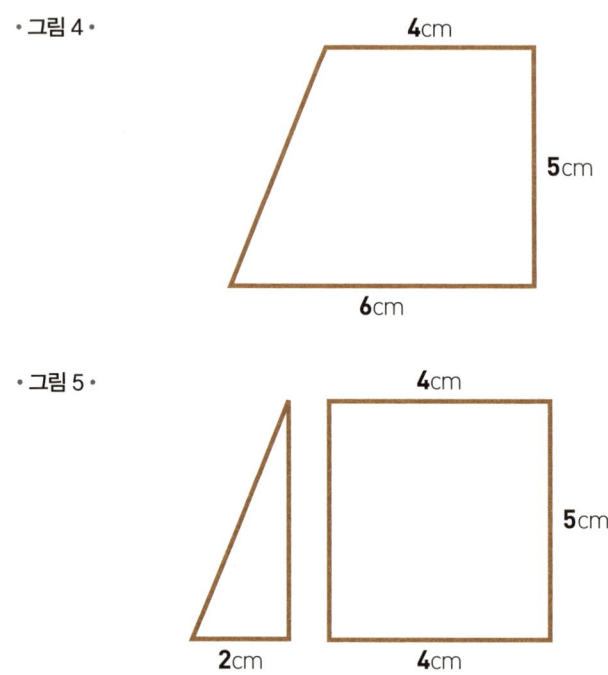

서 삼각형과 사각형의 넓이를 구하여 합하면 된다는 사실을 알아낸다.

이것을 맞춘 아이에게 적절한 칭찬을 해주고, 비슷한 형태의 문제를 몇 개 더 내줄 수 있다. 그러면 아이는 점점 더 익숙해진다. 그다음은 두 번째 단계로 〈그림 6〉과 같이 좌우 대칭이고 윗변이 4cm, 밑변이 8cm이고, 높이가 5cm인 사다리꼴 넓이를 구하라고 한다. 아이는 조금 생각해보다가 〈그림 7〉과 같이 사다리꼴 도형을 좌우 두 개의 삼각형과 가운데 있는 사각형으로 나누어 생각한다. 두 개의 삼각형은 각각 높이가 5cm이고 밑변이 2cm인 직각삼각형이다. 그리고 가

• 그림 6 •

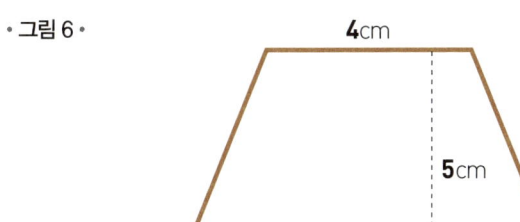

• 그림 7 •

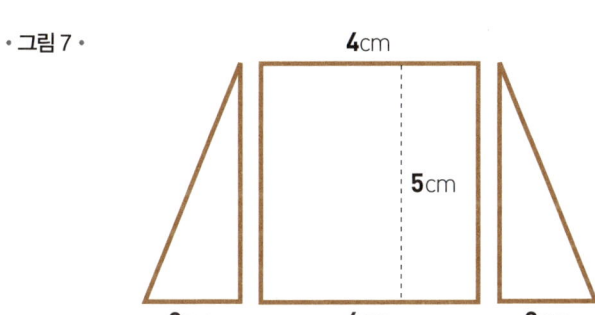

운데는 가로가 4cm이고 세로가 5cm인 직각사각형이다. 아이들은 이 세 도형의 넓이를 합하여 구한다. 이러한 유형의 문제를 몇 개 더 내준다.

  다음은 세 번째 단계로 〈그림 8〉과 같이 좌우 대칭이 아닌 사다리꼴의 넓이 구하는 문제를 낸다. 예를 들어 윗변이 6cm, 밑변이 8cm이고, 높이가 5cm인데 좌우 대칭이 아닌 것이다. 여기에서는 아이가 조금 생각을 해야 한다. 일단 좌우 두 개의 직각삼각형과 가운데 있는 직사각형으로 나누면 직사각형의 넓이는 구할 수 있다. 두 개의 직각

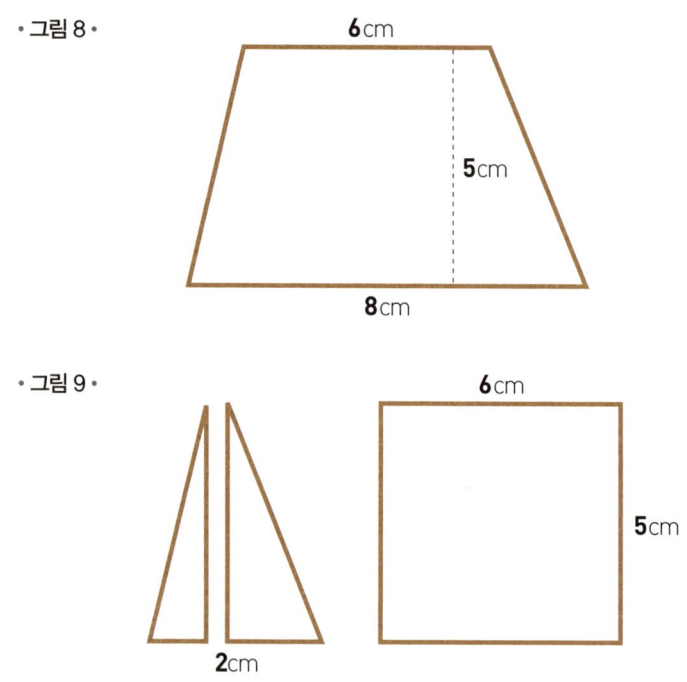

삼각형 각각의 밑변의 길이를 모르기 때문에 구할 수가 없어서 고민하게 된다. 그러다가 〈그림 9〉와 같이 두 개의 직각삼각형을 합하면 밑변이 2cm이고 높이가 5cm인 예각삼각형이 된다는 것을 생각하게 된다. 이러한 문제의 유형을 몇 개 더 내준다.

 그다음은 네 번째 단계로 〈그림 10〉과 같이 임의로 윗변이 '□'이고 밑변이 '△'이고 높이가 '○'인 사다리꼴 넓이를 구하는 공식을 구해보라고 한다. 그러면 아이는 주어진 사다리꼴을 양쪽의 두 개의 직각삼각형과 가운데의 직사각형으로 나누고 먼저 직사각형의 넓이를 구한다. 직사각형의 넓이는 '□×○'가 되고 양쪽 두 삼각형을 합한 넓이는 '(△-□)×○÷2'가 된다는 것을 안다.

그러면 다섯 번째 단계로 이것을 더 간단히 하나의 식으로 정리해 보라고 한다. 아이는 몇 번의 시행착오를 거쳐 '(△+□)×○÷2'라는 답을 얻게 된다. 이로써 아이 스스로 '(윗변+밑변)×높이÷2'라는 사다리꼴 넓이 구하는 식을 유도하게 되는 것이다.

· 그림 10 ·

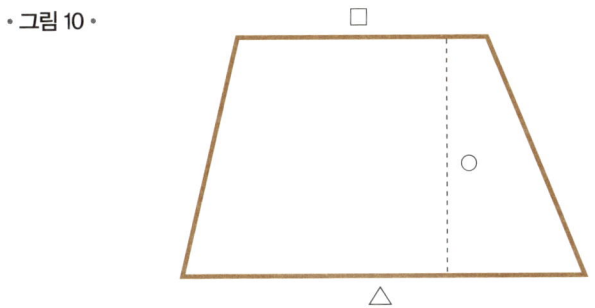

아이의 능력에 따라 각 단계를 쉽게 하는 아이도 있고 어렵게 하는 아이도 있다. 이로부터 아이의 사고력이 발달한 정도를 가늠할 수 있다. 이처럼 몰입기반학습의 방식으로 가르치면 아이의 사고력이 어느 정도인지 파악할 수 있다는 장점이 있다. 아이의 사고력이 매우 취약하다는 것이 발견되면 아이가 이전까지의 학습에서 생각을 거의 하지 않았음을 말해준다. 즉 종전의 학습방식이 잘못되었음을 알 수 있다. 이러한 사실을 조기에 발견해야 아이의 학습방식을 바로 잡아

줄 수 있다.

  만약 아이의 사고력이 매우 뛰어나다는 것이 발견되면 난이도를 조정하여 그에 상응하는 수준의 문제를 내주면 된다. 예를 들면 위에서 첫 번째 단계 대신, 두 번째, 세 번째, 네 번째, 혹은 다섯 번째 단계의 문제를 바로 내주는 것이다. 여러 명이 함께 풀 때 한두 아이가 우수하거나 선행학습을 해서 아주 잘하는 경우가 있다. 이런 아이들은 주어진 문제를 빨리 풀고 나서 다른 아이들이 생각하는 동안 기다리고 있어야 한다. 이런 학생들을 위하여 아주 도전적인 어려운 문제를 미리 준비해두면 좋다. 아이가 아직 배우지 않은 교과과정에서는 아이들이 도저히 풀 수 없는 어려운 문제를 쉽게 찾을 수 있다.

  이처럼 질문식 교육을 하면 아이가 아직 배우지 않은 미지의 내용을 스스로 생각해서 해결할 수 있다는 것을 확인할 수 있다. 그리고 난이도를 적절하게 조절하면 아이가 크게 흥미로워하면서 창의적으로 문제를 해결하는 모습을 확인할 수 있다. 이와 같은 학습을 통하여 아이가 사고력과 창의력을 요하는 문제에 도전하게 되고 약한 몰입을 경험한다.

  여러 학생들을 한꺼번에 가르치는 수업에서는 학생 간의 개인차가 있기 때문에, 어떤 학생은 금방 생각해서 답을 내는 데 반해, 어떤 학생은 답을 생각하는 데 아주 오래 걸리거나 답을 못 찾는 경우도 있다. 따라서 가르치는 사람은 학생들에게 답을 이야기하지 말고, 자기 노트에 적으라고 하고, 직접 돌아다니면서 노트를 확인하고, 맞은 학생은 칭찬을 해주고, 그다음 단계의 문제를 내주면 된다. 또한 돌아다니면서 학생들의 풀이과정을 검토하고 격려하고, 경우에 따라서는 힌트도 주어야 한다. 50분 수업에서 이러한 방식의 질문식 수업을 20~30분 정도 한 다음, 통상의 강의처럼 가르친다.

이처럼 20~30분 정도의 질문식 수업을 하고 나서 본 강의를 시작하면, 문제를 이미 푼 학생은 스스로의 힘으로 지식을 깨닫는 소중한 경험을 하게 되며, 스스로 구하지 못했던 학생도 이해를 아주 잘하게 된다. 왜냐하면, 그 문제에 대하여 본인이 시간을 들여 힘들게 고민을 했기 때문에 문제의 핵심을 이전보다는 훨씬 잘 파악하고 있으며 문제의 해답에 대한 궁금증도 매우 커진 상태이기 때문이다.

이때 문제 풀이를 설명해주면 매우 쉽게 이해할 수 있을 뿐 아니라, 도형의 면적에 대한 단순한 공식 암기가 아닌, 개념을 확실히 파악하게 된다. 이러한 질문식 수업에서는 대부분의 학생들이 수업에 적극적으로 참여하게 된다. 그리고 상당수의 학생들은 이러한 방식의 수업을 재미있어한다. 이러한 수업을 잘만 운영하면 학생들은 공부를 지적인 게임을 하는 것처럼 즐길 수 있게 된다.

여기에서 가르치는 사람의 역할은 안내자이다. 학생 혼자서는 새로운 지식을 배울 때 어떤 부분에 중점을 두어 깊이 생각해야 할지 모른다. 먼저 이 분야를 잘 아는 사람이 적어도 어떤 지식이나 개념은 학생이 배우기 전에 많은 시간을 들여서 스스로 생각을 하는 것이 바람직하다는 것을 가려내어 적절한 시기에 적절한 난이도로 학생에게 제시하여야 한다.

몰입식 영어 공부

외현기억과 암묵기억을 구분해서 학습해야 할 가장 중요한 과목 중의 하나가 영어이다. 어학능력 중에 말하기와 듣기 능력은 외현기억보다 암묵기억이 훨씬 더 중요한 역할을 한다. 사람들이 모국어로 이야기할 때는 '다음에 어떤 말을 해야지!'라고 의식하지 않고도 적절한 말이 자동적으로 튀어나온다. 이는 모국어에 대한 암묵기억이 발달했기 때문이다. 만약 오랜 기간 영어를 열심히 공부했음에도 불구하고 영어를 유창하게 구사하지 못한다면 그것은 시험 위주의 공부를 하다 보니 암묵기억보다는 외현기억 위주의 학습을 했기 때문이다. 핀란드 같은 나라에서는 고등학교만 졸업해도 영어구사능력이 뛰어나다. EBS TV「세계의 교육현장」을 보면 그곳 고등학생을 포함한 많은 사람들이 영어로 인터뷰하는 장면이 나오는데 모두 한결같이 영어를 유창하게 구사하는 것을 볼 수 있다. 참고로 핀란드어의 언어 구조는 영어와 비슷하기보다는 오히려 우리말과 더 비슷하다. 핀란드도 20여 년 전만 해도 지금 한국의 실상과 별반 다르지 않았다고 한다. 영어를 시험 위주의 읽기 쓰기 학습에서 듣기 말하기 위주의 실용영어, 즉 암묵기억 학습으로 바꾸면서 획기적인 개선이 이루어진 것이다.

암묵기억 위주의 영어 학습

북유럽국가인 스웨덴, 노르웨이, 네덜란드, 덴마크, 스위스 사람들도 영어구사능력이 뛰어나다. '영어를 어떻게 가르쳤길래 이렇게 영어를 잘할까?'라는 생각이 든다. 재미있는 사실은 이들은 영어 학습을 할 때 원어민 교사에게 의존하지 않는다는 것이다. 북유럽국가에서 영어를 교육시키는 것을 보면 실용영어라 하여 주로 듣기와 말하기를 반복적으로 연습시킨다. 암묵기억 위주의 학습을 하는 것이다.

  원래 몰입 언어교육은 구 공산권 국가에서 시도한 것으로 하루 종일 오로지 한 가지 언어만 교육시켰더니 6개월 만에 그 언어를 마스터하더라는 것이다. 나중에 이 방법을 미국에서 학생들을 대상으로 시도해보았는데, 정서적 불안을 보이는 학생들이 일부 나타나서 폐지하였다고 한다. 몰입을 실천한 사람들 중에 영어 공부에 몰입을 적용해서 비교적 짧은 기간에 실력을 현저하게 향상시켰다는 사람들이 있었다. 무엇이든지 깨어 있는 시간에 1초도 쉬지 않고 공부하면 몰입 효과가 나타나 빠른 속도로 실력이 향상된다.

현재 사용되고 있는 몰입 영어교육의 의미는 영어가 아닌 다른 과목을 가르칠 때도 그 언어를 사용하는 것을 의미한다. 즉, 수학을 가르칠 때도 우리말을 사용하지 않고 영어로 가르치는 것이다. 이런 개념의 몰입 언어교육은 1960년대 캐나다에서 처음 사용하였으며, 영어나 불어 학습에 이러한 개념을 적용하여 많은 효과를 보았다고 한다. 미국에서는 1972년부터 이러한 몰입식 언어교육이 일반화되었다. 이 프로그램의 근본 취지는 모국어는 이미 마스터했으니, 학교에서 모국어를 사용하는 것보다 새로이 학습해야 할 언어를 최대로 많이 사용할 수 있는 환경을 만들자는 것이다. 몇 년 전 국내에서 유행했던 영어몰입교육은 영어 수업에 한정하여 우리말을 쓰지 않고 영어로만 진행하자는 취지였다.

한편 얼마 전「세계의 교육현장」에서 일본 최초의 이중언어교육기관인 카토학원을 소개하였다. 이 학교는 초중고를 운영하고 있는데 23년간 영어몰입교육을 실시하고 있다고 한다. 국어와 사회 몇 과목을 제외한 과목은 모두 영어 원어민 교사에 의하여 영어로 진행된다. 관심을 두고 보았더니, 학생들이 수업의 내용은 모두 따라가고 있는 것으로 보이지만, 말하는 능력은 그다지 유창하다고 생각되지 않았고 발음도 그다지 좋지 않았다. 아무래도 말할 기회가 들을 기회보다 더 적었기 때문일 것이다. 영어 원어민들이 수업을 진행하기 때문인지 아니면 학생들의 영어 말하기 능력을 더 향상시키려는 목적이었는지는 모르겠지만, 수업을 질문식·토론식으로 진행하는 것이 인상적이었다. 나는 이러한 질문식·토론식에 의한 사고력 향상의 효과가 오히려 학생들에게 더 교육적일 것으로 생각한다.

이러한 몰입 영어교육을 국내에 도입하려면 원어민이 많이 필요한데 이것이 현실적으로 어렵다. 그러나 어학에서는 암묵기억의 속성이 강하다는 사실을 염두에 두면 원어민 교사의 도움 없이 영어구사능력을 얼마든지 발달시킬 수 있다. 이러한 사실은 북유럽에서 원어민 교사를 필요로 하는 영어몰입교육을 하지 않아도 듣기 말하기 위주의 영어교육을 통하여 영어구사능력을 크게 향상시킨 것으로도 알 수 있다.

사람들에게 가장 많이 받은 질문 중에 하나가 몰입을 해서 영어를 잘하고 싶은데 어떻게 하면 되느냐는 것이었다. 그만큼 영어를 필요로 하는 사람이 많은 것이다. 몰입을 영어에 적용한다면 일정 기간을 연속해서 오로지 영어만 하는 것이다. 매일 꿈속에서도 영어를 할 정도로 몰입하면 비교적 단기간에 큰 효과를 볼 수 있다. 그러나 자투리 시간을 활용하면서도 몰입 개념을 적용할 수 있다.

자투리 시간을 활용하여 영어몰입학습을 하려면 하나의 문장을 집중적으로 반복하면 된다. 예를 들어 5분의 자투리 시간 동안 10문장 이상의 회화를 공부하는 것은 몰입 효과가 없다. 그러나 5분 동안 단순한 하나의 문장만 듣기와 말하기를 반복하면 몰입 효과가 나타난다. 하나의 문장을 단순 반복하면 이와 관련된 시냅스 활성화가 커지므로 몰입도가 올라가고 암묵기억이 효율적으로 형성된다.

영어몰입학습에 대한 독자들의 질문에 대하여 모범답안이라고 생각되는 암묵기억 위주의 영어 몰입학습법을 정리했는데 이 내용을 소개한다. 창의성과 사고력을 강조하는 이 책의 주제와는 다소 거리가 있지만 영어학습에 대한 독자들의 수요를 고려하여 이 부분을 포함시켰다.

모국어를 습득하는 방식

암묵기억인 언어를 습득하기 위해서는 배우는 순서가 매우 중요하다. 시냅스가 형성되는 순서에 따라 그 효과가 크게 달라지기 때문이다. 진화 과정을 통해 가장 효율적인 방식이 스스로 터득되는 경우가 많은데 어학습득 능력도 마찬가지이다. 즉 어학을 배우는 가장 효율적인 방식은 아기가 모국어를 터득하는 방식이다. 먼저 아기가 어떠한 방식으로 모국어를 습득하는지 살펴보자. 먼저 듣는 것을 배운다. 몇 년을 계속 듣기만 한다. 그러다가 한 단어씩 따라 하기 시작한다. 이렇게 남이 하는 이야기를 앵무새처럼 따라 하는 것은 거울 뉴런이 담당한다고 알려져 있다. 처음에는 발음이 서툴고 틀리지만 엄청난 반복을 통해서 점차 교정되어 간다.

이때 특징은 한 단어로 의사소통을 하는 것이고 반복에 반복을 거듭한다는 것이다. 그다음 단계로 두 단어 어구나 문장을 사용하여 의사소통을 하기 시작한다. 그러고는 또 반복에 반복을 거듭한다. 그러다가 세 단어 어구나 문장으로 발전해간다. 그러다가 만 4~5세 정도가 되면 언어를 거의 자유롭게 구사한다.

이때 구사하는 방식의 특징이 있는데, 사용하는 총 단어의 수는 수백 개 정도밖에 안 되고, 사용하는 문장의 구조도 아주 단순하다는 것이다. 그런데 이 수백 개의 단어들을 필요에 따라 자유자재로 조합하여 단순하지만 다양한 문장을 만들어내는 것이다. 이것이 어학습득의 핵심이다. 이 과정이 생략되어서는 절대로 자유롭게 말하는 능력을 마스터할 수 없다. 많은 시간 영어를 학습했는데도 유창하게 말을 못한다면 그 이유는 바로 이 과정이 생략되었기 때문이다.

듣기를 할 때도 한 단어씩 듣는 것보다는 수많은 반복에 의하여 문장을 하나의 단위로 통째로 듣는 것이다. 이것도 쉬운 단어와 쉬운 문장의 단순반복이기 때문에 가능하다. 이처럼 아이들이 모국어를 배우는 방식은 철저하게 암묵기억 위주인 것이다.

또 하나 주목할 점은 이때까지 글자는 전혀 모른다는 것이다. 이와는 대조적으로 우리가 영어를 배울 때는 알파벳부터 배운다. 그리고 단어를 배우고 문장을 배운다. 글자를 일단 배우면 글자를 매개로 하여 어학을 이해하려는 뇌의 회로를 사용하게 되어 암묵기억에 의한 학습효과가 현저하게 떨어진다. 이와 관련하여 취학아동과 미취학아동 두 명의 아이를 데리고 미국에서 1년간 연구년을 보내고 돌아온 동료교수의 사례를 소개한다.

취학아동과 미취학아동의 언어습득능력의 차이

한 동료교수가 우리 나이로 11살이고 3학년이던 첫째 아이와 6살 된 둘째 아이를 데리고 미국에서 1년의 연구년을 보냈다. 첫째 아이는 한국에서 어느 정도 영어를 공부했다고 한다. 그런데 놀라운 일이 벌어졌다. 1년이 지나 돌아올 때쯤 되자, 영어를 전혀 몰랐던 둘째 아이는 영어를 별 불편 없이 자유자재로 구사했다. 그러나 영어를 배우고 간 첫째 아이는 둘째 아이의 영어구사능력보다 훨씬 떨어졌다. 이러한 사례는 자주 듣게 된다.

이 차이를 어떻게 설명할까? 둘째 아이는 영어를 전혀 배우지 않고 갔기 때문에 아무 생각 없이 단순히 듣고 따라 하는 방식으로만 영어를 한 것이다. 다시 말해서 철저히 암묵기억 위주의 학습을 한 것이다. 그러나 첫째 아이는 영어를 배우고 갔기 때문에 알파벳을 먼저 배웠다. 알파벳을 배웠기 때문에 암묵기억에 의한 학습효과가 현저하게 떨어진 것이다.

영어권 국가에 1년 정도 머무른 미취학 어린아이들이 습득한 어학능력을 분석해보면 몇 가지 특징이 있다. 첫째, 발음이 원어민과 같이 정확하다. 둘째, 아주 쉬운 단어를 사용한다. 셋째 사용하는 단어의 수는 얼마 안 된다. 넷째 아주 단순한 문장을 사용한다. 다섯째, 원어민처럼 자유자재로 구사한다. 여섯째 듣기도 능숙하다.

여기에서 주목할 점은 영어권 국가에 머물게 되는 미취학 아이들은 모국어를 배우는 상황에 놓인다는 것이다. 듣기부터 시작하여 철저하게 들은 대로 발음을 하고, 처음에는 한 단어로 의사를 표현하다가 점차 두 단어, 세 단어로 늘려간다. 미취학 아동들이 어학습득능력이 빠른 이유는 두뇌가 어학습득에 유리한 시기이기도 하지만, 이들이 암묵기억 위주의 학습을 하기 때문이다.

   암묵기억의 형성에 있어서 중요한 것이 하나 있다. 쉬울수록 효과가 크다는 것이다. 예를 들면 알아듣지 못하는 영어를 아무리 많이 들어도 듣기 능력은 거의 늘지 않을 것이다. 알아들을 수 있는 쉬운 영어를 많이 들어야 듣기 실력이 향상될 수 있다. 말하기도 마찬가지이다. 쉬운 말을 반복해서 몸에 배어야 말하기 실력이 빨리 향상된다. 바로 어린아이가 모국어를 배울 때의 방식이 이상적인 어학 학습방법인 것이다.

영어권 국가 5~6살 어린이의
듣기·말하기 능력을 목표로 연습하라

성인이라도 듣기 말하기 능력이 서툴러서 이를 향상시키려면, 영어권 국가의 5~6 살 어린이의 듣기 말하기 능력을 목표로 연습하는 것이 좋다. 즉, 쉬운 단어로 된 단순한 문장을 자유자재로 구사하는 능력을 먼저 마스터하는 것이다. 일단 쉬운 단어로 된 단순한 문장을 자유자재로 구사할 수 있게 된 후에 쉬운 단어 대신 자신이 알고 있는 어려운 단어를 대입시키는 것은 그다지 어려운 일이 아니다. 그리고 접속사 등으로 연결시키면 단순한 문장이 복잡해지는데 이것도 크게 어려운 일이 아니다.

말하기 능력을 올리려면 단순반복 해야 한다. 그러면 얼마나 반복해야 할까? 10번? 아니면 100번? 분명한 것은 이 정도 반복해서는 큰 효과가 없다. 딱 정해진 것이 없지만, 한 문장을 적어도 1,000번 정도 듣고 따라 하기를 권한다. 시간으로 치면 한 문장당 대략 1시간을 투자한다. 그런데 한 문장을 1시간 동안 계속 연습하는 것이 아니고 한번에 5분 연습하고, 다음 문장으로 넘어가는 식으로 한다. 한 문장을 5분씩 반복한다면 100 문장 정도로 되어 있는 짧은 에피소드로 공부를 하면 500분이 소요될 것이다. 이것을 12번 반복하면 각 문장을 1시간씩 연습한 셈이 되고, 이는 분명 암묵기억 형성에 큰 영향을 줄 것이다. 이렇게 하면 100문장을 연습하는 데 대략 100시간이 소요될 것이다. 연속해서 같은 에피소드를 100시간 공부할 필요가 없고, 한 가지 에피소드를 연습하는 데 25시간 정도 연습하고, 다른 에피소드로 넘어가는 것이 좋다. 간격을 두고 반복하는 것이 더 효율적이다.

이런 경우 4번을 반복하면 한 에피소드당 총 100시간이 걸릴 것이다. 이런 식으로 2백 시간만 연습한 후 외국인을 만나 대화를 하면 영어구사능력이 확실하게 향상된 것을 확인할 수 있다. 그러나 2백 시간으로는 미국의 5~6살 어린이만큼 자유자재로 구사하기는 힘들다. 이런 방식으로 대략 1,000시간 연습을 목표로 할 것을 권한다. 그러면 100문장 정도인 에피소드 10개가 될 것이고, 문장으로는

1,000문장 정도가 될 것이다.

이때 중요한 것은 원어민이 하는 말을 가능한 한 앵무새가 따라 하듯이 똑같이 따라 해야 한다는 것이다. 억양과 강약과 빠르기가 있는데, 이 모든 것을 따라 해야 한다. 따라서 한 문장을 듣고 그것을 반복하지 말고, 매번 들으면서 따라 해야 한다. 이렇게 해야 발음이 원어민과 같아지고 듣기 능력도 향상된다.

요즈음은 녹음 테이프를 사용하지 않고 MP3와 같은 소리 파일이 많이 있다. 그리고 이러한 소리 파일의 일정 구간을 무한히 반복재생해주는 소프트웨어가 있기 때문에 무한히 반복하면서 따라 하기가 아주 수월하게 되어 있다. 같은 문장을 무한히 반복하면서 따라 하는 것만큼 강도 높은 영어회화 훈련도 없을 것이다. 이 방법의 장점은 하나의 문장을 반복하기 때문에 몰입 효과가 커서 자투리 시간에 하더라도 잡념이 비집고 들어올 틈이 없다는 것이다.

특히 스마트폰의 응용 앱 중에 북마크 기능이 있어 내가 미리 설정한 구간들을 지정해놓고 선택하면 그 부분을 무한 반복재생해주는 기능이 있는 것이 있다. 한 문장에 5분을 목표로 반복해서 연습하다 보면 몇 분이 지났는지를 알기 어렵다. 따라서 스마트폰의 타이머 기능을 사용하여 5분을 설정해두면 편리하다.

암묵기억이 효율적으로 형성되기 위해서는 문장이 길지 않아야 한다. 따라서 영어회화의 초보자는 처음 500시간은 5단어 이내의 짧은 문장을 연습하는 것이 좋다. 그다음 500시간은 10단어 이내인 문장으로 연습한다. 그런데 에피소드 중에는 간혹 10단어보다 긴 문장이 나올 때가 있다. 10단어 이내의 문장을 한번에 5분 동안 반복해서 연습한다면 10단어 이상의 상대적으로 긴 문장은 한 번에 10분 동안 반복해서 연습하는 것이 좋다. 문장이 길어지면 따라 하기도 쉽지 않다. 예를 들면 다음과 같이 비교적 긴 문장이라고 하자. 'On a cool December morning, she drove into the country with her dog and parked her truck.' 그러면 'On a cool December morning'을 20~30회 반복해서 연습한다. 그다음 'she drove into the country with her dog'를 또 20~30회 반복해서 연습한다. 그다음 'and parked her truck'을 또 20~30회 반복해서 연습한다. 그다음 전체 문장을 듣고 연습하면 따라 하기가 한층 쉬워진다. 그래서 이 문장을 원래 계획했던 대로 반복해서 연습하면 된다. 나중에 영어로 대화를 할 때는 이 완전한 문장을 사용할 일은 아마도 평생에 없을 것이다. 결국 각 단어나 절을 활용하게 된다. 따라서 긴 문장은 각 절에 중점을 두어 연습하는 것이 중요하다. 각 절에 대한 연습을 충분히 끝내고, 완전한 문장을 반복해서 연습하면, 각 절에 대한 연습도 되고, 이 절들이 서로 연결되어 문장을 이루는 구조에 익숙하게 된다.

　이 방식의 첫 번째 장점은 영어 듣기와 말하기에 대한 학습 강도가 대단히 높다는 것이다. 두 번째 장점은 자투리 시간을 활용하면서도 몰입 효과를 높일 수 있다는 것이다. 예를 들어 5분의 자투리 시간이 나면, 한 문장만 계속 연습할 수 있고 10분의 자투리 시간이 나면 두 문장을 연습할 수 있는 것이다. 심지어 세수나 양치를 할 때도 옆에 틀어놓고 마음속으로 따라 하면 된다.

똑같은 문장을 따라 하기 때문에 지루하게 느껴질 것이라 생각되는데 막상 해보면 그렇지 않다. 처음의 약간의 지루함만 극복하면 반복에 의한 몰입 효과가 나타나서 재미가 있다. 혼자 승용차를 운전하여 출근할 때 이 연습을 하면 뇌가 활성화되어 의욕이 생기면서 직장에서 업무의 시작이 쉬워진다. 혼자 운전해서 갈 때는 문제가 없지만, 사람들이 많은 버스나 지하철 안에서는 소리를 낼 수 없으므로, 이어폰을 귀에 꽂고 속으로 따라 하면 된다. 상황이 불편하면 반복재생을 하지 않고 한 번만 듣고 따라 해도 된다.

영어를 자유롭게 구사할 수 있는 능력은 어른 아이 할 것 없이 필요하기 때문에 가족이 승용차로 이동할 때 함께 연습해도 좋다. 또한 집에서 가족이 함께 화기애애한 분위기에서 할 수 있는 방법이다.

이러한 방식으로 수백 개의 단순한 문장을 아무 생각 없이 자유자재로 구사할 수 있게 되면, 추가로 구사할 수 있는 문장의 수는 거의 셀 수 없을 정도로 증가한다. 상황에 따라 주어, 동사, 목적어, 형용사, 부사 등을 바꾸면 새로운 문장이 되는 것이다. 또한 접속사로 문장을 연결하면 역시 새로운 문장의 조합이 된다.

자투리 시간이 의외로 많으므로 이동하는 시간, 기다리는 시간, 화장실 가는 시간 등을 활용해도 하루에 2시간은 연습할 수 있다. 이 방법의 학습효과는 대단히 높다. 이러한 방식으로 하루에 2시간씩 1년을 연습하는 것이 어학연수 1년을 갔다 오는 것보다 훨씬 더 효과적일 것이다.

영어 말하기와 듣기에 대한 암묵기억이 충분히 발달해서 하고자 하는 이야기를 자유롭게 구사할 정도가 되면, 영어로 말할 기회가 많아지고 TV나 라디오 등의 영어 프로그램을 즐기게 되어 자연스럽게 영어를 들을 기회가 많아진다. 이때부터는 커다란 장벽이 없이 자동적으로 영어능력이 향상된다. 또한 말하기와 듣기 능력이 충분히 발달되면 읽기와 쓰기 능력을 향상시키는 데 결정적인 도움을 준다. 결국 어학이 암묵기억의 요소가 크다는 사실에 입각하여 공부하는 순서와 방법을 바꿈으로써 영어를 보다 쉽게 마스터할 수 있는 것이다.

영어를 전혀 모르는 어린아이에게 가르칠 경우

먼저 영어 알파벳도 모르는 아이에게 영어의 말하기 듣기를 암묵기억 위주로 가르치는 법을 소개한다. 특히 요즈음은 영어 듣기 말하기를 연습하기 위한 좋은 동영상이나 학습자료가 많기 때문에 이를 활용하면 좋다. 처음에는 단어를 읽혀야 한다. 그래서 그림이나 그림카드를 보여주고 원어민이 그 단어를 발음하는 것을 반복해서 따라 할 수 있는 컴퓨터 등을 사용할 수 있는 학습자료를 사용한다. 이때 알파벳이 그림 옆에 쓰여 있는 경우가 있는데, 알파벳은 가르치지 않는다. 이처럼 아이가 그림을 보면서 듣고 따라 하면서 몇백 단어를 익힐 때까지 반복한다.

그다음은 원어민이 질문을 하면 아이가 한 단어로 대답할 수 있는 학습자료를 사용하면 좋다. 어학의 듣고 말하기 능력은 이처럼 서로

주고받기식의 대화를 하면 빠른 속도로 향상된다. 이때 원어민의 질문을 이해하지 못하면 해설을 해준다. 이때 아이는 듣기 훈련과 알고 있는 단어를 활용하는 훈련을 하게 된다. 이렇게 200시간 정도 연습하면 아이는 수백 단어를 익히고 간단한 질문을 알아듣게 된다.

그다음 단계는 구(句)나 단순한 문장을 이와 같이 반복한다. 구나 문장의 단어가 다섯 단어를 넘지 않아야 한다. 처음에는 그림이나 동영상을 보면서 원어민이 발음하는 것을 따라 한다. 그러다가 원어민이 질문하면 구나 단순한 문장으로 대답하는 주고받기 방식으로 진행한다. 이렇게 200시간 정도 연습한다. 그다음 단계는 이와 같은 방법으로 5단어 이내로 된 문장을 200시간 정도 연습하도록 한다.

그다음 단계는 쉬운 단어와 단순한 문장으로 되어 있으면서 아이가 좋아할 만한 미국 유치원 수준의 프로그램의 DVD나 컴퓨터 소프트웨어를 준비한다. 그리고 여기에 나오는 대화가 MP3와 같은 소리 파일로도 준비되어야 한다. 아이가 내용을 이해하지 못하면 한글 자막을 틀어주거나 해설을 해주어서 아이가 내용을 이해하도록 한다. 이러한 동영상을 10번 이상 보게 한다. 그래서 아이가 해설이나 한글 자막을 통해서 내용을 거의 파악할 수 있도록 한다. 일단 아이가 내용을 파악하면 그다음은 한글 자막 없이 보게 한다. 아이가 알파벳을 모르더라도, 자신이 따라 하는 문장의 뜻은 알아야 한다. 그다음 준비한 MP3와 같은 소리 파일을 사용하여 앞에서 언급한 방식으로 반복한다.

그런데 아이들은 똑같은 내용을 오래 반복하면 지루해할 수 있으니 한 문장을 듣고 따라 하기를 어른의 절반 수준인 2~3분 정도로 한다. 이런 식으로 한 개의 동영상을 끝낸 후, 아이가 크게 지루해하지 않고 견딜 수 있으면 다시 반복한다. 그러나 아이가 계속 반복하는 것을 지루해하면 다른 동영상으로 넘어간다. 여기에서 기억해야 할 점은 반복이 지루하지만 학습효과는 더 높다는 것이다. 그래서 아이가 지루한 것을 견딜 수가 있으면 예전에 했던 것을 자꾸 반복하는 것이 좋다. 200시간을 이러한 방식으로 진행한다. 이런 식으로 하면 듣고 따라 하기의 연습 시간이 800시간 정도 된다. 북유럽에서 초등학교 3학년이나 4학년부터 영어를 시작하여 6학년까지 영어 듣기와 말하기에 노출하는 시간이 500시간 정도 된다고 한다. 추가적으로 집에서 300시간을 더 학습했다고 해도 800시간이 되므로 이에 못지않은 능력을 갖추었다고 보면 된다. 물론 영어를 학교에서 수업으로 진행할 경우가 훨씬 더 지루하지 않고 재미있게 진행할 수 있다는 장점이 있다.

　이렇게 듣기와 말하기가 자연스럽게 익혀진 후에 알파벳을 가르치고 읽기와 쓰기를 가르치면 된다. 읽기와 쓰기는 학교에서 가르치는 것을 따라가도 큰 문제는 없다. 단지 쉬운 내용을 최대한 많이 읽도록 하면 된다. 이때 한글로 따로 해석하지 말고, 영어 그대로 이해하는 습관을 가져야 한다. 대개 듣기 말하기 훈련을 충분히 하면, 읽을 때도 따로 해석하지 않고 영어 그대로 이해하게 된다. 듣기 말하기가 훈련이 되어 있으면 쓰기를 배울 때도 한결 유리하다.

　듣기 훈련을 충분히 해서 영어의 귀가 뚫리면 앞에서 언급한 것처럼 비교적 쉽고 자연스럽게 영어능력을 향상시킬 수 있다. 케이블이나 위성 TV 등을 통하여 쉬우면서도 다양한 영어 프로그램을 즐길 수 있기 때문이다. 영어로 나오는 라디오 프로그램을 듣는 것도 좋다. 요즈음은 스마트폰이나 인터넷을 통해서 이런 프로그램을 아주 쉽게 접할 수 있다.

 듣기 능력이 더 향상되면 뉴스나 드라마, 다큐멘터리 등을 통해 다양한 영어를 접한다. 이때부터는 영어를 공부한다는 생각을 버리고, 그 프로그램을 즐기면 된다. 즐기기 위해서는 내용의 대부분을 듣고 이해할 수 있을 정도로 쉬울수록 좋다.

듣고 말하기보다 읽기를 먼저 배우는 방식의 문제점

듣고 말하기는 생각 없이 단순한 반복이어야 효율적이다. 그러나 글자를 먼저 배우면, 글자를 통하여 생각을 하게 되고 암묵기억의 효율이 떨어진다. 말하기보다 읽기를 먼저 배우는 방식의 또 다른 문제점은 어린아이가 모국어를 배울 때 어른들의 말을 그대로 흉내 내면서 따라 하도록 유도하는 거울 뉴런이 작동하지 않게 된다. 미러뉴런이 작동하도록 해야 발음이 좋아진다. 글자를 보고 읽거나 발음기호대로 읽게 되면 100% 틀린 발음을 하게 된다. 왜냐하면 발음기호로 실제 발음의 억양과 발음을 정확하게 표현할 수 없기 때문이다. 틀린 발음을 계속 사용하면 습관화되어 교정하기가 대단히 어려워진다.

 자신이 글자나 발음기호를 보고 만드는 소리와 원어민이 발음하는 소리는 근본적으로 다르다. 발음과 억양은 절대적으로 앵무새처럼 원어민을 따라 해야 한다. 따라서 듣기와 말하기 훈련을 할 때 가능하면 글자를 의식하지 않는 것이 좋다. 입술이 외워야 한다는 기분으로 쉬운 표현의 단순한 반복을 의식적으로 노력해야 한다.

아무리 유창한 영어를 구사하더라도 발음과 억양이 틀리면 상당히 손해를 본다. 일단 발음과 억양이 틀리면 상대방이 잘 알아듣지 못한다. 그뿐만 아니라 아무리 유창하게 영어를 구사해도 영어를 잘 못한다는 인상을 주고, 심지어 귀에 거슬린다. 그러나 발음과 억양이 정확하면 영어를 그다지 유창하게 말하지 않아도 영어를 잘하는 것처럼 들리고 듣기 좋은 영어를 하게 된다.

단순 암기법 (영어 단어, 숙어 암기)

이 책에서는 암묵기억의 중요성을 강조했지만, 외현기억이 필요한 경우가 종종 있다. 특히 외국어를 공부할 때는 외워야 할 단어와 숙어가 많은데 이것들은 할 수 없이 외워야 한다. 학습에서 가급적이면 암기를 피하고 이해를 해야 하지만, 어학의 경우는 암기를 피할 수 없는 경우가 많다. 단순 암기는 높은 몰입도를 요구하지 않는다. 따라서 자투리 시간이나 머리가 산만해서 공부가 잘 안될 때 단순 암기를 하면 좋다.

단순 암기의 핵심은 반복이고 적당한 기간을 두고 반복할 때 더 효과적이다. 헤르만 에빙하우스의 망각곡선이론에 의하면 학습 후 10분이 지나면 망각이 시작되고 하루가 지나면 학습한 내용의 70%가 망각되고 한 달이 지나면 80% 이상이 망각된다고 한다. 10분 후 복습하면 1일 동안 기억되고, 다시 1일 후 복습하면 1주일 동안, 1주일 후 복습하면 1달 동안, 1달 후 복습하면 6개월 동안 기억된다고 한다. 따라서 이처럼 시간 간격을 두고 4회의 주기적인 복습을 하는 것이 효과적이라고 한다. 어떤 단어는 4회 반복으로 외워지기도 하지만, 어떤 단어는 몇 년에 걸쳐 10회 이상을 반복해서 외워도 외워지지 않는 경우도 있다.

  여기에다 내가 덧붙이고 싶은 것은 기억의 저장을 위한 노력뿐 아니라 기억의 인출을 위한 노력을 같이 해야 더 효과적이라는 것이다. 따라서 한번 외운 단어를 다시 볼 때 그 뜻을 잊어버렸다고 해서 바로 확인하는 것보다 약간이라도 그것에 대한 기억을 인출하려는 노력을 하는 것이 좋다. 인출에 대한 노력을 통하여 두뇌가동률을 높이고 몰입도를 올릴 수 있기 때문이다. 또한 잊어버리는 것을 가려내어 선택적으로 집중적인 복습을 하면 훨씬 더 효과적이다.

  따라서 여기서는 이러한 점을 고려하여 단순 암기를 할 때 반복을 사용한 효율적인 방법을 소개한다. 먼저 자신이 외우려고 하는 단어나 숙어가 나와 있는 책을 하나 선택한다. 자신이 모르는 단어나 숙어를 정리해둔 노트여도 상관없다.

  단어를 외울 때 관련된 어원을 미리 공부해두면 대단히 유용하다. 특별한 뜻을 갖는 접두사나 접미사뿐 아니라 상당수의 영어 단어가 그리스어에서 생겼기 때문이다. 이는 우리말을 공부할 때 관련 한자의 뜻을 공부하는 것과 비슷한 효과를 준다. 또한 외우려고 하는 단어의 어원에 대한 설명이 있으면 이를 읽는 것이 좋다.

그리고 단어나 숙어를 외울 때는 가급적이면 예문이 한두 개 있는 것이 좋다. 처음에는 불리한 것 같은데 시간이 지나면 예문을 통해서 외우는 것이 훨씬 오래 기억된다는 것을 알게 된다. 따라서 자신이 모르는 단어나 숙어를 정리할 때는 관련 예문도 함께 정리해두는 것이 좋다. 요새 인터넷을 보면 단어에 대한 원어민 발음도 들을 수 있고 예문도 원어민 발음을 들을 수 있다. 자신이 외우려는 단어나 예문의 원어민 발음을 스마트폰에 녹음해서 원어민의 발음을 듣고 따라서 발음하는 것이 좋다.

자신이 외우고자 하는 단어의 수가 대략 300단어라고 하자. 한 단어에 대략 1분 동안 발음도 하고 쓰기도 하고 예문도 읽는다. 그리고 다음 단어로 넘어간다. 이런 방식으로 외우면 1시간에 대략 50단어 정도를 외울 수 있다. 6시간 정도 공부하면 300단어를 한번 외운 것이 된다.

며칠이 지난 다음 그 단어장을 다시 본다. 이번에는 단어의 뜻을 손으로 가린다. 이때 한번 외워진 단어는 몇 개월이 지나도 좀처럼 잊어버리지 않는다. 이때 외워지지 않은 단어가 계속 속을 썩이는데 이 단어는 체크를 한다. 그리고 예문의 첫 단어를 본다. 그래도 생각나지 않으면 예문의 두 번째 단어를 보고 그래도 생각나지 않으면 예문의 세 번째 단어를 본다. 이런 식으로 계속 힌트를 늘려가면서 이 단어의 기억을 끄집어내려고 애쓴다. 이 단어를 다시 30초 정도를 외운다. 이런 식으로 확인을 하면 개인 차이가 있겠지만 평균적으로 절반 정도는 생각이 나고, 절반 정도는 생각이 나지 않는다. 그러면 외워지지 않은 대략 150 단어가 체크되어 있는 셈이다.

또 며칠이 지난 후 이 외워지지 않아 체크된 150 단어의 뜻을 가리고 다시 확인한다. 외워지지 않으면 또 체크를 한다. 이렇게 하면 역시 절반 정도가 외워지지 않는다. 이 단어들은 두 번의 체크가 되어 있다. 이러한 방식을 반복하면 새로운 체크가 된 단어의 수는 점점 감소한다. 그리고 새로이 체크된 단어들을 집중적으로 반복해서 암기하게 된다. 이 단어장을 절대로 버려서는 안 되고, 몇 주일 혹은 몇 개월이 지난 후에 다시 보면서 그때까지 외워지지 않은 단어는 새로운 체크로 표시한다. 그리고 새로이 체크된 단어만 다시 집중적으로 외운다. 이때 300단어를 점검하는 데 30분도 채 걸리지 않는다는 것을 알게 된다. 이런 식으로 선택적 반복을 하다 보면 좀처럼 외워지지 않는 단어라도 10회 이상 심지어 20회 이상 반복해서 외우게 되기 때문에 거의 완벽하게 외워진다.

이런 방식으로 암기를 하게 되면 우리 뇌가 어떠한 방식으로 장기 기억을 형성하는지 알게 된다. 처음에 외울 때는 완전히 외운 것 같지만, 시간이 지나면서 상당수를 잊어버린다. 많은 학생들이 한번에 완전히 외우려고 시도를 한다. 그리고 나중에 잊어버리면 머리가 나빠서 잊어버린다고 불평을 하고 스트레스를 받는다. 그러나 아무리 머리가 좋은 사람도 시간이 지나면서 상당수 잊어버리게 되어 있다. 단기기억 중 일부만 장기기억으로 저장되기 때문이다. 그러나 잊어버린 단어를 체크하여 다시 반복해서 외우면 아무리 외워지지 않는 단어도 쉽게 공략할 수 있다. 장기기억을 위해서는 반복이 가장 좋지만, 모든 단어를 반복할 필요는 없고 잘 외워지지 않는 단어들을 선택해서 집중적으로 반복해야 효율적이다.

  단어는 처음 낯선 단어를 외울 때가 가장 힘들다. 이때는 새로운 시냅스가 형성되어야 하기 때문이다. 그런데 그다음 반복할 때는 비록 기억이 나지 않는다 하더라도 처음보다는 낯설지 않고 친숙하기 때문에 상대적으로 쉽게 느껴진다. 이는 관련된 시냅스가 이미 형성되었기 때문이다.

  이런 식으로 반복 학습을 하면 외우는 것이 힘들지 않게 느껴진다. 그래서 외우는 데 자신감이 생긴다. 그래서 수백 단어는 쉽게 도전할 수 있고 늘려가다 보면 나중에는 수천 단어에도 크게 어렵지 않게 도전할 수 있다. 이런 방식은 단순 암기를 하는 데 대단히 효과적이고 꼭 외워야만 하는 다른 학습내용에도 적용할 수 있다.